가 알아야 할 이 시대의
막 좁은 길

부제 : 첫사랑의 회복

KB194833

마지막 부르심 1

헤리티지 공동체 지음

다음세대는 소망이 없다
지금 우리 세대에서 회개해야 한다

역자 서문

2021년 코로나가 한참 진행 중이던 어느 수요일 밤,
필자는 운영 중이던 카페에서 한 명의 신학생 형제와 함께 밤늦게
기도 중이었습니다. 몸과 마음에 상처를 입은 그를 위해 간절히 기도하
던 중에 마음속에 들려오던 세밀한 음성이 있었습니다.

'너는 마지막 때에 대한 말씀을 전해라.'

21년 초에 이미 교회는 개척된 상태였고, 몇몇 지체들이 함께했습니
다. 주님은 예배와 기도에 집중하게 하셨습니다. 지속해서 신랑 예수
님의 사랑이 부어진 시기였습니다. 하나님은 예배 가운데 많은 은혜와
눈물을 주셨습니다. 아울러, 위에 들렸던 세밀한 성령님의 음성은 마
음속에 머물러 있었습니다.

마지막 때에 대해서 성경적으로 제대로 알고 싶어서 기도했을 때
좋은 강의와 책들 그리고 〈영어 킹제임스성경〉을 직역한 〈표준 킹제
임스성경〉을 만나게 하셨습니다. 기도하며 공부하던 중 교회에 합류
한 지체들과 하나님의 마음을 받게 되었는데 "책을 쓰라"는 것이었습
니다.

교회는 예수님의 신부입니다. 그 정체성을 잃어버린다면 밖에 버려져 밟히는 소금과 같이 될 것이 자명합니다. 예수님만 사랑했던 순수한 신앙을 회복하여 대환란이 오기 전에 온전히 준비되어야 할 것입니다. 현대에 '돈', '쾌락', '자아', '사역', '교회', '사역자', '자녀' 는 우상의 범주에 들어가기가 너무나 쉽습니다. 이 책은, 우리가 잃어버린 '첫사랑'을 회복하기 위하여 신앙의 현주소를 파악하고, 또한 어둠의 세력들의 전략을 이해함으로 인하여 그들의 올무에서 빠져나오기 위해 철저히 각성하고 온전한 회개에 이르게 하도록 만들어졌습니다. 이 책에 나와 있는 내용들은 오직 예수님을 드러내고 주님의 다시 오심에 대한 '마지막 때'의 주 예수님의 부르심에 대해 증거하기 위해 만든 내용입니다.

쓰다가 멈춘 적이 여러 번이었습니다. 그렇게 지나온 시간이 1년 반이었습니다. 제5장의 내용에는 방대한 자료들이 필요했고 시간이 오래 걸리는 작업이었지만 '지훈 형제'가 본인의 생계를 내려놓고 밤을 새워가며 자료들을 모아서 편집해주었고, '요한 형제'가 새벽에 나가서 일하고 오후 1시 반쯤에 퇴근한 후 교회에서 저녁까지 커피의 도움을 받아가면서 전체적인 편집과 수정작업에 헌신해주었고, '태경 형제' 역시 퇴근한 후에 표지와 디자인작업으로 주님께 헌신했으며 한 지체는 향유 옥합을 깨듯 소중한 재정을 주를 위해 아낌없이 부어드렸고, 아내가 책 제목에 대해서 기도하던 중에 '마지막 부르심'이라는 단어를 떠올리게 해 주셔서 지체들과 함께 기도한 후 타이틀로 확정지었습니다. 아울러 전도출판사의 귀한 헌신으로 교열작업과 인쇄를 감당해주셨고, 이름도 없이 빛도 없이 여러 성도의 기도와 헌신으로 이 책이 만들어지게 되었습니다.

이 책은 다소 비판적으로 보일 수 있는 내용이 많습니다. 그렇지만 우리가 모두 '회개'에 이르기 위해서 기록된 내용입니다. 필자를 포함한 '헤리티지 공동체'의 모든 지체는 오늘도 적은 능력으로 인내의 말씀을 지키려고 애쓰는 예수님의 신부일 뿐입니다.

눈물의 기도와 시간과 물질로 헌신해준 나의 면류관이요 자랑인 사랑하는 공동체 지체들에게 감사를 표현하며 사랑하는 나의 주 예수님께 이 책을 바칩니다.

목 차

1장
신부의 영성 – *시작*

세상에서 방황할 때
나 주님을 몰랐네
내 맘대로 고집하며
온갖 죄를 저질렀네.
예수여 이 죄인도
용서받을 수 있나요
벌레만도 못한 내가
용서받을 수 있나요.

빈들에 마른 풀 같이 시들은 나의 영혼

내가 중학교 1학년이 되던 그해 우리 집은 아버지의 사업실패와 외도문제로 큰 시련을 겪고 있었다. 보일러가 고장 나서 난방기조차 없는 오래된 아파트였다. 천정과 마루가 다 썩어 쥐가 늘 같이 살았고 아버지의 외도에 충격받은 어머니는 2번이나 자살을 시도하셨다. 집에는 생활비가 항상 모자랐고 어머니는 파출부 일을 나가셨다.

외가는 원래 신앙이 있었다. 세브란스병원 의사이셨던 외할아버지는 6.25 전쟁 이후 납북되셨다는 이야기가 돌았고, 어머니의 집안은 전쟁통에 풍비박산이 나면서 외할머니는 하나님 신앙을 다 버리고 눈에 보이는 신을 믿게 되었다. 가족도 돌보지 않고 돈을 버는 족족 절에다 바치면서 인생을 낭비하고 사셨다. 어머니를 포함한 3남매는 고아원으로 보내졌고 외할아버지와 함께 경험했던 아름다운 신앙은 저 멀리 사라져가고 있었다. 하나님의 사랑은 끊어진 것처럼 보였다. 외할아버지의 손을 잡고 새벽기도 다니던 어머니의 신앙은 점점 소멸되어 가고 있었다.

그렇게 점점 하나님을 잊고 젊은 시절을 보낸 어머니가 만난 남편의 집안은, 시아버지가 집을 나가서 젊은 여자와 살림을 차렸고, 시어머니와 시누이들의 시집살이는 당사자가 아닌 나의 기억만으로도 너무나 가혹한 시련이었다. 할머니, 고모들은 성격이 무서웠고 집안은 늘 큰소리가 났다. 그런 데다가 나이 어린 삼촌은 철이 없었다. 그런 집안임에도 남편의 사랑 하나만 믿고 결혼한 결과가 그랬다. 극심한 가난 중에 어머니는 필자를 임신하시고 드실 것이 없어서 생쌀을 많이 씹어 드셨다고 했다. 아무도 도와주지 않았지만 일이 많았고 혹독한 시집살이었다.

건축사무소를 하셨던 아버지는 대한민국에 건축 붐이 일었을 때 꽤 돈을 버셨음에도 재정을 가정에 쏟지 않으셨다. 당시 최고급 차였던 '그라나다'를 사셨고 롤렉스 시계를 차고 다니셨다. 그렇지만 그렇게 찾아온 부는 아버지를 변하게 하고 있었다. 유년 시절 아버지에 대한 나의 기억은 행복하지만은 않았다. 입이 험하셨고 늘 무서운 편이셨다. 당신의 기준으로는 자녀들에게 애쓰셨겠지만, 사랑하는 방법이 서툴렀다. 할아버지로부터 받지 못한 사랑의 결핍은 아버지로 자녀들에게 비인격적이고 폭력적으로 표현되었다.

그렇게 행복하지 않은 국민학교 시절을 지나 중학생이 된 시점부터는 더 깊게 체감할 수준으로 가정의 풍파가 크게 일었고 슬픔과 고통이 일상이었다. 그렇지만 명확한 것은 이런 가정사를 묵묵히 지켜보셨던 하나님의 부르심이었다. 하나님을 떠나 방황하던 어머니를 향해서 외치는 아버지 하나님의 눈물 어린 호소였다. 아이러니하게도 어머니의 신앙 회복은 그때부터 시작되었다. 죽음과도 같은 고통의 순간은 바로 십자가에 대한 계시적 은혜였다.

옆집에 사시던 어머니 친구분의 권유로 다시 교회에 나가기 시작하신 어머니는 예수님의 큰 은혜로 변화되기 시작하셨다. 삶은 여전히 힘들었지만, 전도와 기도 그리고 봉사에 열정적이셨다. 방황하는 자녀를 향한 어미의 애끓는 기도는 하늘 문을 열었고 은혜는 쏟아졌다.

받을 자격 없는 자에게 회개와 사랑의 눈물이 오랜 시간 하염없이
쏟아졌다.

구원이 찾아오다

- 고교 2학년 어느 가을 주일날,

어머니의 요청으로 마지못해 주섬주섬 옷을 챙겨입고 교회에 갔다.
내가 사는 성북구에서 여의도까지 1시간 정도 버스를 타고 예배에
참석했다. 사람이 너무 많아서 지하의 한 예배실에 들어갔다. 요란한
기도와 찬송 소리에 광신도집단이 아닌가 하는 불편한 마음으로 그
시간이 끝나기만을 기다리고 있었다. 찬양도 기도도 잘 나오지 않았
다. 목사님의 설교가 끝나고 기도하는 시간에 고개를 숙이고 있었다.
그런데 갑자기 눈물이 쏟아졌다. 알 수 없는 감동과 전율이 머리부터
발끝까지 타고 흘렀다. 순간 누군가 머리를 만지는 것 같은 느낌이
들었다. 하염없이 눈물이 흘렀다. 그때 머릿속에 갑자기 떠오른 단어
는 '사랑'이었다. '사랑'이 나를 만졌다고 생각했다.

시간이 멈춘 듯이 느껴졌고, 마치 영화 속의 한 장면처럼 예수님은
그렇게 나의 삶을 꿰뚫고 들어오셨다. 태어나서 처음 경험하는 영적인
체험이었다. 그것이 예수님과의 첫 만남이었다. 첫 예배에 참석해서
받은 충격은 너무도 컸다. 그것은 일종의 황홀한 경험이었다. '하나님'
과의 만남이었다. 은혜는 눈물을 타고 흘러내렸다. 놀라운 은혜였다.
그 당시 필자는 인생의 허무함에 아무런 희망도 없이 바닷가에 밀려오
는 쓰레기같이 살고 있었다. 고등학생이었지만 술과 담배에 찌들어
있었고 학업은 놓아버렸다. 학교가 끝나면 당구장에서 살고 가끔

본드도 불었다. 이러다가 스무 살이 되기 전에 죽을 것 같았다. 아니 살고 싶은 마음도 없었다. 그런데 이런 충격적인 은혜를 받고 나니 나의 마음속에 커다란 구멍이 뚫려 있었다는 것을 깨닫게 되었다. 그것은 허무와 절망의 구렁텅이였다. 마치 깊이를 헤아릴 수 없는 '무저갱' 같았다.

그 체험 이후 급격하게 나의 삶이 바뀐 것은 아니지만 갈급한 마음으로 예배만큼은 꼭 참석했다. 주일예배, 금요 철야 예배에 참석하며 예수님과의 만남이 깊어지고 있었다. 그 이후로도 크고 놀라운 사랑의 경험은 계속되었다. 심장이 터질 것 같았고 어떤 때는 심장이 멈춘 것 같았다. 길거리에서 '예수'라는 소리만 들려도 눈물이 흘렀다. 신화 속에서 존재할 것 같았던 예수님이 바로 '하나님'이셨다니! 나 같은 하찮은 존재를 어떻게 이렇게 사랑하실까? 이해할 수 없었고 다 깨달을 수도 없었지만 '십자가 사랑'은 실제였고 손에 만져지듯 경험되는 은혜였다. 그분이 실제 존재하는 분이라는 사실이 너무도 충격적이었다. 이 세상에서 가장 놀라운 일이라는 생각이 들었다.

'신은 있다! 그 신은 인간을 너무도 사랑하신다!!!'

"하나님이 세상을 이처럼 사랑하사 독생자를 주셨으니 이는 저를 믿는 자마다 멸망치 않고 영생을 얻게 하려 하심이니라" (요한복음 3:16)

고3 어느 날의 기억이다. 너무 강렬한 꿈속 기억이기에 지금까지도 생생하다. 꿈속에서 나는 버스를 기다리고 있었다. 버스가 정차하면서 검은 옷을 입은 존재가 말을 걸었다. "너는 장차 고난을 많이 받을 것이다" 이런 말을 하고 버스는 다시 출발했다.

그 꿈을 꾼 뒤로 몇 주가 흐른 것 같다. 친구 한 명을 전도해서 금요 철야 예배에 참석했다. 기도회 가운데 큰 은혜를 느끼고 새벽녘 집으로 향하는 길이었다. 여의도 LG 쌍둥이 빌딩 앞 정류장에서 무리 지어 놀던 고등학생 5명과 눈이 마주쳤다. 굳이 피하지 않고 쳐다보다가 그만 싸움이 붙었다. 2:5였다. 순간 위기의식을 느껴서 눈에 보이는 보도블록을 들었다. 자칫하면 혈기 때문에 큰 사고로 번질 만한 상황이 펼쳐졌다. 그런데 상대편 아이들이 공사판에서 사용하는 두껍고 큰 나무를 던졌고 순간 피하려다가 고개를 숙였는데, 그만 관자놀이 윗부분에 나무의 모서리를 맞고 말았다. 복숭아뼈 아래도 나무에 맞아서 퉁퉁 부었다. 때마침 버스가 오기에 피신하듯이 올라탔는데 자리에 앉자마자 머리에서 피가 분수같이 쏟아졌다. 너무 긴장했는지 통증은 못 느꼈다. 여러 개의 손수건으로 머리를 틀어막았지만 피는 멈추지 않았고 급하게 차가 출발했다. 버스 안이 큰 사건의 현장처럼 되어버렸다. 인근 병원응급실에서 터진 곳을 꿰매는 수술을 했다. 출혈이 심했던지라 걱정을 많이 했지만 놀랍게도 피부만 찢어져서 통증도 거의 없었다. 치료가 끝나고 머리에 붕대를 감고 혈흔이 그대로 있는 너덜너덜한 옷을 입고 다리를 절면서 그대로 학교에 갔다. 내 모습을 본 반 친구들은 복수하러 가자고 떠들어댔다. 동행한 내 친구는 감사하게도 거의 다치지 않았다. 나로 인해 그 친구에게 변고가 있었다면 나에게 평생 지울 수 없는 상처로 남았을 것 같다.

이 모든 상황이 주님 앞에 너무도 부끄러웠다. 그 시기에 나는 확신이 있었다. 주님께 최선을 다했고 누구보다 열정적으로 주님을 사랑한다고 생각했다. 그래서 특별의식이 있었던 것 같다. 하지만 이 사건을 겪으며 나는 처절하게 나의 죄와 대면하였고 주님께서 내게 베풀어주시는 사랑과 은혜가 낭비는 아닐까도 생각했었다. 너무도 연약한 나의 성품 때문에 그간의 열정들이 부정당할 만큼 주님을 부끄럽게 하고 말았다. 당시 '까마귀'라는 별명을 가졌던 그 친구가 지금은 예수님과 동행하는 삶을 살고 있을까? 나의 어떠함과 상관없이 주님께서 그 친구에게도 구원의 은혜를 베풀어 주셨길 진심으로 바라본다.

몸이 힘든 것보다 마음이 괴로운 것이 고난이었다. 많은 은혜를 받았지만 타고난 혈기 때문에 주님의 마음을 슬프게 해드렸다. 그런데 이것은 시작에 불과했다. 성품이 바뀌는 것은 참으로 오랜 시간이 필요한 부분이었다. 그 후에도 참지 못해서 얼마나 많은 실수를 저질렀는지 모른다. 엎지른 물은 주워 담을 수 없다. 그러나 새 물을 담아주시는 하나님의 초자연적인 사랑과 용서는 나의 인생을 변화시키기 위해서 놀라운 인내로 쫓아오고 있었다. 나는 연약하나 주님은 강하시다. 절대 포기하지 않으시고 추적해 오신다. 나의 약함은 그분의 강함이다. 늘 넘어지나 주 앞에 엎드릴 때 약함을 그리스도의 능력으로 채워주신다. 주님은 너무나 놀라우시다.

"그가 쓰러질지라도 그는 완전히 내던져지지 아니하리라. 이는 주께서 그분의 손으로 그를 지탱하시기 때문이라." 표준 킹제임스 (시편 37:24)

2년이나 내려놓았던 공부를 3학년 때부터 다시 시작했지만, 대학에 진학하기에는 부족했다. 고등학교 졸업 후 재수할 때, 학원에서 집까지 뛰어가면 30분이 걸려서 밤 10시쯤 집에 도착했다. 그래서 매주 월요일마다 가방에 미리 챙겨온 '순복음신문'을 손에 들고 뛰어가면서 집마다 넣었다. 주님을 전하고 싶은 갈망은 컸지만, 전도지를 줄 때 거절당하면 마음에 상처가 입을 것 같았고 나에겐 불가능해 보였다. 그래서 내가 할 수 있는 전도는 고작 아무도 없는 밤에 전도지를 문에 넣는 것이었다. 이것이 내가 할 수 있는 최선의 전도였다. 학원에서도 주님을 전하려고 애썼지만 쉽지는 않았다. 믿음에 불이 붙었을 때라 점심에 식사 기도를 할 때 소리를 크게 낼 순 없었지만 2~3분 정도는 식사 기도를 했었다. 감사와 간절함이 그렇게 표현되었다. 1년 동안 월요일마다 했던 전도신문 돌리기는 멈춰졌고 점점 잊혔다. 이 모든 과정이 주님 보시기엔 어땠을까?

아침 일찍 학원에 가기 전에 동네에서 제법 큰 교회지하의 기도실에 들려서 기도하고 학원에 갔다. 긴 시간은 하지 못했지만 간절함 때문이었을까? 주님은 많은 은혜를 부어주셨다. 그렇게 주님과 교제하고 공부하면 이상하게도 힘이 났다. 저녁에도 밤 10시가 넘어서 교회를 들렀다.

그 당시 지하 기도실에서 몇몇 할머니 권사님들이 기도하면서 잠도 주무셨다. 그런데 어느 날 밤에 기도하고 있는데 한 분이 다가와서 야단을 쳤다. 그렇게 크게 기도한 것도 아닌데 잠자는 데 방해되니 조용하라고 했다. 순간 너무 슬프고 어이가 없었다. 그래서, 나도 모르게 이렇게 말했다. "이곳은 기도하는 집이지 잠자는 곳이 아닙니다. 하나님을 만나느라고 찬양도 하고 울면서 기도도 하는 것인데 그것을 시끄럽다고 하십니까? 주무시려면 집에 가서 주무세요" 그리고 밖으로 나가서 복도에서 기도했다.

여러 날이 지나고 여전히 춥지만, 복도에서 기도하고 있었는데 그분이 다가오셔서 미안하다고 하셨다. 본인이 잘못했다고 말이다. 필자도 같이 사과하면서 같이 손을 맞잡고 울었다. 그분도 깨달은 것이 있으셨던 것 같다. 성령께서 하신 일에 너무나 감사해서 그 밤에는 더욱 뜨거운 기도를 드릴 수 있었다.

한 영혼의 구원을 위해서

　재수할 때 만난 친구가 있었다. 그의 이름은 혁진이다. 덩치가 큰 것은 아니었지만 그는 힘이 장사였다. 필자의 아버지는 건축업을 하셨고 힘부심(힘에 대한 자부심)이 매우 강하셨다. 혁진이가 집을 방문했을 때 나를 통해 혁진이의 기량을 들은 아버지는 호승심(승부욕)이 생겼는지 혁진이에게 팔씨름을 제안했는데 결과는 아주 처참했다. 0.5초도 걸리지 않았고 혁진이의 완벽한 승리였다. 그 후에 아버지는 힘자랑을 안 하셨다.

　혁진이는 시골에서 오래 살았고 위로는 누나 한 명과 아래로는 남동생 둘이 있었다. 어렸을 때부터 형제들이 큰 돌덩이를 가지고 아버지를 많이 도와드렸다고 한다. 그래서 그런지 혁진이는 특공대를 다녀왔고 바로 밑에 이진이는 특별헌병대를, 막내는 특전사를 갔다. 혁진이의 부모님은 소문난 대순진리회 신도셨고, 새벽마다 잠에서 깨어 기도하시는 분들이셨다. 그런데 혁진이가 나의 전도로 교회에 다니기 시작하고 동생들도 동네교회에 다니게 되었다. 친구의 아버지는 아들들을 대순진리회로 회심시키기 위해서 갖은 노력을 했다고 한다. 한번은 대순진리회의 전도사를 불러서 이진이를 전도하기 위해 대화를 시도했지만, 오히려 전도사는 그에게 책망받고 아무 말 없이 돌아갈 수밖에 없었다. 혁진이의 아버지는 몽둥이찜질로 그 대가를 치르게 했으나 뜨거운 아들들의 신앙을 막을 수 없었다. 결국, 오래전 이미 가족들은 구원받게 되었으며 형인 혁진이는 나보다 먼저 신학을 하고 목사안수를 받게 되었다. 동생인 이진이는 전도사 때 브라질에 선교사로 가게 되었고 20년 동안 험악한 아마존의 깊고 깊은 밀림 속에서 교회를 개척하며 인디오 사역자들을 양육하는, 드러나지 않는 사역자로 오직 주님께만 충성하는 사랑받는 주님의 종이 되었다.

그렇게 혁진이와는 재수학원에서의 인연으로 대학도 같은 학교 같은 과에 입학했다. 그 당시 나는 신학을 공부하고 싶었다. 그 당시 '총신대'는 지금보다는 진입장벽이 높지 않았고 내 성적으로는 갈 수 있었다. 하지만 아버지의 완강한 반대로 '전기공학과'에 갈 수밖에 없었다. 문과적인 나에겐 너무도 맞지 않았고 학교 성적 때문에 학기 내내 마음에 어려움이 컸다. 자연스레 공부에도 흥미를 잃었다. 그런데도 혁진이는 내게 많은 위안이 되었다. 우리는 같이 자취생활도 했었는데 그것이 혁진이를 위해서 기도할 수 있던 기회였다. 내가 다니던 학교에는 대학교회가 있었는데 수업 전에 늘 같이 기도하러 다녔다.

어느 날 아침에 기도 중이었는데 옆에서 통곡하며 울고 기도하는 혁진이의 모습이 보였다. 순간 이 친구가 성령을 받았다는 확신에 주님께 감사기도를 드렸다. 혁진이는 이전과 다르게 믿음의 성숙한 자로 변화되고 있었다. 후에 그는 목회자의 길을 가게 됐다. 그리고 집안이 전부 구원받고 '대순진리회'가 아닌 '예수진리회'라고 선포할 수 있는 믿음의 가정이 되었다.

"주 예수 그리스도를 믿으라. 그리하면 너는 구원을 받으리라. 그리고 너의 집도 그러하리라." 표준 킹제임스 (사도행전 16:31).

생각하는 것보다 더 넘치게 채우시는 주님

요즘은 밤을 지새우며 철야 예배를 드리는 교회가 거의 없을 것으로 생각되지만, 90년대 초반에는 밤을 꼬박 지새우는 철야 예배가 당연하게 여겨졌을 때다. 금요일 저녁 9시쯤에 모이면 1시간 찬양을 하고 그 후에 1시간 설교를 하고 기도회를 한다. 그리고 교구별로 모여서 또 기도회를 한다. 기도회가 끝나면 삼삼오오 모여서 야식을 먹으러 간다. 내 기억에는 떡볶이나 우동을 먹으러 갔었다. 한참을 떠들면서 먹고 나면 다시 모여서 모임을 하고 새벽예배까지 끝나고 나면 첫차가 올 때까지 피곤한 눈을 비비며 기다렸었다.

　어느 날 철야 예배가 끝나고 집에서 곤히 자고 있는데 갑자기 아버지에게서 전화가 왔다. 10시가 조금 넘은 시간이었다. 기타를 사줄 테니 나오라는 것이었다. 그 당시 나는 아버지의 구원을 위해서 기도하던 중 대학선교회 담임목사님을 집에 모시고 예배를 드려야겠다는 마음에 감동이 되어 실행에 옮겼었다. 드디어 목사님이 오시고 아버지의 머리에 손을 얹으시고 기도해주실 때 아버지는 눈물을 터뜨리시며 성령으로 세례를 받으셨다. 성령님을 모시게 된 것이다. 아버지로 인해서 상처를 많이 받았었지만, 구원을 위해서 간절히 기도했고 이 일로 주님은 응답해 주셨다. 그리고 나서 주어진 선물이었을까?
　사실 별 기대 없이 나갔다. 그런데 15만원이라는 큰돈을 주셨다. 그 당시 저렴한 기타는 가격이 4만원 정도였다. 돈을 조금 더 보태서 세고비아의 '어플라우스라'는 이름의 내 생에 첫 기타를 장만했다. 벅찬 마음으로 집에 돌아와 기타를 메고 찬양을 불렀다.

　나에겐 과분할 정도로 참으로 멋진 기타를 메고 찬양하는데 주님의 마음이 강하게 느껴졌다. 얼마나 이 기타를 주고자 하셨는지 알게 하셨다. 눈물을 흘리며 성령의 충만으로 찬양하는데 큰 감사와 감격이 있었다. 기도하지 않고 마음으로만 생각했었는데 주님은 아버지를 통해서 기타를 주신 것이다. 그 당시는 아버지 사업이 조금 회복되어서 경제적 사정이 조금은 나아지고 있을 때였다. 종암동 산꼭대기 근처의 계단이 아주 많은 집에서 살고 있었고, 내방은 천정이 기울어진 계단 밑 방이었다. 겨울에 좀 춥긴 했어도 내 인생에 잊지 못할 영적 경험과 추억을 만들어 준 방이었다. 골방에서의 깊은 예배는 형용할 수 없는 사랑의 교제를 경험하게 해주었다. 그 골방은 지성소였고 기타가 항상 준비되어 있었다. 오랜 시간이 지난 지금도 여전히 그 방에서의 예배가 기억에 생생하다. 그곳에서 흘린 사랑의 눈물이 하늘의 눈물 병에 담겨있을 것을 믿는다. 얼마나 행복했던지! 얼마나 감사했던지! 내 평생 가장 행복했던 시간은 바로 주님과 만나는 시간이었다. 기도하지 않으면 밖에 나가지 않았고 찬양하지 않으면 무슨 일이든 하고 싶지 않았다. 아니 할 힘이 없었다. 주님을 만나고 사랑을 나눔으로 인해 나는 살아갈 힘을 얻었다. 그것을 가능하게 해준 것은 또한 뜨거운 어머니의 기도였다. 중고등학교 때 불어닥친 가정의 풍파는 감당하기 힘든 일이었지만 오히려 그 역경이 주님을 만났을 때 강렬한 은혜의 체험으로 주어지게 된 계기가 되었음이 분명하다. 은혜였다.

순종이 제사보다

대학교 2학년 때의 경험이다. 당시 나는 본 교회에 속해있는 캠퍼스 동아리의 리더가 되었고 함께 동역할 목자로 세워질 1인을 뽑아야 했다. 보통은 리더보다 선배에게 '목자장'이라는 이름으로 그 직분이 주어지고 있었다. 후보자 두 명을 놓고 기도했었는데, 한 명은 형제이 며 지적인 신앙의 소유자였다. 또 한 명은 자매이고 기도가 훈련된 영적인 신앙의 소유자였다. 기도 가운데, 주님은 자매를 뽑아야 한다 고 마음을 주셨다. 그런데 이상하게도 나의 마음은 형제를 뽑고 싶었 다. 주님의 마음을 무시하고 형제를 뽑았다. 그리고 그해 동아리 지체들의 양육은 처참하게 망가지고 말았다. 주님께서 정해주신 대로 행해야 했지만, 하나님의 음성을 무시하고 말았고 그 결과는 처참했다. 단기간에 살이 10킬로가 빠질 만큼 영과 육이 고통스러웠다. 휴학하고 군대에 가려고 했으나 주님께서는 불순종한 나에게 끝까지 남은 사명을 감당하도록 힘을 주셨다. 사랑으로 안아주셨고 공동체 지체들을 통해서 다시 회복시켜 주셨다.

우리는 살아가면서 하나님의 뜻을 알면서도 불순종할 때가 얼마나 많은지 모른다. 인간은 너무 악하다. 내 마음대로 살고 싶은 마음이 지독히 강하다. 주님의 뜻을 거스르고 자기 욕구대로 살고 싶은 욕망 이것이 '자아'다. 평생을 죽여도 또 살아나고 또 살아난다. 아! 나는 정말 구원받은 죄인이었다. 뼛속 깊이 죄인이다. 주님의 은혜와 사랑이 아니면 살아갈 수도 없다. 그러나 주님의 은혜는 인간의 죄성보다 훨씬 크고 깊고 강하다. 사랑은 진실로 죽음보다 강한 것이다. 주님의 사랑은 우리의 죽음과도 같은 죄성을 덮어서 거룩으로 바꾸신다. 허다한 허물을 덮어주신다.

그러자 사무엘이 이같이 말하였더라.
"주께서 번제물들과 희생 제물들을 주의 음성에 순종하는 것만큼 매우 크게 즐거워하시나이까? 보소서, 순종하는 것이 희생 제물보다 낫고 경청하는 것이 숫양들의 지방보다 낫나이다" 표준 킹제임스 (사무엘상 15:22).

찬양 사역의 시작

같은 해에 대학선교회에서 새롭게 중창단이 세워졌고 한 여성분이

리더로 오셨다. 성악을 전공하고 오스트리아에서 유학하시고 대학교 성악과 교수로 재직 중인 젊은 분이셨다. 미국에서도 거주하시며 여러 찬양팀을 거치고 훈련받은 분이셨다. '경배와 찬양'의 '하스데반 선교사'와의 인연으로 한국에 들어와서 사역하려고 했으나, 여의도의 대학부 사역자로 오시게 되었고 선교중창단까지 담당하게 되었다. 그분의 예배에 대한 태도는 음악적 실력을 떠나 신선한 충격이었다. 깊은 예배가 이런 것이었던가? 날마다 골방 예배를 통해 이미 주님의 깊은 임재의 경험 자체로 충분하다고 생각했지만 이런 경험은 다소 충격적이고 신선한 '영적 체험'이었다. 지금은 나의 아내가 된 자매와 당시에 함께 찬양팀에 들어갔고 주님은 우리 부부를 더욱 깊은 은혜로 인도해 주셨다. 이 과정에서 주님은 단계적으로 많은 경험을 할 수 있도록 일하셨다. 주일 예배팀, 철야 예배팀, 율동팀, 드라마팀을 아우르는 총무로 섬길 기회와 주일예배를 인도하는 너무도 과분한 기회까지 주셨다.

성경의 마리아와 마르다의 이야기에서 나오는 예수님 발밑에 앉아서 그 말씀을 사모하며 은혜를 갈망하는 마리아의 모습은, 예수님의 신부인 교회가 절대 빼앗기면 안 되는 너무도 소중한 은혜이다. 그분을 만난 후 너무도 소중한 은혜를 경험하였다.

하나님의 은혜는 하나님과 친밀한 사람을 통해서 다른 사람에게 흘러간다. 은혜는 흐름이 있다. 영적으로 잘못된 사람과 교제하면 안 좋은 영향이 흘러간다. 잘못하면 영혼이 죽게 된다. 이 리더분을 통해서 주님께서 깨닫게 해주신 은혜는 너무도 감사한 부분이다.

대학선교회 수련회를 준비하던 중 그 리더분은 저녁 집회에 찬양 인도를 준비하라고 말씀하셨다. 그런데 다른 싱어들 없이 혼자 준비하라고 하셨다. 2달 정도 여유가 있었기에 하루에 한두 시간씩 그 시간을 위해서 기도로 준비했다. 드디어 수련회가 시작되었다. 그런데 이상하게도 그렇게 기도하고 기대하며 참석한 수련회인데 마음이 냉랭했다. 은혜를 안 주실까 하고 약간 걱정도 되었지만 어떤 강의를 듣는데 주님께서 마음을 만지시는 것이 느껴졌다. 시간이 갈수록 은혜가 몰려왔다. 찬양을 인도하기 전에 하나님의 은혜가 나의 영혼을 놀랍게 채우시는 것을 경험하며 기대함이 커졌다.

시간이 날 때마다 기도굴에 들어가서 기도했다. 드디어 저녁 집회시간이 다가왔다. 예배 전에 이미 나의 영혼은 그분의 사랑으로 충만하게 채워져서 흘러넘쳤다. 찬양하는 동안 물리적이라고 생각될 정도로 은혜가 쏟아짐을 체험했다. 주님의 강한 임재하심은 마치 머리 위로 폭포수가 쏟아지는 것 같았다. 천여 명의 회중들은 찬양이 시작하기도 전부터 대부분 울고 있었다. 하나님은 정말 신실하시다. 두 달 동안 간절히 기도했던 시간을 풍성하게 채워주셨다. 강사님이 나오셔서 할 게 없을 것 같다고 하실 정도로 강한 주님의 임재가 그곳을 덮었다.

은혜롭게 모든 시간이 끝나고 복도를 걸어가는데 뒤에서 소곤대는 지체들의 소리가 들려왔다. "저 형제가 찬양을 인도하면 왜 저런 일이 벌어지지?" 우쭐할 수도 있는 순간, 마음 밑바닥에서 스멀스멀 올라오는 교만이 느껴졌다. 그렇지만 즉시 회개하며 주님께 고백했다. 인간은 이렇게 연약한 존재다. 우리는 전파한 뒤에 버림받을 수도 있다. 바울의 고백처럼 말이다. 그래서 더욱 기도해야 한다. 사실 이런 일이 벌어진 진짜 이유는 무엇일까? 한 시간 찬양을 위해서 두 달 정도 매일 믿음의 기도를 드렸기 때문이라 생각된다. 믿음의 기도는 너무나 중요하다. 큰 은혜를 주실 것을 정말로 믿고 기도했다.

"오히려 내가 나의 몸을 억제하고 그것을 복종하게 하노라. 이는 내가 다른 이들에게 선포한 후에 어떤 방식으로든 나 자신이 버림받은 자가 되지 않게 하려 함이라." 표준 킹제임스 (고린도전서 9:27).

하나님의 일이란 무엇을 말하는 것일까? 현대에는, 많은 사람이 교회에서 아무 일도 하지 않으려는 경향이 많은 것 같다. 간신히 주일 예배에 참석하는 것만으로도 충분하다고 생각하는 것일까? 아니면 교회에서 무슨 일을 시킬까 걱정하는 것일까? 큰 교회 뒤쪽에 앉아 있다가 몰래 사라지는 교인들도 많다. 반면에 주님을 사랑해서 헌신을 시작했던 성도들도 어느새 그 헌신이 짐이 되거나 동기가 변질해 버리기 일쑤다. 일이 먼저일까? 사랑이 먼저일까? 당연한 말이지만 사랑한다면 하나님을 위해서 일하게 된다. 그러나 사역이 우선 된다면, 사랑이 식는 것은 시간문제다. 이 시점에서 하나님의 일에 대한 성경적 정의를 내려보고 싶다.

"하나님이 보내신 자를 믿는 것이 하나님의 일이다." 현대인의 성경 (요한복음 6:29).

그러므로 '하나님의 일'은 한 인격에 대한 신뢰를 의미한다. 단순한 'work'를 의미하지 않는다. 이 말씀의 깊은 의미를 되새겨 봐야 한다. 하나님의 일은 예수님에 대한 충성과 사랑이다. 그 내적 동기가, 보이는 삶의 헌신으로 드러나는 것일 뿐이다. 그분의 사랑이 부어질 때 사랑으로 인해 열매를 맺는 것이 하나님의 일이다. 그 모든 핵심은 바로 예수님을 바로 믿고 사랑하는 것이다. 이것이 성경적인 하나님의 일이다.

예수님을 바르게 믿는다는 것은 무엇인가? 예수님이 누구신지 명확하게 아는 것이다. 성경에서 말씀하시는 예수님을 알아가는 것이 하나님의 일을 감당하는 데 있어서 중요한 핵심적 요소이다. 아는 것이 힘이다. 그 앎은 경험적인 앎이다. "우리가 여호와를 알자. 힘써 여호와를 알자" 단순히 정보를 아는 것은 참된 앎이 아니다. 우리가 성경 말씀을 하나의 정보로 알더라도 그 말씀을 믿지 않는다면 그 말씀은 우리에게 아무런 유익을 가져다주지 못할 것이다. 아무리 많은 성경의 정보가 있다 하더라도 인격적으로 주님을 만나지 못했다면 그 지식은 교만하게 할 것이다. 사탄은 우리보다 하나님에 대한 지식을 더 많이 가지고 있다. 그러나 그는 하나님을 믿지도 않고 구원도 못 받았으며 그 결과는 영원한 멸망이지 않았는가?

믿음은 생명이다

대학교 4학년 마지막 대학생 수련회에서 일어난 일이다. 금식 수련회로 기억한다. 마지막 날 저녁 집회 때 강사님의 설교가 끝나고 기도 중에 순간 어떤 한 장면이 머릿속에 떠올랐다. 그것은 바로 재수학원 다닐 때 월요일마다 전도지를 돌리면서 집으로 뛰어가던 나의 모습이었다. 그와 동시에 주님의 마음이 감동으로 느껴졌다. 그리고 들리는 세밀한 음성이 있었다. "아들아, 그때 고마웠다. 내가 기억하고 있다" 참으로 생각지도 못했던 은혜였다. 온몸과 마음을 감싸는 은혜와 감사가 흘렀다. 하나님은 나의 모든 삶을 기억하고 계셨다. 순종과 사랑을 말이다. 물론 죄와 어둠의 시간까지도 모두 기억하고 계시는 것이 분명하다. 하지만 회개를 통과한 죄들은 기억도 하지 않으신다. 참으로 신앙은 놀라운 것이다. 살아계신 하나님과 대화할 수 있고 인격적인 교제를 할 수 있다니? 어떤 종교에서 이것이 가능할까? 그래서 필자는 많은 사역자가 고백하듯이 '예수님을 믿는 것'은 '종교'가 아니라 '생명'이라고 말하고 싶다. 믿음은 실제다.

"이는 살아있는 우리가 예수님으로 인하여 늘 죽음에 넘겨지기 때문이니, 예수님의 생명 역시 우리의 죽을 수밖에 없는 육신 안에서 명백하게 나타나게 하려 함이라." 표준 킹제임스 (고린도후서 4:11).

'살아계신 예수님 정말로 감사드립니다. 살아계셔서 감사합니다. 그리고 당신을 알려주시고 만나주시고 구원해주셔서 감사합니다. 세세토록 영광을 받으시옵소서. 주님의 은혜와 자비는 영원하십니다. 주님만을 사랑하며 기다립니다. 어서 오시옵소서. 나의 신랑 주 예수님.'

즉시 순종

대학을 졸업할 시기에 기도 제목이 있었다. 대학선교회는 단일교회 소속이었지만 규모가 워낙 크다 보니 전국대학에 기독 동아리로 등록을 해놓고 캠퍼스 사역을 하고 있었다. 다니던 학교는 지방에 있었고 선교회는 이제 캠퍼스간사들을 훈련하여 배출하던 때였다. 우리 학교에는 담당 간사가 없었다. 담당 간사를 보내 달라고 간절히 기도하던 중 마음에 음성이 들렸다.

물론, 모든 음성이 하나님의 음성은 아닐 것이다. 그러나 명확하게 들리던 마음의 울림이었다. '네가 나온 학교에 네가 간사로 가지도 않으면서 누구를 그곳까지 간사로 가게 해달라고 기도하니? 그 마음의 소리가 들리자마자 이렇게 고백했다. '제가 가겠습니다, 주님!' 그리고 바로 간사로 지원했다. 훈련을 받으면서 캠퍼스에 일주일에 두 번씩 가서 예배와 양육을 감당했다. 순종하는 마음으로 입대 전 6개월간

사역에 집중했다. 짧은 시간이었지만 순종이 제사보다 낫다는 말씀을 여실히 입증해 주셨다. 주님의 은혜가 풍성하게 채워졌다. 시간마다 주의 은혜가 강하게 부어졌다. 넉넉하지는 않았지만, 사역을 위한 재정 역시 공급되었다.

사역은 단순했다. 말씀과 기도와 교제였다. 그 당시에는 잘 준비된 설교도 아니었지만, 성경을 열심히 읽고 마음에 감동을 주시는 대로 전했다. 말씀을 전하고 나면 건반 연주에 맞춰 기본적으로 1시간 정도는 기도하는 시간을 가졌다. 기도를 충분히 해야 들은 말씀이 실제가 되고 성령의 충만한 임재가 경험되어 능력 있는 믿음의 삶을 살 수 있다고 생각했기 때문이다.

어느 날 어떤 자매 한 명이 캠퍼스 예배로 초청되었다. 심한 우울증을 겪었다고 했고 양쪽 손목에 칼자국이 선명하게 나 있었다. 그 사실을 알고 있었기에 약간은 부담을 갖고서 예배를 드렸다. 기도 시간에 인간적인 마음이 들었다 이 자매가 기도를 잘할 수 있을까? 은혜를 받을까? 반신반의하는 마음으로 간절히 기도했다. 어느 정도 기도했을까? 담대한 마음이 생겨서 나도 모르게 자매의 등을 툭 치며 선포했다. "방언을 할지어다!" 잠시 후 자매의 혀가 말리며 방언이 터졌다. 성령님이 임재하셨다. 한참을 울며 같이 기도했다. 기도 가운데 영혼이 치유되는 것을 느꼈다. 예배 후, 너무도 평안한 표정으로 그 자매는 고백했다. 성폭행을 당한 사건 이후 남자들에게 집착했던 자신의 연약함을 울면서 고백했다. 그 이후로 놀랍게 변화된 그 자매는 새로운 삶을 살게 되었다. 하나님이 보내셨고 하나님이 구원하셨다. 인간적인 마음으로 제한을 두던 나에게 주님은 또 한 번의 순종을 가르쳐 주셨다. 우리는 순종할 때 하나님은 역사하신다.

필자는 오랜 시간이 흐른 지금도 그때 그 시절이 마음에 깊이 담겨있다. 순종해서 감당했던 사역들은 주님을 더욱 깊게 알아가는 시간이었다. 주중에 예배와 기도회도 좋았지만 역시 MT나 수련회가 좋았다. 외진 곳에서 세상과 단절된 상태에서 드리는 예배와 교제는 참 행복한 경험이었다. 어떤 은사적인 체험보다 그분과의 인격적인 만남과 사랑의 교제가 더 본질적인 은혜이며 사역이었다.

"나를 믿는 자는 성경에 이름과 같이 그 배에서 생수의 강이 흘러나오리라 하시니" 개역개정 (요한복음 7:38).

하루는 캠퍼스 사역을 마치고 집에 가려는데 차비가 없었다. 하지만 이런 상황을 공동체에 말하기 불편했기에 주님께 맡기고자 기도했다. 만약에 하나님의 공급이 없다면 충청도에서 서울 성북구까지 밤새 걸어갈 작정이었다. 아무 말 없이 캠퍼스를 가로질러 걸어가고 있었는데 뒤에서 누군가 뛰어오는 소리가 들렸다. 뒤돌아보니 후배가 무언가를 들고 달려와서 주머니에 넣어주고 쏜살같이 가버렸다. 무엇인가 보니 2,000원이었다. 거절하기보단 기도의 응답으로 여기고 감사함으로 기차표를 끊고 집에 도착해보니 50원이 남아 있었다. 이러한 체험은 여러 번 있었다. 주님은 살아계시고 우리의 기도를 듣고 계신다. 그리고 지금도 역사하신다. 주님께 순종할 때 기쁘게 우리의 삶을 채우시고 책임져 주시는 주님이심이 분명하다. 때로는 우리가 신실하지 않을 때라도 그분의 신실하심은 변하지 않는다.

일주일에 두 번씩 예배와 양육을 위해 서울에서 아산에 있는 학교까지 왔다 갔다 하고 나면 집에 왔을 때 몸이 파김치같이 느껴질 때가 있었다. 집에 오자마자 쓰러져서 잠이 들 것 같았다. 그러나 주님께 모임에 있었던 일을 나누며 같이 대화하고 감사기도를 드리고 싶었다. 아니, 그냥 사랑하는 그분이 너무 보고 싶고 만나고 싶었다. 그런데 눈이 감겨서 아무 말도 할 수 없었다. 마침 딱딱하고 두꺼운 사전이 있어서 머리에 몇 번 세게 내리쳤더니 너무 아프긴 했지만, 눈이 번쩍 떠졌다. 그리고 엎드려서 '예수님 사랑합니다.' 하고 고백하며 잠잠히 하늘을 바라봤다. 그때 마음을 울리는 음성이 들렸다. '아들아, 네가 나를 이렇게 사랑하는구나!' 너무도 생생하고 따뜻하게 들리는 마음의 소리였다. 눈물이 왈칵 쏟아졌다. 그렇게 하염없이 울며 밤을 보냈고 내 영혼 안으로 천국이 들어온 것만 같았다.

필자는 방언의 은사 외에는 은사를 구해본 적이 없다. 그런데 깊은 예배를 드리다 보면 어느 날 구하지도 않았던 영적인 은사들이 삶에서 나타나는 것을 보게 된다. 은사는 선물이다. 그렇지만, 가장 큰 선물은 바로 주님이시다. 예수님이 그냥 좋다. 제일 좋다. 그리고 그분의 좋은 것들이 예배 가운데 우리가 알지 못하는 때에 값없이 주어진다.

군 선교의 시작

9월이 되었고 의정부에 있는 306 보충대에 입소했다. 입대 전 가장 큰 기도 제목이 있었는데 그것은 바로 하나님의 일을 하게 해 달라는 것이었다.

입소 후 며칠은 힘든 시간이었다. 목요일에 찬양 예배가 있었다. 정신없이 찬양을 드리며 눈물로 예배를 드리고 있었는데 마음속에 들리는 성령의 음성이 있었다. '너는 백골 부대로 가게 될 것이다. 내가 모든 것을 다 준비해 놨다.' 난생처음 듣는 부대 이름이었다. 다음날 어느 부대로 가게 될 것인지 컴퓨터로 추첨하는 시간이 있었다.

내 순서가 되었을 때 "122번 훈련병! 3사단" 이렇게 방송에 나왔다. 순간 훈련병들 사이에 탄식이 나왔다. 당시에는 몰랐지만 3사단은 모두가 기피하는 곳이라고 했다.

모두가 군용트럭에 나눠타고 어디론가 흩어졌다. 훈련소에 도착했을 때 곳곳에 만들어진 백골 조형들이 섬뜩했다. 말로만 들었던 바로 '백골 부대'였다. 도착하자마자 연병장에 줄을 설 때부터 조교들의 서릿발 같은 명령이 무섭게 울려 퍼졌다.

첫째 날 저녁에 강당에서 정신 교육받고 나가던 중, 훈련소 행정을 담당하는 상병이 나의 팔을 잡아끌었다. 자세히 보니 다니던 교회 후배였다. "형, 왜 이제야 왔어요?" 나를 데리고 행정실로 데려갔다. 커피와 율무차가 나왔다. 편지지를 주며 집에 편지를 보낼 수 있게 도와주었다. 지인 찬스를 제대로 썼다. 훈련소 첫날부터 주님이 준비하신 일들이 시작되었다.

훈련을 받다 보니 몸이 힘든 것도 있었지만 제일 힘든 것은 기도 시간이 너무 부족하다는 것이다. 개인적인 기도 시간을 낼 수 없어 밤마다 속옷 속에 조그마한 성경책을 숨기고 "죄송합니다, 주님" 하며 화장실로 들어갔다. 화장실 변기에 앉아 성경을 읽고 기도했다. 매일 밤 배가 아파서 오래 걸린다고 말하고 화장실에서 예배를 드렸다. 화장실이 교회가 된 것이다. 그렇게 고정적으로 30분을 겨우 확보했지만, 그마저도 너무 짧게만 느껴졌고 영적 갈급함은 해소되지 못했다. 훈련을 받으면서 쉬는 시간마다 갈급한 마음으로 성경을 읽었다. 10분이었지만 말씀은 살아있었고 영혼에 스며들며 내적인 힘을 부어주었다. 믿음으로 약속을 붙들고 힘든 시간을 이겨나갔다.

어느 공휴일에 훈련생들과 조교들의 야구 시합이 열렸다. 야구에 큰 관심은 없었지만, 순간 좋은 생각을 떠올리게 해주셨다. 그래서 야외 볼 보이를 자청했다. 사람들의 시야에서 멀리 떨어졌고 나와 주님만의 시간이 주어졌다. 그렇게 고개를 들고 주님의 보좌를 바라보며 단순하게 기도하기 시작했다. 주님은 갈급한 내 마음에 대답을 주시듯 은혜를 부어주셨다. 주님의 임재가 느껴지고 눈물이 뺨을 타고 흘렀다. 주님의 사랑이 나의 영혼을 덮었다. 그 경기가 진행되는 동안 나는 사람들의 시야에서 멀어진 채로 시합 내내 찬양하고 기도했다. 영적인 숨이 쉬어졌다.

예배는 참 좋은 것이다. 성령의 충만함이 나를 감싸 안고 평안해지는 그 순간은 세상과 나는 간곳없고 구속한 주만 보인다. 그 뒤로도 공간적 제약에 상관없이 시간이 주어질 때마다 기도했고 자대에 배치되면 꼭 새벽기도를 드릴 수 있게 해달라고 간절히 기도했다. 주님과의 교제는 너무도 달콤하고 행복하다. 경험해보지 않은 사람이 어떻게 알겠는가? 예수님은 나의 신랑이고 나는 그분의 신부가 분명했다. 여러 가지 면에서 힘든 시절이 분명했지만, 그분을 만날 때는 모든 것을 이기는 힘이 제공되었다.

은혜 없이 어떻게 믿음을 고백하고 헌신할 수 있을까? 모든 것은 하나님의 은혜로 시작된다. 그 은혜의 절정은 하나님의 아들 '예수 그리스도의 구속의 복음'이다. 그 어떤 복된 소식도 이것을 대체할 수 없다. 오직 '예수님' 만이 우리의 구원이다. 그 놀라운 은혜를 받은 성도들은 은혜를 갈망하며 사모하게 된다. 말씀과 기도를 통해서 성령의 감동을 통해서 주님과의 친밀함을 나눈 영혼들은 결코 그 사랑과 은혜를 잊을 수 없을 것이다. 만약 그것이 잊히고 있다면 속히 회복해야 한다. 바로 지금, 그 자리에서 엎드려서 은혜가 회복될 때까지 머물러야 한다.

누군가가 예배할 시간과 장소가 없다고 말한다면 그것은 거짓말이 아닐까? 실은 우리에게 마음이 없는 것이다. 내가 하고 싶은 취미나 즐거움은 시간과 장소를 가리지 않고 한다. 전자제품 하나 사기 위해서 밤을 새우기도 한다. 성도에게는 사랑의 마음과 은혜에 대한 목마름이 필요하다. 목마른 자가 물을 마신다. 예수님의 사랑에 갈급한 자가 그분의 이름을 부르며 하늘 보좌를 향해 외친다.

사랑을 받아본 적이 없다면 사랑하지 못한다. 우리가 예수님을 사랑하게 되는 이유는, 그분이 우리를 먼저 사랑하셨고 아버지께 순종하여 십자가에서 당신의 물과 피를 쏟아서 사랑을 우리에게 부어주셨기 때문이다. 사랑의 하나님을 만나지 못했다면 당연히 믿지 못할 것이고 경험해보지 못했다면 그분을 사랑할 수 없다. 그분의 사랑이 먼저 우리에게 부어지고 그 사랑에 반응하여 우리도 그분을 사랑하는 존재가 되는 것이다. 우리 중 누구라도 그분을 먼저 사랑할 수 없다. 그것은 불가능하다.

필자의 갈망에 주님은 또 응답을 해주셨다. 훈련소에서 후배의 권유로 '향도'에 지원하여 2주간을 보냈다. 그 이후에 특별한 시간이 주어졌는데 아침마다 '조국 기도'를 하는 것이다. 그런데 사실 그 기도는 대상이 없이 아무렇게나 하는 것이었다. 이것을 기회로 삼자고 다짐하고 아침마다 전체를 대표하여 '조국 기도'를 하나님께 드렸다. 은혜를 구하고 찬양하고 보호해 달라고 간구하였다.

타 종교를 믿는 조교들의 반발이 있었지만. 난 대상도 없는 분에게 기도할 수 없었기에 구박을 받으면서도 믿음으로 하나님께 선포했다. 우리의 기도는 살아계신 하나님께 하는 것이다. 밤에는 내무반에서 잠자기 전에 기도를 시켰다. 나는 또 대표로 나가서 하나님께 기도했다. 병사들을 위해서 중보기도 했고 위험한 훈련이 있을 때는 더욱 간절히 안전을 위해서 기도했다. 쉬는 시간에는 성경을 꺼내서 읽고 신앙적인 질문을 하는 병사들을 위해서 성경을 설명해주며 전도했다. '하나님의 일'을 하게 해달라는 기도는 훈련소에서부터 응답 되고 있었다. 그것은 '기도 사역'이었으며 그 기도는 주님을 향한 증인의 삶으로 나타났다.

기도의 역사로 동료 훈련병들의 마음의 문이 조금씩 열리고 있었다. 위험한 훈련을 나갈 때면 개인적인 기도를 부탁하는 형제도 있었다. 간절히 한 사람씩 기도해주었다. 주님은 일하고 계셨다. 주님께서 조금씩 열어가시는 길을 따라서 한 걸음씩 순종하며 보조를 맞춰 움직이는 것이 바로 '사역' 아닐까? 주도권은 주님께 있다. 그분이 주인이시므로. 하인은 그저 주인의 명령에 '예'라고 대답할 뿐이다.

6주간의 훈련이 끝나고 행정병 후배의 직권으로 휴가를 나왔다. 지인 찬스를 가장한 하나님의 배려하심은 계속되었다. 복귀 후에는 철원지역으로 자대 배치를 받았고 통신병으로 갔다. 11월이었으나 당시 철원의 날씨는 체감온도가 영하 20도 정도라고 생각될 정도로 추웠다. 자대에 들어간 첫날부터 삭막했고 얼차려가 난무했다. 나는 어리바리한 이등병 그 자체였다. 나와 동갑내기였던 최고선임은 다음날 제대했는데, "왜 이렇게 늦게 왔어?"라고 말하며 나를 불쌍히 쳐다보던 그 눈빛이 아직도 기억난다. 춥고 배고픈 이등병 시절이었다. 얼마

후 파송된 열악한 격오지 부대에서는 뜨거운 물도 부족했고 그러다 보니 맨손으로 얼음을 깨고 그 얼음물로 걸레를 빨 때도 많았다. '이곳에서는 나를 어떤 길로 예비하실까?' 하는 설렘과 두려움이 교차하던 시절이었다.

일병이 된 후에 본 대대로 복귀했다. 그 시기에 부대의 군종이 제대하면서 나에게 보직이 넘어왔다. 일반 통신병으로 근무하되 주말에는 교회에 나가서 봉사하는 것이 부대 군종이었다. 이전 군종의 평판은 좋지 않았다. 술, 담배를 다 하면서 언행이 좋지 않았고 예배에는 관심이 없었다. 그저 그에게 군종은 편한 보직이었을 뿐이었다. 군종을 바라보는 주변의 시선은 좋을 수 없었다. 이것은 차차 바꿀 수 있다고 생각했고 또 사명처럼 여겨졌다.

군종이 되고 나자 부대의 대장님도 바뀌었다. 당시 나이가 40세 정도 되는 소령 말 호봉이었다. 즉, 진급하지 못한 채 제대를 앞둔 소령이라는 뜻이다. 발령식 때 대장님 본인 소개와 연설을 했는데 내용은 이러했다. 꿈을 꾸었는데 하나님께서 이 부대로 가라고 하셨다는 것이었다. 결론적으로 말한다면, 꿈을 꾸고 나서 자원하여 이곳으로 오게 되었다는 것이다. 대장님은 사단 교회의 신우회 부장 집사로 임명을 받았고 나는 신우회장으로 임명되었다. 이분을 통해서 하나님은 준비하신 일들을 시작하셨다.

대표기도가 있던 주일에는 토요일에 대장님이 전화하셔서 대표기도문을 써달라고 요청하셨다. 그러면 1호 군용차를 타고 사택으로 가서 써드렸다. 그 당시 다른 부대를 방문하여 예배드리는 '내무반 순회예배'가 있었는데 필자가 다니면서 말씀을 전하게 해주셨다. 그때도 대장님은 본인의 군용차를 내주셨고 필자는 선임이 운전해주는 군용차를 타고 다니면서 말씀을 전했다. 30년은 지난 이야기라 지금은 어떻게 지내실지 궁금하다. 지금 생각해도 주님께 충성스러운 분이었다. 그는 주님의 군사였다. 믿음의 연륜은 깊지 않으셨으나 주님의 군사 그 자체였다.

"그러나 기록된 바와 같으니, '하나님께서 그분을 사랑하는 자들을 위하여 예비하신 것들은 눈이 보지도 못하였고, 귀가 듣지도 못하였으며, 사람의 마음속에 들어온 적도 없었느니라' 하였도다." 표준 킹제임스 (고린도전서 2:9).

졸고 있는 군종들을 깨우신 주님

토요일에는 사단의 군종들이 각 부대에서 사단 교회로 모인다. 예배나 교회 일에 도움이 되라고 사단본부에서 허락해 준 날이다. 그런데 그들은 그 시간을 개인 휴식 정도로만 사용했다. 기도회도 성경공부도 없었다. 그래서 신우회장으로서 이들에게 권면하였고 캠퍼스 사역처럼 토요일마다 성경공부와 기도회를 하게 되었다. 영적인 모임을 가지자, 군종들이 점점 변화되기 시작했다. 성령을 체험하고 믿음이 성숙해져 갔다. 그런데 참 이상한 것은 신학을 전공하고 있던 군종들이 더 변화가 더디다는 점이었다. 성경공부도 지적인 만족을 추구하는 경향이 있었다. 그리고 그중 한 명은 신학생이었지만 부대의 평판은 좋지 않았다. 겪어보니 교만하게 느껴질 정도로 자기주장이 강했다. 영적인 문제였다. 그 안에 있는 영이 이상했다.

성경은 영들을 분별하라고 말씀하신다. 하나님께 속한 영이 있고 사단에게 속한 영이 있다. 하나님께 속한 영은 성령의 임재가 있다.

그는 하나님의 말씀을 바르게 믿고 바르게 전한다. 그 성령님은 믿는 자의 삶을 오직 예수 그리스도께 인도하고 열매 맺게 해주는 분이시다.

신우회장의 신분으로 부장 집사님(대장님)께 새벽기도를 하게 해달라고 말씀드렸다. 군 보고 체계로는 있을 수 없는 일이다. 부대에서는 처음 있는 일이었고 대장님의 허락이 떨어졌다. 그날 밤 인사과 상사가 나를 불러서 부대원들 앞에서 물었다. "너 새벽기도 진짜 가고 싶냐?" 그와 더불어 고참들은 따가운 시선으로 나를 쳐다보고 있었다. 상사가 의도한 자리였던 것이었다. 두려움이 엄습했지만 속으로 기도했다. 그 짧은 순간 예수님이 내 옆에 계시다는 마음이 들면서 들렸던 음성이 있었다. '간다고 말해라' 그래서 담대함으로 새벽기도 나간다고 말했다. 그 순간, 고참들의 야유와 욕이 들려왔다. 살아생전 가장 욕을 많이 먹은 날이다. 하지만 그들이 두렵다고 타협할 수는 없었다. 나는 그 무엇보다 기도가 필요했고 주님의 은혜가 필요했다. 그 사랑과 은혜 없이는 살아갈 자신이 없었다. 주님께서는 훈련생 시절의 기도를 들으셨고 응답해 주셨다.

그렇게 새벽기도에 나가기 시작했다. 철원의 숲속 공기는 상쾌했지만, 평소보다 수면시간이 두 시간이 줄어드니 무척 피곤했다. 어떤 때는 졸면서 걸어가기도 했지만 마음만은 너무 기뻤다. 새벽의 사단 교회는 썰렁했다. 기도 역시 혼자 할 때가 많았다. 그런데도 기도를 통해 사랑하는 주님을 만나기에 이 세상 어떤 것보다도 행복한 것이다. 사랑 중의 사랑을 경험하고 은혜중의 은혜를 경험하는 시간이 바로 이 시간이다.

비가 폭포수같이 쏟아지던 어느 새벽 우비를 입고 새벽기도를 갔다. 온몸이 다 젖었고 빗물이 줄줄 흐르는 채로 피곤이 쏟아져서 나밖에 없는 예배당에 기절하듯 쓰러져 잠이 들었다. 잠시 후 깨어보니 비록 잠을 잤지만, 나의 영혼에는 은혜가 흐르고 있었다. 마음의 중심을 아시는 주님, 그분은 모든 것을 아신다. 너무 피곤해서 잠든 상태에서도 성령님은 임재하셨다. 나는 살기 위해서 기도했다. 부대 안에서는 기도할 곳이 없었고 시간도 없었다. 하나님의 임재를 갈망하며 새벽공기를 가르며 갔다.

해골 찬양단

또 어느 날 혼자만의 새벽기도 중 비몽사몽 간에 한 장면이 펼쳐졌다. 강대상에서 찬양하는 존재들이 있었는데, 자세히 보니 기타를 맨 해골들이었다. 충격적인 모습이었다. 이것이 무엇이었을까? 그것은 아마도 찬양을 인도하던 군종들의 영적인 모습이었으리라. 그 당시 수요예배는 신우회장이 찬양을 인도하는 것이 관례였다. 그러나 나를 앞서서 찬양을 인도하던 타 부대의 군종은 의당 나에게 찬양 인도를 넘겨주어야 했으나 그렇게 하지 않은 채 본인이 계속 인도하고 있었다. 그의 멘트는 감성적이었다. 인간적이었다. 경상도 사투리의 중저음 목소리를 타고 나오는 멘트는 세상 라디오의 프로그램에서 들려오는 그런 느낌이었다. 그것은 영과 진리로 드리는 예배가 아니었다. 아무런 은혜도 주님의 마음도 느낄 수 없는 삭막하고 메마른 예배였다. 그 모습을 본 후에 중보기도를 하면서 이 교회에서 찬양 집회를 하게 해달라고 기도하기 시작했다. 사단 전체의 군종들과 모든 좌석을 다 메우고 영혼을 회심시키는 집회를 위해 기도했다.

몇 달이 지난 후, 사단 교회 목사이며 대위였던 군종 목사님의 허락을 받고 집회가 준비되었다. 여의도에서 여러 팀이 연합되어 큰 버스

한 대를 전세 내서 철원까지 와주었다. 나는 100명이 넘는 영혼들을 구원해 달라고 기도했다. 개인적으로는 좀 아쉬움이 있었지만 감사하게도 30명이 넘는 영혼이 그날 회심했다. 그리고 사단과 연대의 전 군종들이 모였고 믿음 생활을 하던 일반 병사들도 많이 모였다. 무료한 믿음이 새롭게 되는 계기가 되었을 것이다. 집회가 끝나고 늦은 시간이라 팀들의 숙소가 필요했다. 군대에서 받은 월급과 부모님이 보내주신 용돈을 다 모아서 근처에 숙소를 마련했고 버스 임대료를 충당했다. 3사단 최초의 연합 찬양 집회였던 것으로 기억된다. 기도가 응답 된 사건이어서 깊은 감사를 드렸다.

하나님 사역의 추진력은 기도에서 나온다. 무엇이든지 주의 뜻대로 구하면 그분은 들으신다. 하나님의 마음을 받아서 기도로 준비하면 그분의 때에 자연스럽게 이뤄진다. 물론 그 과정에는 어려움이 올 수도 있다. 이 집회에 대한 모든 준비가 끝나가고 있었을 때, 여의도 팀들이 갑자기 올 수 없게 됐다고 연락이 왔다. 그것도 1주일 전이었다. 마음에 어려움이 밀려와서 다시 기도했다. 주님께서 주신 마음은 평안이었다. 나에게 필요한 것은 바로 믿음이었다. 믿음만 있으면 됐다. 나머지는 주님께서 하신다. 모든 것을 맡기고 기도했을 때 다시 연락이 왔고 예정대로 올 수 있다는 연락이 왔다. 사탄은 성도의 마음을 흔들어서 어렵게 하지만 주님은 이것마저도 사용하셔서 우리가 믿음이 있는지 검증하신다. 믿음이 확인되면 그분의 일은 시작된다.

"믿음의 기도는 병든 자를 구원하리니 주께서 그를 일으키시리라. 혹시 죄를 범하였을지라도 사하심을 받으리라." 개역개정 (야고보서 5: 15).

왕고참의 신앙고백

병장이 되고 난 후 어느 날 부대에 문제가 생겼다. 우리 부대는 하사관이 많았다. 특히 오래된 중사들이 많았다. 그래서 자대에 온 지 얼마 안 된 소위들은 기를 펼 수 없었다. 장교임에도 중사들에게 맞기까지 했다. 당연히 일반 병사들은 더욱 약한 존재들이었다. 그런데 어느 날 자대배치 받은 지 얼마 안 되는 하사들에게 병장들이 반말하는 일이 벌어졌다. 본인들도 계급을 무시하고 장교를 때리기도 했지만, 이 사건이 중사들의 귀에 들어가서 부대가 시끄러워졌다. 토요일쯤에는 주말 내내 전 병력이 군장을 메고 얼차려를 받을 분위기였다. 그러면 교회 가는 것도, 예배드리는 것도 문제가 생길 것이 분명했다.

그래서 기도하기 시작했다. 동갑이던 헬스장을 운영하고 있던 중사에게 중재를 요청했다. 때마침 그는 교통사고로 인해 허리를 다쳐서 입원 중이었고 아무 도움이 되지 못했다. 필자는 당연히 나이가 많이 어린 하사관에게도 반말을 하지 않았다. 군대라는 특성상 나이와 상관없이 계급은 마땅히 존중받아야 할 규칙이었다. 그러나 후임 병장들의 잘못으로 부대 전체가 주말에 기합받을 분위기에 휩싸이고 만 것이다. 특히 상병 이하의 장병들은 무슨 잘못이 있는가? 왜 같이 얼차려를 받아야 하는가? 그것이 내심 불편했다. 한 주간 열심히 근무서고 훈련받고 청소하고 땀 흘려 국가에 충성 봉사하는 동생 같은 이들을 생각하자니 마음이 심히 불편했다. 아울러 예배에 지장이 생길 것이라 여겨지니 여간 큰일이 아니었다. 내가 할 수 있는 것은 아무것도 없는 것 같았다.

드디어 토요일이 다가왔다. 점심 먹고 내무반에 다 모이라는 지시가 내려왔다. 오전에 시간적 여유가 생겨서 통신반 창고에 들어간 나는 간절히 기도하기 시작했다. 주님의 은혜와 도움을 간절히 구했다. 기도 후에 주시는 마음이 있어서 순종의 결단을 하고 내무반에 들어갔다. 바로 옆 상황실에서는 중사들이 잔뜩 모여서 회의를 하고 있었고 병사들은 불안한 마음으로 내무반에서 그 소리를 듣고 있었다. 이등병과 일병들은 얼마나 걱정되는 마음으로 앉아 있었을까? 경험해보지 않으면 모를 것이다.

나는 상황실 문을 두드리고 혼자 들어갔다. 일어난 상황을 설명하고 나서 이 사건은 병사들의 잘못이 분명함을 말했다. 이어서 후임 병장들의 잘못도 고참의 잘못에 속하며, 아울러 병장 이하의 사병들은 아무 잘못 없으니 고생한 후임병들은 쉬게 해주고 병장들만 얼차려를 받고 책임을 지겠다고 말했다. 잠시 침묵이 흘렀다. 성령께서 이 상황을 지배하고 계신 것이 분명했다. 갑자기 무겁고 폭력적인 분위기가 가라앉으면서 그들의 말투가 부드러워졌다. 그리고 최고참 중사가 밖으로 나가더니 병장들과 나머지 사병들을 분리시켰다. 그리고 부드러운 말로 잘못을 질책하고 다음부터는 조심하라고 말하는 것이었다. 마음속으로 감사기도를 드렸다. 주님은 살아계시고 기도를 들으시는 분이 분명하지 않은가? 필자는 토요일도 교회에서 군종 성경공부와 기도회가 있고, 주일에도 예배와 어린이 예배를 위해서 봉고차 픽업이 있어서 꼭 가야만 했다. 그리고 사병들을 다독여서 예배로 데려가야 하는데, 간절히 기도하니 성령님이 역사하셔서 문제는 생각보다 쉽게 해결되었다.

문제는 언제 어디서 나타날지 모른다. 그렇지만 하나님의 뜻에 합당한 기도가 있다면 해결도 따라오게 된다. 하나님이 응답하시면 쉽게 나타난다. 우리는 무엇이든 구해야 한다. 이 모든 사건의 해결을 위해 상황실에 들어갔던 나의 용기와 발언을 듣고 있었던 병사들은 마음에 큰 감동을 하였던 것 같다. 그날 밤 잠자리에 들기 전에 믿지도 않는 최고참 병장의 입에서 이런 말이 흘러나왔다.

"하나님의 은혜인지는 모르겠지만 김병장은 우리와 다른 것 같다. 네 안에는 하나님이 계신 것 같다." '그의 입에서 하나님의 은혜라는 말이 나오다니!' 그 순간 울뻔했다. 마음속에서 깊은 감사가 나왔다. 이 말을 얼마나 듣고 싶었던가? 믿지 않던 사람들의 입에서 하나님을 찬양하는 고백이 나오다니! 주님 너무도 감사합니다. 잠자리에서도 주님을 찬양하며 잠이 들었다. 그 이후로 제대할 때까지 전도하기가 쉬워졌다. 기회를 만들어서라도 전도했다. 상황실 근무를 설 때면, 근무를 마치고 들어와서 보고하는 후임병들에게 커피나 율무차를 타 주면서 상담도 하고 복음을 전했다. 이미 마음 문들이 많이 열려 있던 상태라 감사하게도 마음에 주님을 받아들이는 지체들이 계속해서 늘어났다.

"아무 일에도 염려로 가득 차지 말라. 다만 매사에 기도와 간구로 감사들을 드리면서 너희의 요청들이 하나님께 알려지게 하라. 그리하면 모든 지각을 초월하는, 하나님의 평안이 그리스도 예수를 통하여 너희의 마음과 생각을 지키시리라." 표준 킹제임스 (빌립보서 4:6~7).

사단 군종들과 철야 예배를 드리다

상병쯤 되었을 때, 여전도회관에서 전국의 군종들에게 전도용으로 사용할 수 있는 커피와 티를 제공함으로 섬겨준다는 것을 알게 되었다. 그리고 그것을 받으려면 각 부대의 군종들이 그곳에 가서 직접 신청을 해야 부대로 보내준다는 것이었다. 그래서 떠오른 아이디어가 있었고,

다소 무리가 있음에도 일을 저지르고 말았다. 군종 목사님이 무리한 계획이라고 말리는 듯했지만, 사단 직할대의 군종들 모두가 함께 휴가를 나갈 수 있도록 공문을 작성했고, 군종 목사님의 도장을 받고 사단장님에게 올라가도록 일을 만들었다. 그리고 결국 허가가 났다. 물론 부대에서는 휴가 가려고 꼼수를 부린다는 말이 나왔지만, 내 속셈은 따로 있었다. 군종들을 다 데리고 자대 복귀하기 전에 다니던 교회에 가서 함께 철야 예배를 드리고 싶은 소원이 있었기 때문이었다.

겸사겸사 다 같이 며칠간의 휴가를 받아서 서울로 향했다. 여전도회관에서의 절차를 마치고 개인 시간을 갖게 한 후에 금요일에 다니던 교회에 모여서 철야 예배를 같이 드렸다. 3사단 직할대의 군종이 함께 모여서 철야 예배를 드리면서 기쁨이 넘쳤다. 지금은 소천하셨지만, 그 모습을 지켜보시던 사모님의 흐뭇해하시던 표정을 잊을 수 없다.

"여호와를 기뻐하라. 저가 네 마음의 소원을 이루어 주시리라" 표준 킹제임스 (시편 37:4).

하나님의 뜻에 어긋나지 않는 마음의 소원이라면 주님은 믿고 기도할 때 이루어주신다. 물론 그분의 때가 이르면 말이다.

1~2주의 시간이 흐르자 부대마다 커피와 티가 도착했다. 무게로 따지면 30~40킬로는 족히 되는 어마어마한 양이었다. 부정적인 눈으로 바라보던 부대의 간부들과 사병들이 엄지를 치켜세우고 손뼉을 쳤다. 상당 기간 부대원들을 섬길 수 있는 자원으로 사용되었다. 한국 교회 성도들이 군인들을 섬겨준 헌신 중 한 가지였음이 분명했다.

전도의 방해물은 교회 다니는 사람이다

군 생활 2년이 넘는 기간 동안 통신병으로 근무하면서 성경을 많이 보았다. 구약은 5번, 신약은 22번을 넘게 봤다. 밤중에 근무를 설 때면 전화가 거의 안 오기 때문에 한겨울에는 산에서 캐낸 칡차를 마시면서 성경을 봤다. 영어공부도 나름 열심을 냈다. 이런 모든 것이 주님의 예비하심이 분명했다. '하나님의 일'과 '영어공부'에 대한 기도에 대해서 주님은 모든 상황을 완벽하게 준비하셨고 기도는 계속 응답되고 있다.

그 당시 사영리와 레모나를 항상 갖고 다니며 전도했다. 얼마나 좋은 기회인가? 세상에서라면 만나기도 힘들고 말 걸기도 힘든 20대 초반의 젊은 남성들을 만나서 복음을 전할 기회가 얼마나 주어질까? 감사하게도 복무기간 동안 많은 영혼을 주님께로 인도하게 해주셨다. 먹을 것을 주고 상담을 해주고 사랑을 주면서 예수님을 증거했다. 지면이 부족하여 다 쓸 수는 없지만 많은 은혜로운 일이 있었다. 2년 2개월의 군 생활이 빠르게 지나갔고 드디어 제대했다.

군대에서 전도가 너무도 하고 싶었다. 그런데 기존의 여러 믿는 병사들이 전도의 방해가 되었다. 왜냐하면, 그들의 삶이 이기적이고 본이 되지 않았기 때문이었다. 건강한 믿음은 건강한 삶이 따라온다. 삶이 본이 되지 않으면 전도가 힘들다. 그래서 더더욱 열심히 살 수밖에 없었다.

새벽에 기도하는 힘으로 부대 생활에도 열심을 냈다. 기도하면 힘이 난다. 본이 되기 위해서 많은 땀을 흘렸다. 정말 공격적으로 부대 일을 처리했다. 겨울에 열 명이 나가서 눈을 쓸 때 90%의 눈을 혼자서 처리한 적도 있었다. 그들이 볼 때 나는 눈을 쓸어내는 기계같이 보였을 것이다. 이상하게도 힘이 났다. 복음을 전하기 위해 기도했고 하나님은 힘을 주셨다. 일병 때부터 병장이 될 때까지 대장님의 보호 아래서 아무도 나를 건들지 못했고, 나는 그동안 있는 힘을 다해서 기도하며 복음을 전했다.

그 당시 군인들은 라면, 떡볶이, 순대 같은 간식을 너무 좋아했다. 초코파이를 준다고 해도 교회에 따라가지 않았다. 수요일마다 교회에 데려가기 위해서는 교회 바로 앞에 있는 분식집에서 라면이나 떡볶이를 사줘야 따라갔다. 그래서 늘 자금이 필요했었고 그때마다 주님은 늘 채워주셨다.

계급이 올라갈수록 부대 생활은 여유가 생겼고 힘든 전방의 생활이라도 나름대로 행복과 즐거움이 있었다. 그런데도 진정한 삶의 이유와 동기는 신랑 되신 예수님과의 행복한 교제와 그분의 계명에 대한 순종이었다. 아무도 나를 선교사로 파송해주지 않았고 스스로 선교사라 생각해보지도 않았다. 돌이켜 보니 주님은 은밀하게 나를 군 선교사로 파송해주셨다고 생각한다.

전도는 기도로부터

입대 전에 있었던 일이다. 입대 전부터 전도에 대한 갈망이 컸다. 어느 날 아무 준비도 없이 갑자기 버스에서 말씀을 전한 적이 있었다. 처음이라 지혜롭지 못했었다. 준비 없이 한참을 전하고 있었는데 버스기사의 날카로운 눈길과 책망에 그만 입이 다물어지며 말 한마디 못한 채 내렸다. 집에 돌아오는 길에 근처의 교회에 들어가 기도할 때 하염없이 눈물이 흘렀다. 민망한 탓에 마음이 상하기도 했지만, 무엇보다 이 세상이 예수님을 참 싫어한다는 것을 깨닫고 마음이 더 아팠던 것 같다. 얼마나 울었는지 눈이 퉁퉁 부어서 앞이 잘 보이지 않았다. 그러나 전도는 포기할 수 없었다.

몇 달 동안 기도했다. 영적인 준비를 하고 메시지를 정리하고 전략을 짰다. 사람들이 반응하기 전에 짧은 시간에 임팩트 있게 말씀을 전하고 사라지는 것이 현명하다고 생각했다. 드디어 모든 준비를 마치고 전도를 시작했다. 전철에서 내리기 한 정거장 전, 2분 안에 말씀을 전하고 내렸다. 아무도 뭐라고 하는 사람이 없었다. 버스에서도 마찬가지였다. 사람들이 반응하기 전에 치고 빠지는 작전을 썼다. 당연히 상처받을 일도 없었고 점점 더 담대하게 전할 수 있게 되었다. 영어 사영리도 달달 외웠고 전도를 하기 위해 영어 회화를 공부했다. 전철에서 보이는 외국인들에게 말을 걸며 말씀을 전했고 여러 종류의 전도지를 가지고 다니며 버스나 기차에 앉으면 옆자리에 앉은 사람을 전도했고 그가 원하면 그 자리에서 영접 기도를 따라서 하게 했다. 청량리역이나 영등포역 에스컬레이터 옆에서 말씀을 전했다. 많은 사람이 쳐다봤지만 담대해져서 더는 아무것도 부끄럽거나 두렵지 않았다. 종로 뒷골목에서 기타를 메고 찬양을 하며 예수님을 전했다. 그때 말씀을 들었던 분 중에 천국에서 만날 분이 있을 것으로 생각하니 마음속에 기대된다.

캠퍼스에서 수련회를 준비하던 어느 해 말씀을 읽다가 이런 구절이 눈에 들어왔다. '너희는 사람들을 모으고 금식을 선포하고 집회를 해라.' 마음이 심히 고민이 됐다. 먹지 않고 어떻게 수련회를 하지? 하지만 마땅히 순종해야 된다고 생각했다. 십여 명을 데리고 오산리 기도원으로 1박 2일 금식 수련회를 떠났다. 밤을 새우며 기도했고, 다음날에 전도가 너무 하고 싶었다. 다 함께 주님께 여쭈었다. 금식하고 철야를 하며 기도하던 중이어서 헛것을 보았나? 아니겠지! 명동의 장소 두 군데를 사진같이 보여주셨다.

다음날 토요일 점심쯤에, 금식, 철야를 한 지체들을 데리고 명동으로

나갔다. 보여주신 장소는 그 당시에는 제일은행 자리였는데 그곳에 조그마한 단이 있었다. 토요일이라 명동은 인산인해였다. 한마디씩 말씀을 선포하면 모든 지체가 따라서 선포했다. 그런데 금식한 사람들의 목소리가 왜 이리 우렁차게 들리는지 놀랍기만 했다. 수천 명이 지나가는 토요일 점심시간에 그것도 명동 한복판에서 큰소리로 복음을 선포하자 비난하는 사람들도 있었다. 하지만 주님께서 이 일을 인도하고 계심을 느꼈기에 담대하게 전할 수 있었다. 금식, 철야, 전도를 아우른 1박 2일의 수련회를 마치고 집에 가서 쓰러지듯 깊은 잠에 빠졌다. 아마도 이런 전도방식이 잘못되었다고 생각하는 분도 분명히 있을 것이다. 사람들이 싫어한다고 하더라도 정말 주님이 원하신다면 우리는 순종해야 하지 않을까? 이 부분에 대해서 주님은 개인 예배 가운데 주님의 마음을 부어주심으로 확증해주셨다.

다음 날 아침, 마침 주일이었고 찬양 인도도 있기에 주님과 만나기 위해 엎드렸다. 솔직히 어떤 사람들은 길거리에서 공개적으로 전도하는 것에 반감도 있을 것이고 저런 방식이 옳은 것인지 성경적으로 분석하려는 사람도 있을 것이다. 그런데 주님은 토요일의 전도에 대해서 이렇게 말씀하셨다. '아들아, 어제 내가 너무 기뻤다.' 이 말씀이 들려오는 동시에 너무도 강한 성령님의 임재 속에 바닥에 쓰러지듯 엎드렸다. 바로 그 자리가 지성소였다. 하나님께서 너무 기뻐하시는 것이 느껴져서 깜짝 놀라기까지 했다. 그저 하루 금식하고 밤새우며 전도했다고 그렇게 기뻐하실 일인가? 생각해보니 아마도 그것이 주님께 대한 사랑의 표현이었기에 기뻐하셨을 것 같다.

주님은 우리가 주님을 사랑할 때 기뻐하신다. 주님을 사랑해서 하는 행위가 바로 '처음 행위'다. '처음 사랑'을 회복하려면 '처음 행위'를 회복해야 한다. '처음 행위'가 중요한 이유는 무엇일까? 아마도 그 행위가 '사랑'에 근거한 행위였기 때문이 아닐까? 주님은 동기를 중요하게 생각하시는 것이 분명하다. 그리고 그 동기가 순전한 사랑일 때 더욱 기뻐하신다. 지금 당신의 신앙적 동기는 무엇인지 점검해 볼 수 있기를 권면한다.

"그러므로 네가 어디에서 떨어졌는지를 생각해 내서 회개하고, 처음에 하던 일을 하여라. 네가 그렇게 하지 않고, 회개하지 않으면, 내가 가서 네 촛대를 그 자리에서 옮기겠다." 표준 킹제임스 (계시록 2장 5절).

정말 뜨끔한 말씀이 아닐 수 없다. 이 예언대로 에베소교회는 나중 흩어졌다. 사도 요한과 사도 바울의 믿음의 유산을 받은 위대한 대형교회도 주님이 하시면 사라질 수 있다. 교단도 건물도 신학도 중요한 것이 아니다. 정금 같은 믿음과 사랑만이 주님의 인정을 받을 것이다.

2008년도에 일산에 이사 오고 필자는 주님께 호된 음성을 들었다. 아침 기도 중에 심령을 울리는 음성이었다. '너는 탕자다.' 전도하러 나가지 않는 것에 대한 지적이었다. 그것은 '처음 행위' 였기 때문이다. 사랑했기 때문에 했던 행위들을 기억하신다. 하나님은 참으로 '사랑' 이시다. 우리는 모두가 회개해야 한다. 독자들은 무엇을 회개하여 회복해야 할까? 어디에서 떨어졌는지 깊이 생각하고 돌이키길 간절히 바란다.

결혼은 그저 하나님의 은혜였다

대학교 1학년 때, 지금의 아내인 자매와의 교제가 시작되었다. 어느

봄날 토요일에, 서울대공원으로 장애인을 위한 봉사를 자매와 함께 다녀오게 되었다. 모임에 늦지 않으려고 저녁 시간에 택시를 타고 이동했다. 앞자리에서 백미러로 뒷좌석을 보는데 잠시 눈이 마주쳤다. 한마디로 '눈이 맞은 것이었다.' 그리고 자연스레 교제가 시작되었다.

같은 교회에 다니고 있었고 활동이 많았기 때문에 거의 교회 근처에서 돌아다녔다. 대학부 예배, 철야 기도회, 성가대 연습, 선교중창단 모임, 캠퍼스 리더 모임에 참석했기에 이런 모임들을 마치고 나서 데이트를 했었다. 교회 앞 한강공원은 좋은 데이트 장소였다. 대부분 영적인 모임에서 만나다 보니 자연스럽게 예수님의 사랑에 대해서 많은 나눔과 기도를 하게 되었다. 이성적인 만남도 당연히 중요했지만 보다 중요한 것은 하나님과의 관계였다. 외부의 다른 장소에서 만날 때면 근처에 있는 교회를 찾아서 먼저 기도하거나 아니면 그곳을 떠나기 전에 기도하는 시간을 갖곤 했다. 은혜가 있어야 싸움도 덜 하게 되고 함께 있는 시간이 더욱 기쁘고 행복했기 때문이다.

데이트하기로 한 날이라도 서로의 영적인 상태가 좋지 않으면 만나는 것을 참기도 했다. 신기한 것은 멀리 떨어져 있는데도 서로의 영적 상태를 느낄 때가 많았다는 것이다. 지금처럼 쉽게 연락할 수 있는 때가 아니었기에 영적으로 더욱 집중할 수 있지 않았을까 싶기도 하다. 주님은 다양한 교회의 모임을 통해서 많은 시간 기도하게 하셨고 그 기도를 통해 우리의 교제에 큰 은혜를 공급해주셨다. 영적인 은혜가 우선 됐기에 우리의 관계가 더욱 넘치게 풍성해지는 것을 체험하게 되었다. 물론 남들처럼 싸울 때도 많았지만 항상 하나님께서 우리 가운데 계셨다. 그래서 당연하게도 하나님의 일에 대해서 많은 꿈을 꿀 수 있었다. 사랑하는 이와 함께 주님의 사랑을 서로 나누고 그분의 나라를 꿈꾼다는 것은 참으로 행복한 일이었다.

그 당시 단기선교가 막 시작되고 있을 때였다. 2학년 때 우리는 같이 필리핀으로 한 달간의 팀 사역을 떠났다. 2주는 같은 곳에서 강의와 예배를 드렸고 2주는 다른 곳에서 두 팀으로 나누어 전도사역을 감당했다. 몹시도 덥고 가난한 필리핀은 가톨릭이 많고 이슬람도 있었다. 그러다 보니 길거리 전도를 할 때 주님의 강한 치유적 일하심도 있었다. 맹인도 소아마비도 귀가 안 들리는 노인도 귀신들린 영혼도 치유되었다. 그러나 정말 중요한 것은, 그들이 주님이 누구이신지 알아가는 것이었다.

단기선교가 끝나고 필리핀의 바닷가에서 하루 정도 팀 전체가 쉬는 시간을 갖게 되었다. 2주간 떨어져 있다가 만났을 때의 그 반가움이란 이루 말할 수가 없었다. 그런데 다툼이 일어나서 자매의 마음에 큰 상처를 주게 되었다. 한참을 찾아도 보이지 않았는데, 방파제 끝에 앉아 있는 모습을 보게 되었다. 마음을 풀어주기 위해서 콜라 두 병을 사서 다가갔는데 마음에 크게 상처를 입어서 대화도 하지 않으려고 했었다. 미안하다고 사과하고 옆에 앉아 있는데 자매는 용서하기 싫다고 주님께 강하게 호소하고 있었다. 그런데 말할 수 없는 주님의 강한 용서의 마음이 자매의 마음을 덮었고 그 순간, 우리는 펑펑 울면서 같이 기도하기 시작했다. 그때 마음속에 찬양이 들렸고 그 마음의 소리를 들으며 깊은 주님의 임재하심을 느꼈다. 그리고 더욱 깊은 사랑의 마음으로 변화되는 것을 체험했다.

주의 신을 내가 떠나 어디로 피하리까?
주는 내 모든 것 아시오니 어디로 다니리까?

내가 새벽 날개 치며 저 바다 끝에 거해도
어둠도 숨기지 못하리라. 주님의 손이 날 인도해.

너무나도 감사하고 은혜로운 순간이었다. 무엇 때문에 주님의 은혜는 이렇게 강하게 우리의 삶을 뚫고 들어오시는 것일까? 그분은 사랑과 용서의 침입자이시다. 아무도 그분을 이길 수 없다.

"제가 당신의 영을 떠나 어디로 가리이까? 혹은 제가 당신의 면전을 떠나 어디로 도망하리이까? 만일 제가 하늘 속으로 올라갈지라도 당신께서는 거기에 계시나이다. 보소서, 만일 제가 지옥 속에 저의 침상을 마련할지라도, 당신께서는 거기에 계시나이다. 만일 제가 아침의 날개들을 취하여 바다의 맨 끝부분들 속에 거할지라도 심지어 거기에서도 당신의 손이 저를 이끄시리니, 당신의 오른손이 저를 붙드시리이다."
표준 킹제임스 (시편 139:7-10).

그 후에도 다른 나라로 각자 선교를 다녀오면서 주님께 충성하는 것을 더욱 다짐하게 되었고 주님의 다시 오심에 대해서 갈망하게 되었다. 그 당시 교회들에는 천국에 대한 갈망과 '휴거'에 대한 갈망이 있었던 것으로 기억한다. 30여 년 전인데도 요한계시록과 주님의 재림에 대해서 많은 궁금함과 갈망이 있었던 것으로 기억한다.

필자는 그렇게 대학교 4년을 열심히 신앙생활을 했고 주안에서 꿈을 꾸며 아름다운 사랑을 키워갔다. 졸업 후에 6개월간 캠퍼스간사로 섬기다가 그해 9월에 군에 입대하게 되었다. 춥고 외로운 철원에서의 군 생활이 결코 쉬운 것은 아니었지만, 주님의 큰 은혜, 기도와 사랑의 교제로 인하여 넉넉히 이기며 지낼 수 있었다.

제대 후 여의도교회에 다시 돌아갔다. 그런데 예전에 함께 찬양팀에 있던 리더분과 몇몇 지체들과 사당동에 있는 장로교회를 방문하게 되었다. 아직 교회를 옮긴 것은 아니었다. 그런데 마침 사당동교회에 담임목사님이 따뜻하게 맞아주셔서 교회를 옮겨야 하는지 고민하고 있을 때였다. 2주간 기도하면서 주님의 뜻을 물어보았다. 주님은 꿈을 통해 선명하게 응답을 주셨다. 그리고 몇 주 후 여의도교회 찬양팀 간사로부터 전화가 왔다. 대성전에서 선교 찬양 집회가 있는데 필자가 인도자로 적합할 것으로 추천이 들어왔다는 것이다. 그러나 이미 기도 응답을 받은 터라 정중히 거절하고 옮긴 교회에서 예배와 봉사에 열심을 내게 되었다. 그러던 중에 터키로 단기선교를 다녀오게 되었다. 양가에서 결혼 얘기가 오갈 때 필자가 목사가 될 것이라 여기신 장인어른께서 반대하셨다. 신앙이 있는 장모님을 통해서 주님은 일하고 계셨다. 장인어른을 압박하셔서 단기선교 중에 허락이 떨어졌고, 이후 일사천리로 결혼에 성공했다. 정말 지금 생각해도 결혼은 불가능해 보였다. 주님께 헌신하니, 주님이 기적적으로 열어가셨다. 모든 것이 주님의 은혜였다. 사당동 교회 근처에 신혼집을 얻고 주안에서 행복한 삶을 시작했다. 집에서 공부방을 운영하여 아이들을 가르치며 대학원 준비를 했다. 그리고 신학대학원에 입학할 수 있었다.

영혼들을 향한 주님의 애끓는 마음

교회에서 찬양을 인도하며 중고등부 교사로 헌신했다. 그 당시 교회 아이들은 학원을 많이 안 다닐 때라 시간적 여유들도 있었고 가난하고 집안이 어려운 결손가정 아이들도 꽤 있었다. 그런데 아이들과 예배를 드릴 때면, 기도도 오래 못하고 주님을 인격적으로 만나지 못한 것에 정말 마음이 아팠다. 교사 몇 분과 의기투합해서 저녁 식사 후 밤

10시까지 교회에서 독서실을 운영하기로 했다. 몇 달 후 나머지 교사들은 다 포기하고 나만 홀로 남게 되었다. 1년 8개월 정도 매일 저녁에 교회로 갔고 아이들의 공부를 봐주면서 말씀 묵상의 시간을 가졌다.

가정이 깨어진 아이들을 돌보는 것은 보람이 있으면서도 가슴이 아픈 일이었다. 물론 일반적인 가정의 아이들이라도 그들의 영적 상황이 주님과 아무런 상관이 없을 때, 필자의 눈에서는 눈물이 마를 날이 없었다. 그들이 주님을 만나서 구원받고, 진정한 예배자가 되기까지 계속 기도했다. 아이들은 점점 더 은혜에 눈을 뜨고 변화되었다. 물론 크고 작은 위기들이 있었지만, 그들이 주님을 만나자 삶이 변화하기 시작했다. 이것은 열매였다. 예배와 수련회를 통해서 주의 임재를 경험하자 그들의 삶은 치유되기 시작했다.

그 시절에는 모이는 것이 자연스러웠다. 매일같이 모여서 찬양하고 말씀을 나누고 기도를 드렸다. 요새처럼 학원이 일상이 아니었다. 믿음의 눈으로 보면 요새 아이들보다 훨씬 복된 세대임이 분명했다. 우리는 엎드렸고, 성령님은 일하셨다. 그렇게 주님의 일하심을 간구할 뿐, 일을 성취하시는 분은 주님이시다. 우리는 참으로 무익한 존재들이다. 무엇을 자랑할 것인가? 모든 것이 그분의 은혜인 것을….

어느 날, 청소년 리더 십여 명을 데리고 캠프를 갔다. 어느덧, 성장한 아이들은 예배자가 되어있었다. 찬양을 드리고 1시간 반 정도 말씀을 전했다. 나중에 물어보니 아이들은 시간 가는 줄 몰랐다고 했다. 기도 시간에, 갑자기 강한 주님의 임재가 느껴졌다. 아이들은 서로 부둥켜안고 통곡하며 주님의 은혜 안에서 기도하기 시작했다. 기도 시간만 몇 시간이 흘렀다. 천국의 임재를 느끼며 주님의 신부로서 정체성이 세워지는, 너무도 복되고 감사한 시간이었다. 5분도 기도하지 못하던 아이들은 쉬지도 않고 다섯 시간 넘게 예배를 드린 것에 스스로 놀라워했다. 주님이 하신 것이다.

필자에게는 사역 초기의 이 시즌이 행복한 기억으로 남아 있다. 신혼 초기였고 신학을 막 시작한 기간이었다. 그러다 보니 열정도 대단했었기에 열심히 일했다. 그것이 가능했던 것은 주님에 대한 사랑의 마음과 주님의 형제들인 청소년 아이들에 대한 사랑이 넘쳤기 때문이었다. 사랑이 있었기에 모든 것을 내던져서 그들과 함께 주님을 예배했다. 나중 사역을 위해서 힘을 아끼지 않았다. 최선을 다해서 쏟아부었다. 후회하지 않았고 지금 생각해도 참 행복했다. 사랑이 동기가 되어 힘을 다하여 함께 예배할 수 있었기 때문에….

주님의 은혜는 참으로 놀랍고 신기하다. 깊이 주님을 만나다 보면 시간 가는 줄을 모른다. 언젠가는 마주하게 될 천국을 이 땅에 미리 경험하는 것은 이 세상 살면서 가장 놀라운 복이 아닐까? 그 천국의 왕이신 예수님은 7년 환란이 지난 후 이 땅에 세워질 천년왕국의 통치자이시다. 우리는 그 왕국에서 주님과 함께 다스리게 될 것이다. 아직 은혜의 문이 닫히지 않았다. 왕의 옆에서 함께 다스릴 자들을 찾고 계신다.

2장
신부의 영성 – *변질*

많은 사람 찾아와서
나의 친구가 되어도
병든 몸과 상한 마음
위로 받지 못했다오.
예수여, 이 죄인을
불쌍히 여겨주소서.
의지할 것 없는 이 몸
위로 받기 원합니다.

오호라, 나는 곤고한 자로라!

교역자로서의 사역이 감사하기도 했지만 쉽진 않았다. 파트 사역자로 시작된 사역은 사실 교회 아이들이 사랑스럽고 불쌍한 마음이 많이 들어서 시작된 것이다. 아이들을 섬기고 사랑하는 것은 참으로 행복한 경험이었다. 그러나 교회의 사무실에서의 사역과 관계는 힘들었다. 비인격적인 대우를 많이 받았기 때문이다. 그래서인지 견뎌내기가 힘들어서 교회를 사임하고 신학대학원을 휴학하고 '찬양의 ∞ 선교회'의 여전도사 가정과 강원도 태백에서 공동체 생활을 하게 되었다. 탄광 도시였던 태백은 춥고 을씨년스러웠다. 사람도 별로 없었고 그곳에서의 삶은 더 힘들었다. 그 여전도사는 담임 목사님보다 성격이 훨씬 더 강했다.

그 당시 산에서 벌목하다가 남은 나무들을 형제 세 명이 산에서 긁어내렸다. 쌓아놓으니 언덕을 이룰 정도의 양이었다. 배추 농사와 감자 농사와 건축을 하면서 영성훈련을 진행했다. 그런데 이상하게도 성령님의 임재와 자유가 아닌 억압과 율법주의의 이상한 불편함 속에서 힘든 시간이었다. 교회사역이 힘들어서 나왔는데, 더 힘든 일들이 기다리고 있었다. 선교회 대표가 부재중일 때 우리 부부는 첫돌이 막 지난 딸아이를 데리고 도망치듯 짐도 챙기지 못하고 태백에서 나왔다. 시간이 지나고 이삿짐은 나중에 받을 수 있었다. 하나님께서 원하시는 곳에서 견뎠어야 했는데 그러지 못했고, 더 힘든 훈련을 경험하고는 다시 원래의 자리로 돌아와야 했다. 왜냐하면, 아직 훈련이 끝나지 않았기 때문이다.

교회를 나오기 전에 최선을 다해 사역했던 탓인지, 다시 교회로 돌아오고자 했을 때 환영받으며 갈 수 있었다. 시즌 2의 사역이었다. '강도사'를 거치고 '목사안수'를 받았다. 어느덧 시간이 흘러서 담임목사님이 예전처럼 크게 힘들지 않았다. 훈련의 과정은 힘들어도 주님께 순종하면 때가 이르러 열매가 생긴다. 이런 성장에도 감사할 뿐이다. 이 과정을 통해 마음에 제법 여유가 생긴 것 같다. 목사님이 몸이 불편하셨기 때문에 설교의 기회가 많이 있었다. 강해 설교이기에 본문을 고민하지 않고 순서대로 증거했다. 말씀을 바르게 해석만 해도 은혜받았다고 성도들이 표현했다. 있는 그대로 진솔하게 전하면 됐다. 설교자가 하고 싶은 말이 아니라 성경이 말씀하는 내용을 논리적으로 잘 이해하고 성령님의 감동으로 적용하면 되는 것이다. 그러면 다양하면서도 은혜로운 생명의 양식이 예배 가운데 설교를 통해서 부어지는 것이다.

겉 사람은 '육신'으로 정의할 수 있다. 이것은 타락한 인생 가운데 주어지는 본성이고 '개성'이다. 그런데 구원받으면 회개한 자의 영 가운데 '양자의 영'이신 성령님이 임재하심으로 우리의 속사람이 새로워진다. 속사람은 '인격'이며 선한 양심이다. 신앙이 성장해도 우리의 '개성'이 다 사라지지는 않는다. 그렇지만 '이기적'인 육신의 성향은 서서히 부서져서 우리 안에 임재하신 예수님의 인격이 표출된다. 이것이 속사람이다.

필자는 타고난 성격적 결함과 경험한 상처로 인하여 거칠고 예민한 성격의 소유자였다. 과거의 부정적인 경험들이 분명히 한몫했을 것이다. 주님을 만났어도 치유의 과정이 필요했다. 가만히 있어서 저절로 치유되는 것은 아니었다. 과정이 필요했고 주님 앞에 나아가는 영적 전쟁의 현장에서 일어나는 실제였다. 교회사무실에 갇혀 지내던 시간이 쉽진 않았지만 지나고 보니 유익한 시간이었다. 주님은 오늘도 쉬지 않고 일하신다. 그분이 원하시는 곳에 머물러야 한다. 때가 이를 때까지….

　이 모든 경험은 주님의 은혜였고 사랑이었다. 왜냐하면, 담임목사님의 부정적인 모습 속에 투영되는 나 자신의 추악한 죄성을 발견했기 때문이다. 그분은 거울이었다. 주님은 그래서 이곳에 보내신 것이다. 거울에 비춰본 나 자신의 모습은 이 세상에서 내가 가장 추악한 죄인이었다. 세상에서 가장 추악한 악질은 바로 나였다. 그러므로 주님은 항상 옳으시다. 그분이 조성하신 상황은 항상 완전하다. 이유가 있으시다. 불평할 수 없고 반박할 수 없다. 모든 것을 아시고 모든 것을 성취하시는 완전하신 '기묘자'이시기에….

　"그런데 내가 앞으로 가도 그가 아니 계시고 뒤로 가도 보이지 아니하며 그가 왼쪽에서 일하시나 내가 만날 수 없고 그가 오른쪽으로 돌이키시나 뵈올 수 없구나. 그러나 내가 가는 길을 그가 아시나니 그가 나를 단련하신 후에는 내가 순금같이 되어 나오리라." 개역개정 (욥 23:8-10).

사역지를 옮기다

　구로동에 있는 같은 교단에 속했던 좀 더 큰 규모의 교회로 옮기게 되었다. 솔직히 말하자면, 더 좋은 대우를 받고 싶었다. 당시 빚도 있었고 가족에 대한 부양 때문에 옮기고 싶은 마음이 있었다. 바른 동기는 아니었겠지만, 주님은 허용해주셨다. 청년부를 담당했고 찬양팀과 영상팀을 새롭게 만들고 의욕적으로 사역에 임했다. 그 후에 알파코스와 행사팀을 운영했고 유치부와 유초등부 사역도 진행했다. 3년 3개월 동안 분주한 사역을 경험했다. 교회는 재정적인 여유가 있어서 청년들에게 많은 지원이 갈 수 있도록 힘썼다. 덕분에 장로들의 공격 타깃이었지만 마음껏 일할 수 있어서 감사했던 시절이었다. 그러나, 주님 앞에서 점점 더 영적으로 변질되어 가던 시즌이었다는 것을 부인할 수 없었다. 부서를 일곱 개나 맡아서 운영했으니 얼마나 바쁘고 힘들었을까? 성취감도 있었고 즐거움도 있긴 했었다. 청년예배 때 30여 명 모이던 청년들은 100명 가까이 늘어났고 교회학교나 교회 봉사에 청년들이 넘쳐났다. 청년들이 많으니 사역은 힘이 있었고 못 할 것이 없게 느껴졌다. 담임목사님의 전폭적 지원도 있었기에 가능했다. 겉으로 보았을 때는 아무런 문제가 없어 보였다.

이 교회(구로동에 있는)에서는 자신을 혹사시키는 것이 무엇인지 경험했다. 물론 청년들이 은혜받는 것이 너무 기뻐서 행복하기도 했지만 지나치게 그들에게 사역의 짐을 지운 것은 아니었는지 후회가 되기도 한다. 더 말씀을 잘 가르치고 기도해 줄 걸 하는 후회 말이다. 신앙의 균형감이 무너져가고 있었다. 말씀 묵상이 먼저가 아니라 설교하기 위한 직업적 묵상이 되면서 주객전도가 일어났다. 하나님과의 관계에 서서히 문제가 생겼다. 신앙적으로 병들어가고 있다는 것을 알고 있었지만 내 힘으로는 해결할 수 없었다. 그때까지도 순수한 청년들이 많아서 참 헌신적이었다. 얼마나 아름답고 사랑스럽던지 교회를 나온 후에 서서히 흩어졌다는 말을 들을 때 가슴이 아팠다. 교회가 왜 젊은 이들을 품지 못하는 건지….

연말이면 일곱 개 부서의 새해계획과 예산을 잡느라 분주하게 보냈다. 전체예산을 살펴보니 일곱 개 부서의 예산은 수천만 원을 넘었던 것으로 기억한다. 하지만, 내 속사람은 신음하고 있었다. 이것은 하나님의 일인가? 사업인가? 주님의 일을 마케팅하듯이 할 수 있다는 것을 실감하게 되었다. 주님께 묻지 않고 계획을 세워놓고 내가 세운 계획에 은혜를 주시도록 기도했다. 그것이 주님께 아주 무례한 행동이었다는 것은 나중에야 깨달았다. 인간의 무례함 속에서도 하나님은 은혜를 부어주신다. 그러나 무한정 은혜를 베푸시는 것은 아니다.

성도들로부터 공급되는 재정적인 섬김에 대해서도 감사하는 마음이 무디어졌다. 종교기관에서 일하는 직장인 같은 모습으로 점점 영적인 눈이 감기고 있었다. 여전히 주님의 은혜를 갈구했고 은혜 없이는 한순간도 살 수 없다고 믿었지만, 어느덧 순수한 신앙과 믿음이 변질이 되어가는 것을 멈출 수는 없었다.

그 당시에 청년들에게 '긍정의 힘'이라는 책으로 설교한 적도 있다. 지금 생각하면 너무 부끄럽고 창피하고 지체들에게 미안할 일이다. 그것은 복음도 아닌 쓰레기였다. '적극적 사고방식'의 '노만 빈센트 필'의 프리메이슨식 영성이었다. 주님은 우리에게 고난도 받게 하신다. 신앙의 성장에는 고난과 환란이 필수다. 그런데 그것이 주님의 뜻이 아니라고 말한다면 거짓 선지자인 것이다. 성경이 그렇게 기록하고 있다. 말씀을 왜곡하는 것이다. 필자도 한때 그런 죄 가운데 있었다. 어떤 형제가 사업에 실패하고 병에 걸려도 주님께 버림받은 것이 아니다. 그런데 그것을 주님께 버림받았다고 생각하게 만드는 교리는 주님께 온 것이 아니다. 이것이 번영신학인 것이다. 이러한 사고는 결코 주님을 깊이 알 수 없게 한다. 믿는 자들은 사망의 음침한 골짜기에 있어도 해를 두려워할 필요가 없다. 주님이 함께 계시기 때문이다.

"이는 그리스도를 대신하여 너희에게 그것이 주어지는 것은 그분을 믿게 하려는 것뿐 아니라 그분을 위하여 고통도 견디게 하려는 것이기 때문이라." 표준 킹제임스 (빌립보서 1:29).

주님과 우리의 사이를 갈라놓는 것은 무엇일까? 그것은 바로 '죄'다. 모든 사람은 죄의 유전으로 인하여 존재적 죄인으로 태어난다. 구원받은 성도들은 '원죄'가 해결되었지만, 여전히 '죄성'은 남아 있다. 이것이 제거되어 가는 과정이 '성화'이다. 그런데 인간의 '죄성'을 자극하는 사탄의 계략이 우리의 발목을 잡는다. '죄'의 문제에 얽혀서 습관적으로 동일한 죄를 짓게 될 때 하나님과 우리의 관계는 문제가 생기는 것이다. 영적 감각이 무뎌지고, 기도가 응답 되지 않고 그분의 임재가 희미해진다.

"오직 너희의 죄악들이 너희와 너희 하나님 사이를 분리하였고, 너희 죄들이 그의 얼굴을 너희에게서 숨겼으니, 그가 듣지 아니하시리라." 표준 킹제임스 (이사야서 59:2).

"너희가 죄를 대적하여 분투하여도 아직 피 흘리기까지 저항하지는 않았느니라." 표준 킹제임스 (히브리서 12:4).

이 모든 사역은 주님을 사랑하기 때문에 시작된 것이었다. 신학을 한 것도 교회사역을 한 것도, 모두 주님을 위해서 한 것이었는데, 오히려 사역이 나의 신앙을 변질시킨 계기가 되었다는 것은 아이러니한 것이었다. 오히려 내가 얼마나 '죄인'인지 더욱 알게 되었다.

바울도 역시 이런 고백을 했다.

"오호라, 나는 곤고한 사람이로다. 이 사망의 몸에서 누가 나를 건져 내랴!" 개역개정 (로마서 7장 24절).

우리가 성령님과 육신 사이에서 머뭇거릴 때 우리의 사모하는 모든 일은 성취되지 못하고 좌절될 것이다.

그러나 시편 23편 4절을 생각해보자.

"내가 사망의 음침한 골짜기로 다닐지라도 해를 두려워하지 않을 것은 주께서 나와 함께 하심이라. 주의 지팡이와 막대기가 나를 안위하시나이다." 개역개정 (시편 23:4).

어떤 용광로보다 더 뜨거운 하나님의 사랑은 예수님의 구속의 은혜로 말미암아 우리의 '죄'를 녹여버린다. 어떤 절망적인 상황도 회복될 수 있는 것이다. 바로 '예수님' 때문이다.

"나는 우리 주이신 예수 그리스도를 통하여 하나님께 감사드리노라. 그렇기에 나 자신은 생각으로 하나님의 법을 섬기나 육신으로는 죄의 법을 섬기노라." 표준 킹제임스 (로마서 7:25)

3장
신부의 영성 – *회복*

이 죄인의 애통함을
예수께서 들으셨네.
못자욱 난 사랑의 손
나를 어루만지셨네.
내 주여, 이 죄인이
다시 눈물 흘립니다.
오, 내주여! 나 이제는
아무 걱정 없습니다.

광야대학교 입학

3년 3개월이 지난 후에 나의 삶을 돌아보니 영적으로 육체적으로 너무나도 지쳐 있었다. 주님의 일을 한 것인지? 마케팅을 한 것인지? 너무나도 혼란스러웠다. 겨울에 어노인팅 찬양팀의 교회 투어 집회를 마지막으로 교회의 모든 사역을 마무리하고 사임했다. 2008년 새해가 밝았고, '다리○○ 사람들'의 영상 간사로 1년간 헌신하게 되었다. 먼저, '예배학교'를 수료했다. 강의를 듣고 찬양하며 기도했다. 제일 좋았던 순간은 바로 찬양하는 시간이었다.

어느 날, 예배학교를 마치고 늦은 시간에 집에 들어왔다. 잠깐 무릎을 꿇고 엎드렸을 때 마음속에 이런 음성이 들려왔다. "아들아, 내가 오랫동안 기다렸다" 너무나도 따뜻한 아버지의 음성이었다. "사랑합니다. 하나님" 나는 교회에서 수 없는 예배를 인도했고 개인 예배를 드렸지만, 주님은 나를 기다리고 계셨다. '영과 진리'로 깊이 예배드리기를 기다리셨다. 그래서 나도 모르게 이상한 고백을 했다. '예배드려 드릴게요.' 깊은 밤이었기에 조용히 흐느끼며 주님을 만났다. 잃어버린 첫사랑을 회복하고 싶었다. 주님을 뜨겁게 사랑하던 바로 그 '영성' 말이다. 나는 예수님의 신부다. 하나님의 마음이 느껴지니 울지 않을 수 없었다. 예배와 하나님과의 관계회복을 위한 한걸음이었다.

1년간 간사로 사역하면서 경제생활은 멈췄다. 주님은 광야로 내보내셨다. 그리고 늦둥이 막내가 태어났다. 우리는 태명을 '기쁨이'로 지었다. 너무나 순했던 막내는 우리 모두에게 크나큰 기쁨이 되어주었고, 광야를 지나는 순간에 고통을 감해주는 은혜였다. 그런데 그 와중에 둘째가 많이 힘들어했다. 일반적으로 동생이 태어날 때 아이들이 겪는 정신적 고통은 배우자가 외도할 때와 같은 정도라는 얘기를 들었다. 삶이 팍팍하고 힘들다 보니 아이의 아픔을 헤아리지 못하고 짜증도 내고 혼도 많이 냈다. 감정이 앞서서는 안 되었지만, 부모로서의 미숙함이 그 시절 둘째에게 많은 상처를 주었다. 필자 역시 아버지로부터 사랑받지 못했던 경험들이 대물림된 것일 수도 있다. 성숙한 부모가 되는 것은 많은 시행착오를 거치게 된다. 그 과정에서 경험한 아픔도 우리 주님은 회복시켜 주실 것이다. 경제적으로 궁핍할 수밖에 없었음에도 그분의 공급은 끊어지지 않았다.

2008년 봄이 지나가면서 일산으로 이사 오고 다리○○ 사람들과 관계가 있던 개척교회로 연결이 되었다. 목사님은 여자분이셨고 남편 장로님은 사업을 하셨다. 이제까지 거쳤던 담임목사님들은 비인격적인 분들이었는데 이 교회 목사님 부부는 남다른 인격을 소유한 분들이었다. 특별히 약한 자를 돌보고 기다려 주는데 타의 추종을 불허할 정도로 인내심이 컸고, 많은 것을 보고 배울 수 있는 기간이었다. 그리고 그 교회에서 사랑의 섬김을 많이 받았다.

그 당시 필자는 신앙적으로 회복이 필요한 기간이었다. 사역으로 인해 너무도 지쳐 있었고 영성에도 문제가 생겼다. 그 문제는 가정에서도 나타났고 사역의 현장에도 나타났다. 개척교회이다 보니 교회사무실도 없었고 예전에는 그래도 책상 정도는 있었는데, 교회에 와도 있어야 할 것이 없다 보니, 적응하기가 힘들기도 했다. 나는 큰 교회에서 사역하고 싶었는데 주님은 점점 작은 교회로 인도하셨다. 드디어 개척교회까지 말이다. 야망은 점점 더 죽어가고 있었다.

2008년 한해는 너무도 큰 은혜의 한해였다. 6개월 이상을 하루에 세 번은 눈물을 쏟았던 것으로 기억한다. 아침, 점심, 저녁, 또 차를 운전하다가 시도 때도 없이 은혜가 부어졌다. 그 당시 많이 불렀던 찬양이 있다. 스캇브레너 목사의 '나의 갈망은'이었다. 부를 때마다, 들을 때마다, 주님의 마음이 부어져서 고꾸라졌다. 찬양 한 곡을 가지고 이렇게 오랜 기간 은혜를 받은 것은 처음이었던 것 같다. 내가 흘리는 눈물은 나를 향한 주님의 눈물이 아니었을까?

한밤중에 식구들이 자고 있을 때 나는 거실에서 예배했다. 늦은 시간이라 소리를 낼 수 없었지만 예배할 수 있었다. 그저 눈을 감고 예수님을 생각했다. 그런데 주님의 모습이 나타났다. 애처롭게 바라보시는 그분의 눈동자와 눈이 마주쳤다. 손을 잡으셨고 마주 잡은 손을 놓지 못하고 몇 시간을 그저 울었다. 그렇지만 그것은 진실한 예배였다. 첫사랑의 회복을 위해 몸부림쳤고 주님은 나의 겉 사람을 부숴 나가셨다. 마치 독수리가 새로운 날개 깃털을 얻기 위해 기존의 털을 모두 뽑으며 고통을 견뎌내는 것처럼, 내면의 두꺼운 죄악을 날 선 검과 같은 말씀으로 깎아나가셨다. 그렇지만 사랑이 있었기에 견뎌낼 수 있었고 주님을 기다리고 또 기다렸다. 이미 나는 광야 한가운데 서 있었고 그곳은 주님과 나만 있었다. 의지하던 인간적인 모든 수단이 제거되어 가고 있었다. 나는 진실로 무익한 종이었다. 나도 모르게 어느덧 겉 사람은 더욱 두꺼운 교만의 옷을 입고 있었다.

그때 배웠던 많은 부분이 현재의 사역에 반영되는 것도 많이 있는 것을 보면 주님은 언제나 우리의 모든 삶을 준비시키고 계획하신다는 것을 알 수 있다.

목사님의 남편이신 장로님은 돈 벌어 남 주는 분이셨다. 두 분 모두 재정을 쌓아두지 않고 항상 많은 사람에게 흘려보내셨다. 개척교회였지만 온전하지 못한 부교역자에게 많은 지원과 인내로 기다려 주었다.

또 한 명의 소중한 분이 계셨다. 그분은 연세가 있으신 할머니 선교사님이었다. 미국에 오래 사셨는데, 목사님과 사역을 같이 하기 위해서 장성한 자녀들과 모든 것을 내려놓고 한국에 들어오신 분이다. 항상 정해진 시간에 기도로 교회 성도들과 사역자들을 위해서 기도하셨다. 필자의 가정은 그분을 통해서도 많은 사랑의 섬김을 받았다. 얘기도 들어주시고 중보기도를 많이 해주셨다. 받은 사랑을 다 표현할 수 없지만, 그것 역시 하나님의 은혜로운 손길이었다. 참으로 많은 사랑을 받았었다. 지금도 그 교회에 선교사들이 많이 방문하고 기도를 요청한다고 들었다. 왜냐하면, 사역자들을 섬기고 대접하고, 끊이지 않게 중보기도를 해주기 때문이다. 강단을 내어주고 때로는 집과 차도 내어주고, 성도들도 그렇게 한다. 선교관을 얻어서 고국을 방문한 선교사님들이 지낼 수 있도록 힘을 쓰고 힘에 지나도록 후원하는 모습을 지켜보며 많은 감동을 받았다.

필자가 구로동교회를 다닐 때는 교회의 예산이 교회보다 10배 이상은 넘었을 것이다. 그렇지만 선교사 한 명 파송하지 못했다. 관심이 없다고 할까? 선교에 무관심한 모습이 참 의아했었다. 그 담임목사님이 늘 하시던 말씀이 기억난다. 우리는 구원받았기 때문에 천국에 갈 것이다. 그러므로 이 땅에서 이제 남은 것은 "복 받는 것이다" 초점이 빗나간 생각이었다. 우리의 삶의 목적은 "주를 위해 사는 것이다" 세상적인 복을 받기 위해서 신앙 생활하는 것이 아니다. 영생을 소유한 자의 삶은 질적으로 다르다. 우리는 지식에 까지도 새로워져야 한다.

아이들의 생일까지도 늘 챙겨주셨고, 때마다 많은 사랑과 섬김을 경험하면서 사랑하는 방법을 배워나갔다. 인격적인 목사는 없다고 퉁명스럽게 말하곤 했는데 주님은 떡하니 그런 분을 내 앞에 데려다 놓으셨다.

기나긴 시간이었지만 교회가 기다려 주지 않았다면 이렇게 회복되기 힘들었을 것이다. 필자는 주로 찬양과 기도 사역을 했고 청소년부와 청년부 사역을 했지만 의외로 설교할 기회는 많이 없었다. 그런데 영적으로 문제가 있다 보니 분명하게 말씀을 전할 수도 없었다. 메시지도 분명하지 못했다. 자존감도 밑바닥까지 내려갔다. 회복의 은혜도 너무 컸지만 느리고 지루했다. 힘든 시간이었다. 주님은 목회자라는 특권의식과 교만을 맷돌에 넣고 돌리셨다. 나의 영혼은 물처럼 쏟아졌다. 인내와 기다림의 시간은 때로는 너무도 힘들고 고통스럽다. 그러나 주님은 나를 아시고 나의 가는 길을 빛으로 인도하실 것이다. 죽음과 같은 인내의 시간을 지나며 '뜯긴 빵'과 '부어진 포도주'가 되어가는 것이다. 지금과 같은 사역의 기초를 마련할 수 있었던 '주님은 나의 최고봉'을 이 교회에서 알게 되었다. 오랜 시간 묵상하다 보니 어느덧 관점이 바뀌어 있는 자신을 발견했다.

2012년 필자는 더 늦기 전에 다음 스텝을 위한 준비가 필요할 것 같았고 가족 전체가 움직여야 할 것 같은 마음이 들었다. 그래서 자연스럽게 교회사역을 마무리할 계획을 세우고 기도하기 시작했다.

내가 너를 타일러

2012년 가을, 교회사역을 정리하고 DTS를 어디로 갈까 고민하던 중 너무나 생소한 미국 남부의 '타일러'라는 지역으로 'DTS(예수제자 훈련학교)'를 추천을 받게 되었다.

'타일러'로 가는 것이 하나님의 뜻인지 알기 위해 간구하는 시간을 가진 후, 잠잠히 성령님의 음성을 기다렸다. 마음속에 떠오른 생각은 '호세아 2장 14절'이었다. 개역개정 성경을 펴서 읽었다.

"그러므로 보라, 내가 그를 '타일러' 거친 들로 데리고 가서 말로 위로하고" 개역개정 (호세아 2:14).

'타일러'가 눈에 들어왔다. 고민하지 않고 바로 결정했다. '타일러'로 가자!

타일러는 미국 남부의 '바이블 벨트'라고 알려진 영적인 유산이 많은 곳이었다. 자연도 아름답고 가족들에게 좋은 시간이 될 것을 기대하며 준비하게 되었다.

먼저, 담당자와 이메일을 주고받으며 각종 서류와 수속 준비를 했다. 'I20'도 받았다. 가장 큰 문제는 '미국 비자'였다. 통장에 잔고도 있어야 했다. 당시 우리 가족은 다가구주택에서 월세로 살고 있었다. 그 시기에 사역자들이 미국에 여행 비자로 들어가서는 돌아오지 않는 사례가 많았기 때문에 대사관 분위기는 사역자들에게 부정적인 모양이었다. 그렇지만 기도하면서 소망을 가지고 열심히 준비했다. 아이들과 영어공부도 하고 '타일러'라는 곳에 대하여 정보를 모으며 들뜬 마음으로 기다렸다.

드디어 비자를 신청하기 위해 큰딸과 광화문으로 향했다. 그런데 어젯밤 꾸었던 꿈 내용이 마음을 영 불편하게 했다. 트럭을 운전하고 있었는데 짐칸에 무엇인가 매달려서 달리지 못해서 방해하는 꿈이었다. 그랬기에 막연한 기대감만을 가지고 비자를 신청했다. 사실 영사에 따라서도 비자의 발급이 갈릴 수도 있기에 긴장이 되었다. 결과는 '거절'이었다. 낙망은 하지 않았지만, 마음이 좋지 않았고 아내와 아이들도 다소간 실망스러워했다. 미안한 마음이 앞섰지만, 교회도 이미 사임한 상태였고 어떻게 움직일지 기도하고 결정해야 했다.

다시 '호세아 2장 14절'을 펴고 자세히 보았다. 다른 번역으로 '타일러'를 살펴보니 '꾀어서', '꾀어내어', 이런 의미였다. '거친 들'은 '광야'였다. 주님은 나를 '꾀어내어' 광야로 인도하셨다. '광야'를 누가 좋아하겠는가? 나도 싫었다. 아마도 교회를 사임하고 '광야'로 나가라고 말씀하셨다면, 못 들은 척했을 것이다. 순종할 수밖에 없는 상황이니 어찌하랴. 기도하는 수밖에….

그리스도인 누구라도 광야에 들어가는 것을 즐거워하지는 않을 것이다. 하나님의 필요가 있을 때 우리는 광야에 서게 된다. 광야를 좋아하는 사람이 있을까? 하지만 때때로 원치 않을지라도 필연적으로 광야로 들어서게 될 때가 있다. 이제 더 깊은 광야로 들어갔다. 더 적막한 곳으로….

그러나 어떤 상황에서도 절망하지 않을 수 있는 이유는, 나의 기도를 듣고 계시는 살아계신 하나님이 계시기 때문이다. 그분은 살아계셨고 하늘은 뚫려 있었다. 주의 뜻을 묻기 위해 기도하던 중에 21일 금식에 감동을 받았다. 21일 금식은 처음이어서 부담도 되었지만 믿음으로 시작했다.

금식을 시작한 지 며칠 후 창세기를 읽던 중에 큰 감동을 받았다. 아담과 하와의 타락 이후, 서늘할 때 동산을 거니시며 아담을 찾으시는 하나님의 음성이 들리는 것 같았다. '아담아, 아담아, 네가 어디 있느냐?' 영혼에 큰 감동이 왔다. 순간 하나님의 마음이 느껴졌다. 인간에게 배반당한 하나님의 마음이었다. 말로 형용할 수 없는 슬픔이 몰려왔다. 가슴이 찢어질 것만 같았다. 방안을 구르며 울부짖었다. '하나님의 슬픔'은 하나님의 감정이었고 인간이 감당하기에는 너무나 큰 슬픔이었다. 사랑하는 사람에게 배신당한 사람의 마음이 이럴까? 배신의 아픔을 조금이라도 경험한 사람은 이해할 수 있으리라. 그렇지만 진짜 하나님의 마음을 인생들은 결코 다 이해하지 못할 것이다. 이것은 분명 은혜였지만 힘든 경험이었다. 하나님은 살아계신 분이시므로 당연히 감정을 갖고 계신다. 하나님이 느끼고 계신 감정을 인간은 결코 감당할 수 없다. 천만분의 일만 느껴도 버겁다.

아가서를 읽고 있을 때였다. 8장 3절을 보게 되었다.

"그분의 왼손은 저의 머리 아래에 있고 그분의 오른손은 나를 껴안았으리이다." 개역개정 (아가서 8장 3절).

이 말씀을 읽는데 또 하나님의 마음이 부어졌다. 신부인 나를 안아주시는 신랑 예수님의 사랑이 느껴졌다. '게달의 장막'같이 검은 나였지만 주님은 내 영혼을 안아주셨다. 나는 예수님의 사랑하는 신부였다. 사랑의 감동으로 하염없이 눈물이 흘렀다. 나는 그분의 '신부'였다. 그런 사랑을 경험할 때마다 '신부의 영성'이 생겨나는 것을 느낀다.

'예수님의 신부'는 예수님만 사랑하는 존재다. 이 세상의 수많은 유혹 속에서도 그분만을 바라보는 것을 의미한다. 그러나 그것은 결코 쉬운 것이 아니다. 예수님만 사랑한다고 말하기는 쉽지만 그렇게 사는 것은 우리 힘으로는 불가능하다. '마귀'와 '육신의 정욕'이 도사리고 있기 때문이다. 사람마다 다르겠지만 이것과 싸움은 생각보다 오래 걸린다. 길고도 긴 싸움이다. 결단코 만만치 않다. 어떤 사람은 평생이 걸리기도 한다. '신부의 영성'은 죄와의 피 흘리는 싸움 가운데서 주어지는 '노략물'이며 '생명'이다. 나의 힘과 능이 아닌 오직 '여호와의 능력'이 이것을 가능케 한다. 성령님의 역사하심으로 또한 오직 은혜로만 가능하다.

재정에 대한 기도

우리는 이 땅에 사는 동안 재정이 필요하다. 필자도 필요했다. 2008년 가을 오후 즈음이었다. 동네 놀이터 벤치에 앉아서 하늘을 보며 약간은 퉁명스럽게 하나님께 말했다. '저한테 돈 주는 거 아까우세요?' 잠시 후 내면에 들리는 주님의 마음이 있었다. '아깝지 않다. 다만 너에게 이 말씀들을 경험시키려고 한다.' 그리고 떠오른 말씀은 '수로보니게 여인의 이야기'와 '나사로의 부활 이야기'였다. '이 말씀을 경험하고 너에게 모든 문이 열릴 것이다.' 그리고 삶에서 그분의 연단이 계속되었다. 인내의 기도와 죄성의 죽음이 요구되었다. 길고도 지루한 시간이었다.

시간이 흘러 2013년 금식기도를 하는 동안에도 재정에 대한 필요를 구했다. 어느 날 이상하리만치 불평하는 마음도 들었지만 간절하게 기도했다. 한참을 몸부림치다가 잠잠히 그분을 기다렸을 때 마음에 음성이 들렸다.

"은도 내 것이요, 금도 내 것이라. 만군의 주가 말하노라." 표준 킹제임스 (학개서 2:8).

이것이 주님의 대답이었다. 순간 내면의 어떤 죄성이 찢겨져 나가는 것 같았다. 주님의 대답은 가끔은 뜬구름 잡는 것 같다. 하지만 더이상 따지듯 기도하지 않고 이 말씀을 받아들였다. 때가 되면 열리리라.

기왕 이렇게 된 거 온 가족이 1년간 집에서 예수 제자훈련을 했다. 비록 미국 땅을 밟지는 못했지만 결국 제자훈련은 주님께 받는 것이니 매일매일 온 가족이 좋은 강의나 말씀을 듣고 기도하는 시간을 가졌다. 아이들과 함께 좋았던 시간으로 기억된다. 지금 생각해보니 오히려 미국에 가지 못한 것이 더 감사했다. 그때가 2013년이었다. 사역하던 교회는 이미 나왔기에 다시 들어가기도 민망하여 집에서 가까운 교회에 1년간 다니게 되었다. 그런데 주인집 권사님이 몸이 많이 안 좋으셔서 모시고 예배를 다녔다. 권사님은 2년 동안 병원에 계셨는데 나이도 있으시고 몸이 성하지 않은 상태였다. 앉아 있는 것만 해도 힘드셨을 것이다. 마침 금식하던 때였고, 주일예배를 같이 드리는데 앉아 있는 것을 고통스러워하셨다. 허리에 손을 대고 잠잠히 기도했다. 순간 허리통증이 치유되었다. 참으로 기뻐하셨고 그때부터 필자를 대하는 태도가 좀 달라지셨다.

권사님은 1년 후 심장 수술을 하시고 요양병원으로 들어가셨다. 아내가 정기적으로 방문하면서 돌봐드렸다. 우리 집은 그 당시 경제적으로 어려운 시기였기에 보증금도 없어졌고 이사할 수밖에 없는 상황이었다. 재정의 공급을 기도했는데 특이한 방법으로 응답이 왔다. 그분의 남편에게서 아침 일찍 전화가 왔다. 주인집은 2층과 3층으로 연결된 복층 집이었는데 3층은 버릴 짐을 두시고 2층만 사용하고 계셨다. 결론은 3층으로 이사하고 같이 살자는 얘기였다. 그런데 이미 보증금은 없어졌고 월세가 밀려서 수백만 원을 드려야 할 상황이었지만 주인 남편분에 의해서 탕감을 받았고 그렇게 이사를 하고 권사님 남편은 2층에 우리 가족은 3층에서 살게 되었고, 권사님은 병원에 계시면서 이상한 동거를 시작하게 된 것이다.

한번은 아이들에게 고기가 먹이고 싶었다. 그런데 주머니 사정이 안 좋아서 마음으로 생각만 했다. 주님을 바라보면서 말이다. 어느 날 큰 아이스박스가 집에 배달되었다. 열어보니 횡성한우 여덟 근이었다. 2++로 말이다. 어마어마한 가격이었다. 너무나 깜짝 놀랐다. 누가 보낸 것인지 살펴보니 중동 쪽에 나가서 일하고 있던 구로동교회의 옛 제자가 인터넷 쇼핑으로 보내준 것이었다. 우리의 마음을 읽고 계신 주님이신 것을 또 한 번 경험하는 시간이었다. 그 형제는 단기선교를 하러 갈 때도 아낌없이 사비를 털어서 주님을 향한 사랑과 믿음을 보여주었다.

2014년 초였다. 직전에 사역했던 일산의 담임목사님이 보자고 하셨다. 그분은 필자에 대해서 기도 중에 '비지니스 미션'에 대한 응답을 받으셨다고 말하였다. 그런데 마침 우리 가정도 기도 가운데 있었고 하나님은 다양한 방식으로 '비지니스 미션'으로 부르셨다는 것을 깨닫게 하셨다. 그리고 목사님으로부터 커피를 배울 수 있는 재정을 공급해주셨다.

커피를 좋아하긴 했지만, 정식으로 배운 것은 처음이었다. 커피를 배우기 시작하던 무렵 아내의 권유로 파주 헤이리에 있던 신생 가구회사에 배송 담당으로 일을 시작했다. 처음 하는 일이라 익숙하지 않았지만, 재미도 있었다. 사실 교회에서만 주로 사역했기에 사회생활은 너무도 낯설고 두려운 부분도 있었다. 가구를 포장하고 배송하고 매장에서 판매도 하고 CS도 경험하면서, 사람들과 부대끼며 말씀을 전하는 훈련을 받았다.

가구회사 박대표는 30대의 일본 유학파 마케팅전문가였다. 부산 사나이었다. 직원들이 모두 커피를 너무도 좋아해서 인터넷으로 커피를 구매해서 드립 커피를 나눠마시며 열심히 일했다. 생긴 지 몇 달 되지 않은 회사라 여러 가지 해결해야 할 문제가 많았다. 하지만 낯선 경험 속에서 나름대로 보람도 있었고 비공식적인 사역도 있었다.
어느 날 헤이리에 있던 가구점에서 일하고 있을 때 갑자기 성령께서 가구점 사장과 협력업체 사장에게 기도를 해주라는 마음을 주셨고, 순종하여 말하였을 때, 그들은 기도를 받겠다고 말했다. 기도를 받은 후 그들은 평안한 마음을 고백했다. 업무시간 중에 일어난 사건이었다. 노동도 기도도 모두 다 하나님의 일이었다.

'나 어디 거할지라도 주날개 나를 지키네.'

분당에 있는 백화점에 가구매장을 오픈할 때였다. 몇 시간 만에 가구 설치를 완료해야 해서 정신없이 일했고, 새벽 3시쯤에 삼겹살집에서 회식했다. 교회 생활에만 익숙하다보니 이런 장면이 너무도 낯설게 생각되었다. 주님은 나에게 무엇을 말씀하고 계셨던 것일까?
트럭운전을 하다 보니 무릎이 안 좋아졌고 길게 일할 수 없었다. 짧은 기간이었지만 다양한 경험을 하게 되었다. 회사 대표와는 좋은 관계를 맺고 일을 그만두었다. 주님은 많은 것을 가르치고 계셨다.

숨겨진 욕망을 제거하라 (안목의 정욕)

가구회사를 그만두기 전에 한 가지 꿈을 꾸었다. 그 당시 회사 대표
는 Bmw520을 타고 다녔는데 꿈에서 나에게 Bmw520과 Bmw320 두
대를 팔았다. 그런데 한 대는 좀 많이 낡아 보였고 한 대는 정면에서
보면 가운데가 반으로 잘려서 철사로 꿰매놓은 상태였다. 꿈속이었지
만 마치 '차-프랑켄슈타인' 같은 흉측한 모습이었다. 꿈에서 깨서 생각
해보니 주님이 무엇인가 말씀하시는 것 같았다. 부정적인 내용은 분명
했다. 외제차를 타고 싶은 욕망이 꿈틀거렸던 것일까? 기분이 썩 좋지
않았다. 주님이 분명 무엇인가 말씀하시는 것 같았지만, 기도하지 않
고 모른 척했다. 모든 일에 기도와 간구가 필요한 것인데 분별하려
하지 않는 것은 악한 본성이 분명하다. 그런데 그 꿈이 계속 머릿속에
서 맴돌았고 주님은 숨겨져 있던 안목의 정욕을 제거하라고 말씀하시
는 것 같았다. 안목의 정욕은 육신의 정욕과 이생의 자랑과 서로 연결
되어 있다. 결국, 인정할 수밖에 없었다. 욕망을 인정하고 회개하니
용서를 경험케 해주셨다.

1년이 지난 후 가구회사 대표에게 전화가 왔다. 강남 논현동에 140
평 정도 되는 곳에 가구와 그림갤러리를 겸한 카페를 오픈한다는 내용
이었다. 나에게 카페책임자로 함께 하자는 제안이었다. 인터넷에서
유명한 그림 판매회사의 젊은 대표와 가구회사 대표가 합작하여 3억원
이 출자되었다. 인테리어 디자인 회사까지 입점 된 상태에서 카페가
오픈되었다. 매장 오픈은 처음이라 어려웠다. 모르는 것이 많으니
당연하겠지만 쉬운 일이 아니었다. 바리스타만 7명이었으니 아르바이
트생을 구하고 관리하는 것이 만만치가 않았다. 필자는 드립 커피와
로스팅을 담당하며 전반적인 운영관리를 맡았는데 처음이라 모든 것

이 낯설었다. 무엇보다 사람들이 제일 힘들었다. 여러 회사가 같이 하다 보니 운영도 복잡했다. 그렇지만 기대하는 마음을 품고 새벽 5시에 강남으로 출발해서 커피를 볶고 열심히 운영했다. 경험도 없는 필자가 커피를 볶으면서 그 큰 매장을 운영했던 경험 자체는 기적이라고 생각했다. 누가 나이 많은 목사를 경험도 없는데 그 자리에 앉게 해줄 수 있었겠는가? 주님의 개입이 아니면 불가능했을 것이다. 주님은 세상과 사람들에 대해서 많은 것을 가르쳐 주셨다.

교회에서 주로 활동하던 필자는 이 경험을 통해서, 사회생활을 경험하며 성도들의 삶을 더 깊이 이해하게 되는 계기가 되었다. 성도들은 사회의 각 처소에서 다양한 방식으로 경제생활을 하고 있다. 그런데 교회 안에만 머물다 보면 그 다양하고 힘든 삶을 이해하기가 쉽지 않다. 인간은 본인이 경험하지 못한 것은 이해하기가 힘들다. 목회자들이 교회에만 있다 보면 세상에서의 삶을 잘 이해하지 못한다. 일을 해보니, 만만치가 않았다. 아니, 성도들은 무척 힘들게 산다. 그리고 주일에 봉사도 한다. 정말 존경스럽다. 주님께 가면 누가 더 많은 상을 받을까? 아마도 이름도 없이 빛도 없이 낮은 곳에서 겸손히 섬긴 성도들이 아닐까?

아르바이트생들은 지독하게 말을 안 듣고, 또 여러 회사가 모여있으니 바리스타들을 휘두르려 하고, 2명의 가구회사 임원들이 대표와의 사이에서 이간질하며 마음을 힘들게 했다. 필자는 기왕 시작한 '비즈니스 미션'이니 프랜차이즈까지 해서 돈을 제대로 벌고 싶었다. 좋은 등급의 생두를 사용하면 좋은 향미와 다양한 맛을 경험할 수 있다. 그 당시에는 아직 드립 커피 전문점은 그렇게 많지 않았다. 스페셜티 원두를 로스팅하여 아메리카노를 드립으로 내려서 판매했고 신선한 방식과 퀄리티에 직장인들의 반응은 좋았다.

가구회사가 어려워지면서 월세와 관리비가 2,000만원이 되는 매장을 운영하기에는 버거운 상황이 되어가고, 사람들의 갈등이 커져만 갔다. 몸도 마음도 점점 지쳐갔다. 가장 나를 힘들게 하는 것은 '마귀'도 '타인'도 아닌 바로 '나 자신'이었다. 하나님은 이것을 인식하고 엎드리기를 원하셨다. 회사들의 상황이 어려워지자 카페도 역시 어려워졌고 '프랜차이즈'에 대한 꿈도 가물가물해졌다.

또 한걸음을 내디디며

어려운 상황들이 악화하여 결국 카페에서 나오게 되었다. 내가 손해를 본 것은 없었지만 인간들의 악한 모습에 치가 떨렸다. 믿은 지 얼마 안 된 자매가 나를 제일 힘들게 했다. 주님은 그 지체가 대표에게 찾아가서 이간질하는 모습을 꿈에 보여주셨다. 대표와 좋았던 관계는 금이 가기 시작하였고 걷잡을 수 없이 깨지고 있었다. 나 역시 미성숙한 모습을 보이게 되었다.

만약 예수님이라면 어떻게 하셨을까? 잠잠히 모든 책임을 지고 말없이 십자가를 지셨을 것이다. 그리고 분명히 나에게도 십자가의 죽음을 원하셨다. 하지만 나는 그렇지 못했다. 카페를 그만두게 된 것도 힘들었지만 더욱 마음이 아픈 것은 좋았던 가구회사 대표와의 관계가 금 간 것이었다. 후회해봐도 소용없는 일이었다. 이미 물은 엎질러지고 말았다. 당시에는 감정이 상해 있어서 좀 더 침착하게 주님의 마음으로 행동하지 못했다.

"누구든지 나를 따르려거든 자기를 부인하고 자기 십자가를 지고 나를 따를 것이니라" 개역개정 (마 16:24).

이 말씀은 모든 믿는 자에게 하시는 말씀이 아니다. 만약 거듭난 어떤 이가 주님의 제자가 되고자 할 때 제시하신 조건문이다. 제자는 의무가 아니며 선택이다. 모든 사람이 제자가 되지는 못한다.

첫 번째, 자기를 부인하고,
　두 번째, 자기 십자가를 지고,
　　세 번째, 주님을 따라가야 한다.

자기를 부인하지 못하는 사람이 어떻게 자기 십자가를 지겠는가? 자기 십자가는 무엇일까? 어떤 이에게는 남편이고 자식이고 부모일까? 그 당시 유대인들에게 십자가는 무엇이었을까? 십자가는 사형 도구이다. 주님이 그렇게 말씀하신 의미는 주님의 제자가 된다는 것은 인생의 내적 욕망을 처리하고 자아를 십자가에 못 박고 목숨을 내놓고 순종하라는 의미였다. 죽을 준비하고 따르라는 것이다. 그리고 결국 그들은 사도 요한을 제외한 모두가 자발적으로 순교의 자리로 나아갔다. 조만간 은혜의 때가 끝나고 교회가 천국으로 사라지면, 7년이라는 환란의 기간이 도래한다. 그 시간 동안 환란을 통과하는 자도 있을 것이고 죽음으로 믿음을 검증해야 하는 이도 있을 것이다. 그 모든 것 역시 하나님의 은혜에 속한 것이다. 가장 바람직한 것은 주님이 공중으로 오실 때 같이 가는 것이다.

광야대학교 졸업이 미뤄지다

카페를 정리하고 나오면서 창업에 대한 마음이 강하게 부어졌다.

그렇지만 가진 것이 없으니 기도하면서 기다렸다. 주님이 알려주신 것은 이것이 훈련이라는 것이었다. 훈련의 장소가 바뀌었을 뿐 같은 내용의 '시험'이 기다리고 있었다.

그 당시 필자는 비슷한 꿈을 여러 번 꾸었다. 대학교 학생으로 등장해서 시험 보는 장면이 나오곤 했다. 처음에는 두 과목 낙제, 그다음엔 한 과목 낙제, 마지막 꿈은 여전히 성적이 미달이었지만 '조던 피터슨 교수'같이 생긴 교수님이 안아주시면서 이렇게 말씀하셨다. "리포트로 대치하고 졸업하자" 꿈에 나온 그 교수님은 주님이 분명할 것이다. 모자라도 한참 모자란 제자를 기다리시고 훈련시키시고 사랑해 주시는 주님 주님은 언제나 사랑이셨다. 그 따뜻한 품에 늘 안기고 싶다. 빨리 천국에 도달해서 내 주님 얼굴을 마주 대하고 싶다. 다시 용기를 내서 엎드렸다. '기어서라도 예수님에게로 가야지.'하고 생각했다. 방향만 바르다면 빨리 달리지는 못해도 기어서라도 목표에 도달할 수 있다. 나의 목표는 예수 그리스도의 장성한 분량이었다. 하지만 나의 모습은 너무도 부족했다. 그러나 언젠가는 주님이 원하시는 모습으로 변화될 것을 믿고 기대하며 오늘도 울며 엎드려 주님께 기어서라도 가야 한다. 1mm씩이라도….

주님의 일하심을 기다리면서 몇 달이 흘렀고 지인들이 운영하던 카페 두 군데가 문을 닫게 되면서 장비가 고스란히 나에게 넘어왔다. 더 좋은 물건으로 골라서 이삿짐 보관창고에 임시로 보관해놓고 기도했다. 섬기던 교회 장로님이 2,000만원을 무이자로 빌려주었다. 목사님을 비롯해 여러 성도님이 자금을 빌려주시거나 보태주었다. 교회 근처에서 커피 볶는 브런치 카페를 오픈했다. 장소를 얻기 위해 많이 노력했는데 원하는 조건의 장소가 나타나지 않았다. 예기치 않게 참석했던 세미나에서 어떤 사역자로부터 장소에 대한 응답을 얻게 되었다.

누군가가 나를 원망하고 있어서 장소가 나타나지 않는다는 것이었다. 좀 이상하긴 했지만 마침 마음에 떠오른 사람들이 있었다. 강남에서 카페를 그만둘 때의 가구 사장과 직원이었다. 아주 좋은 관계에서 그만둔 것은 아니어서 그 부분이 마음에 걸렸다. 그들에게 연락해서 다시 사과하고 관계를 개선했다. 물론 그들의 잘못이 더 크다고 생각할 수도 있었다. 나를 속였기 때문이었다. 그러나 우리는 주님의 말씀에 순종해야 한다. 생명 있는 자는 먼저 사과하고 용서할 수 있다. 그럴 때 원수의 머리에 숯불을 쌓아놓게 되는 것이다.

요리를 가르치시는 분도 단골로 오셨을 정도니 맛은 인정받은 셈이었다. 네이버에서 원두도 판매했다. 다양한 커피를 마음껏 마실 수 있었던 것은 카페를 운영하면서 느꼈던 소소한 행복이었다. 좋아하는 커피를 원하는 데로 볶아서 맛본다는 것은 다른 차원의 즐거운 경험이었다.

카페를 오픈한 지 얼마 안 되어 한 손님이 찾아왔다. 우리가 운영하는 카페 근처 제법 큰 빵집의 직원분이었다. 그곳도 커피를 파는 곳이라 약간 처음에는 경계심이 들었지만 알고 보니 그분은 커피 매니아였다. 커피를 마시게 된 것이 40년이나 되셨단다. 그 당시 스페셜티 드립커피를 테이크아웃으로 2,500원에 팔았는데, 얼마나 좋아하시던지 매일 두 번씩 오셨다. 점점 커피값을 깎아드렸다. 드디어 1,000원까지 내려갔다. 그분은 작은 교회의 집사님이었다. 대화를 해보니 생각도 비슷하고 인격적인 분이셨는데 친형님같이 잘해주셨다. 커피를 매개체로 또 한 사람을 알게 된 것이다.

그 후 공장을 이전한 후에도 아침마다 일찍 오셔서 '주님은 나의 최고봉'을 같이 묵상하고 눈물로 간절히 기도했던 기억들이 지금도 생각이 난다. 회사가 이전하면서 지금은 시간 내서 만나기도 쉽지 않지만 은혜로운 추억으로 기억되던 분이다. 하나님은 항상 사람을 만나게 하시고 사람을 통해서 은혜를 유통하신다. 우리가 은혜의 통로가 될 때 '서로 사랑하라'라는 주님의 계명은 열매 맺는 것이리라.

1년을 운영한 뒤에 카페를 넘기고 원두 공장을 세우라는 마음이 들었다. 그날 단골에게 말할 기회가 있었는데 말하자마자 바로 계약이 진행되었다. 그분이 사용하던 제빵공간과 맞바꾸면서 큰 로스터기를 샀다. 그렇지만 납품을 하려면 연결이 필요한데 선교단체에 잠시 있을 때 알던 간사 한 분과 의기투합하여 프랜차이즈 사업을 하기로 했다. 기도하면서 영업을 했다. 주로 믿는 분들이 운영하는 카페에 원두를 납품하고 커피 교육도 같이 진행했다. 시간이 좀 흘러서 창업컨설팅까지 가능한 수준이 되었다.

그러던 어느 날 한 꿈을 꾸게 되었다. 꿈에서 나는 시험을 보고 있었다. '리코타 치즈 샐러드'를 만드는 꿈이었다. 그런데 레시피가 생각나지 않아서 옆 사람이 만드는 것을 힐끗 쳐다보다가 시계를 보았다. 시간은 11시 45분이 넘었던 것으로 기억한다. 12시까지 만들어야 하는데 마음이 조급했다. 무언가에 쫓기듯 당황하는 장면이었다. 그리고 꿈에서 깨어났다. 그런데 그 당시에는 이 꿈의 내용을 깊이 이해하지 못했다. 앞으로 경험시켜주시는 사건들을 통해 나중에 가서야 그 꿈의 내용을 바로 이해하게 해주셨다. 단순한 시험 보는 내용이 아닌 더 중요한 의미가 있는 꿈이었다. 주님의 훈련을 어서 마치라는 의미가 있었고, 지금 세상에 일어나고 있는 일들에 대한 깨달음을 주시려는 것이 분명했다.

당시에, 박근혜 전 대통령의 탄핵 사건을 지켜보며 마음에 심한 고통을 겪었었다. 이 사건이 영적으로 무엇을 의미하는지 이해하기 위해서 절망적인 마음으로 기도했었다. 그 당시 아내가 먼저 네이버 기독교 카페 중 '아가페 목장'을 알게 되었고 신앙적인 교류를 많이 하고 있었다. 필자도 자연스럽게 오프라인 모임에도 참석하게 되면서 커피 공장에서도 모임을 진행했었고, 여러 번 '성찬 예배'를 인도할 수 있는 시간을 허락하셨다. 언제나 주님을 갈망할 때 주님의 방식으로 임재하시고 은혜를 베푸신다. '아가페 목장'을 통해서 마지막 때에 대한 많은 말씀과 시대에 대한 많은 정보도 얻었었다.

창업 중에 코로나가 터지다

2019년 늦가을에 우연히 일산 시내를 다니다가 예전에 유명한 카페가 있던 공간이 비어있는 것을 발견했다. 2층이었지만 40평 가까이 되었고, 시내 한복판에 있는 장소라 할만하다 생각이 들었다. 여럿이 머리를 맞대고 상의했지만, 문제는 역시 재정이었다. 건축하시는 장로님이 공사를 맡아주시면 많은 도움을 주실 것이 확실했지만 그래도 그 넓은 공간에 카페를 차리는 것은 많은 자금이 필요로 했다. 선교 단체간사로 사역하던 분이 집을 담보대출 받았다. 자원하여 그렇게 했던 것이다. 공사비를 나중에 주기로 하고 먼저 공사를 진행했다. 2020년 1월 오픈 예정이었지만 세계적으로 심상치 않은 일이 터지고 있었다.

생애 처음 경험하는 전세계적인 펜데믹이었다. 처음 시작은 중국 우한에서 시작되어, '우한 폐렴'이라고 불렸지만, 시간이 흘러 'COVID-19'로 이름이 바뀌었다. 우여곡절 끝에 3월에 카페를 오픈했지만 '코로나' 직격탄을 맞았다. 문제는 자금이었다. 견디기 힘든 시간이었다.

공사대금도 드리지 못했고 매출도 지지부진했다. 사람들은 연일 뉴스에서 터지는 '확진자 동선'을 의식하며 거의 모든 가게에 찬 바람이 불었다. 사람들이 다니지도 않았고 강제적으로 '마스크'를 쓰고 다니는 상황이 연출됐다.

'COVID-19'의 정체는 무엇일까? 이상하게도 이 펜데믹이 무척 수상하다는 생각이 들었다. 이것이 그렇게 무서운 병일까? 2020년이 이렇게 지나가고 있었다. 매장영업이 금지되고 배달만 가능한 시간이 두 달이나 있었다. 배달을 할 수 없었기에 두 달간 카페의 문을 닫을 수밖에 없었다. 하지만 이상하게도 마음에 평안이 있었고 하나님께서 이 상황을 지배하신다는 믿음이 있었다.

두 달간 카페를 문 닫기 얼마 전 가을부터 하나님의 일하심이 시작됐다. 서울에 상가주택을 지어서 오랜 시간 보유하고 계시던 장인 어르신의 경제 상황에 문제가 생겼다. 임대하던 곳들이 나가면서 월세 금액이 갑자기 줄어서 집을 처분하고 일산으로 이사 오시게 된 것이다. 연세도 있으셔서 일곱 가족이 함께 살기로 하고 집을 팔기로 했다. 그런데 마침 계약자가 등장했고 일산으로 이전이 확정되면서 집을 알아보게 되었다. 이 기간이 카페를 두 달간 문 닫은 기간과 일치하여 절묘하게 시간을 사용할 수 있었다.

여러 집을 봤지만, 번번이 계약 당일에 금액을 올리면서 몇 군데가 취소되었다. 마침 일산에서 음식점들이 많은 지역에 테라스가 있는 복층 집을 발견했다. 가격도 괜찮았고 방 5개에 화장실이 3개 있는 펜션 같은 집이었다. 일곱 식구가 살기에 충분한 좋은 집이었다.

결혼 후 20년이 넘도록 이사를 14번 해가며 살았으니 관사를 옮겨

다니는 군인 같다는 생각도 들었다. 그리스도의 군사는 자기 생활에 얽매여서는 안 된다고 생각했고, 경제적 어려움과 불편함은 당연히 감수해야 한다고 생각했기에 어디를 가도 감사하면서 살아왔다. 이런 모든 힘겨움을 함께 이겨내며 인내해준 아내는 나에게는 보석 같은 존재다. 내가 주님의 사명을 감당하는데 단 한 번도 힘들게 한 적이 없었다. 천사같이 느껴지는 사람이었다. 전도사나 부목사로 오랜 기간 사역할 때도 마음껏 주님의 일에 헌신하도록 섬겨주었다. 늘 이사 다니면서 많이 힘들었을 텐데 더 이상 이사 가지 않아도 되는 상황을 열어주시니 그저 감사하기만 했다. 늘 훈련만 있는 것은 아니다. 형통할 때도 있다. 그러나 정말 감사한 것은 주님이 계신 것이고 우리를 너무도 사랑하신다는 것이다.

주님 무어라 말할까요 - 아가파오 찬양팀

주님 무어라 말할까요?
그냥 주님이 좋은
아주 작은 저예요.
주님 어떤 말로 다 할까요?
주님 사랑하는 맘
주님 사랑하는 나
주님 내 주님
이름만 불러도 가슴이 뛰어요.
주님 내 주님
주님 곁에 머물고 싶어요.
보이지 않아도 주 따라갑니다.
나는 모를 때도 주님 다 아시니

보이지 않아도 주 사랑합니다.
오직 선하신 나의 주님!

이 찬양을 부르면서 주님의 마음을 많이 느꼈다. 주님 앞에 섰을 때 무슨 말을 할 수 있을까? 그저 죄밖에 없는 나를 포기하지 않고 기다려 주신 주님, 부끄러운 모든 허물을 보혈로 씻어주시고 안아주시고 같이 울어주셨다. 십자가의 사랑, 그 사랑에 심장이 멎고 숨이 안 쉬어질 때도 있다. 절망을 소망으로 재 대신 화관을 씌워주신다. 그 사랑을 어떻게 노래하지 않을 수 있을까? 이 세상의 언어로는 표현할 수 없다. 찬양은 사랑의 노래다. 우리는 좋은 일이 있으면 노래를 흥얼거린다. 주님이 그저 좋아서 감탄하면서 소리치게 되고 사랑의 감정을 가사로 만들고 리듬과 곡조를 붙이면 '사랑의 노래'가 된다. 찬양에는 강력한 힘이 있다. 하나님의 보좌로 우리의 영혼을 고정해준다. 이 땅에 살지만, 하늘 보좌에 연결되어 하늘의 기름 부음에 적셔지는 것이다. 이 놀라운 은혜가 세상을 살아갈 힘을 준다. 찬양이라는 은혜가 없었다면 이 세상을 어떻게 살아갔을까?

코로나 상황은 안 좋게 흘러갔고 전 세계는 패닉에 빠졌으며 공포감을 느꼈을 것이다. 그런데 이상하리만치 직관적으로, 이것은 단순한 전염병 이상의 그 무엇인가가 있다는 생각이 들었다.

자영업자들은 살려달라 아우성이었고 사람들은 4인 이상은 같이 밥도 못 먹었다. 카페에서나 식당에서 마스크를 쓰고 밥을 먹었다. 그런데 음식을 먹을 때 빼고는 마스크를 써야 했다. 상식적으로 이해가 되지 않았다. 사람들은 두려움에 떨면서 '확진자'들에게 모든 원인을 돌리며 죄인 취급했다. '확진자'가 되는 것이 두려운 사람들은 집에서 나가지도 못했다.

세상은 급격히 '마지막 때'로 접어들고 있었다. 물론 이것은 직관적인 관점이다. 우리는 때로 우리의 영혼을 환기하시는 주님의 개입으로 무엇인가를 갑자기 깨닫는다. 말로 설명할 수 없지만 펜데믹이 주는 시기적 사인은 단순하지 않았다. 사탄의 거대한 음모와 성경 예언의 성취가 맞물려 돌아가는 '마지막 때'에 대한 주님의 깨우침이었다.

펜데믹과 함께 시작된 교회 개척

집을 이사한 후에 재정적인 공급이 있었다. 어려울 때 도와주셨던 분들에게 신세를 갚고 인사할 수 있게 된 것도 참으로 주님의 은혜였다. 그러나 하나님은 더 큰 계획이 있으셨다. 2021년 초에 집에서 교회를 개척해서 예배를 시작했다. 첫 예배를 드리던 주일, 수십 년 동안 어지럼증 때문에 고생하시던 장모님의 병이 치유되었다. 마침 본문 말씀이 혈유증으로 고생하던 한 여인의 이야기였다. 주님의 인도하심으로 생각지도 못했던 교회 개척이 시작되었다. 사실 교회 개척이라기보다는 그저 제대로 예배드리고 싶은 마음뿐이었다. 우리 가족 일곱 명을 중심으로 교회가 개척되었고, 몇 명의 지체들이 합류했다.

태경 형제는 필자가 광야 생활하던 시절, 아마도 2016년 봄이었던 것으로 기억한다. 브런치 카페를 오픈하기 전, 일산 킨텍스 부근의 현대기아차 전시장 공사가 한창일 때, 일주일 정도 닥트공사 아르바이트를 했다. 당시에도 집에서 간단한 장비로 커피를 볶으면서 연습 중이었는데, 같이 일하던 젊은 친구가 나이 차가 많았지만, 형님이라고 부르면서 잘 따랐다. 그리고 커피를 좋아하는 것이 공통분모가 되었고, 직접 만든 더치커피를 나눠마시면서 단 일주일 만에 친해졌었다. 그리고 번호를 교환하고 헤어졌다.

그해 10월에 카페를 오픈하면서 분주하게 살고 있었는데 그로부터 연락이 왔다. 커피와 샌드위치를 만들어 대접하고 얘기를 하던 중 내가 목사라는 것을 밝히고 복음을 전했으나 그의 표정은 그리 밝지 않았다. 별 반응 없이 그는 돌아갔다. 좀 이상하다는 생각이 들었다.

어느 날 그는 필자가 운영하는 쇼핑몰을 통해서 원두 주문을 하였고 이를 계기로 다시 연락하고 만났다. 그 이후에 특별한 교제 없이 또 시간이 흘렀다. 다시 번화가 2층에서 카페를 오픈하고 나서 나를 찾아 왔다. 코로나 상황이기도 했지만, 그 날따라 유난히 손님이 없어서 한가한 저녁을 보내고 있었는데 그가 한쪽 다리를 절면서 나타났다. 반갑기도 했고 다친 모습에 놀라기도 했지만, 단둘이만 있던 넓은 카페에서 우리는 1시간 반 동안 이야기를 나누었다.

그는 어렸을 때부터 안양에 있는 대형교회를 다녔지만, 5년 동안이 나 주님을 떠나 있었다. 그 당시에 병원에서 일하고 있었고 운동을 좋아해서 '클라이밍'을 열심히 하던 때였는데, 운동하다가 떨어져서 인대를 다쳤고 그 상태로 카페를 방문하게 된 것이었다. 그때 주님의 감동이 강하게 느껴졌고, 그에게 다시 하나님의 사랑을 전하며 코로나 시기의 수상한 시절 가운데 주신 하나님의 마음과 마지막 때가 다가오 고 있다는 것을 전해주었다. 그리고 그날 그는 5년간이나 떠나 있던 주님 품으로 다시 돌아왔다.

그 후에 커피를 배우면서 교회 개척에 합류했다. 밤샘 근무를 해야 해서 격주로 예배에 참석했다. 잠 한숨 못 자고 하얗게 밤을 새운 상태에서 예배드리는 모습에서 주님을 사랑하는 마음이 느껴졌다. 이렇게 한 영혼을 이어준 것은 커피와 카페라는 매개체였다. 커피를 공부하게 하신 이유가 이것이었을까? 조금은 알 것 같았다. 커피를 볶고 내리고 팔면서 사람이 연결된 것이었다. 천하보다 귀한 한 영혼이 주께 돌아올 때 주님은 얼마나 기쁘셨을까? 잃어버린 양을 찾아 헤매고 다니시는 목자의 모습이 떠오른다.

마지막 때에 대한 말씀을 전하라

어느 날, 몇 해 전에 커피를 배우셨던 여전도사님이 연락이 오셨다. 그 당시에 신학대학원에 다니고 계셨다. 서른 정도 되는 젊은 남자전도사 한 분을 카페에 모시고 오셨다. 그 형제는 믿지 않는 자매와 결혼 후 문제가 생겨서 이혼하고 건강도 좋지 못했다. 그 역시 필자가 볶은 커피를 아주 좋아했다. 커피로 인해 또 한 사람이 연결된 것이다.

그는 거의 매주 수요일 밤마다 2시간 걸리는 곳에서 차로 카페를 방문했다. 그래서 수요일은 조금 일찍 문을 닫고 1시간 정도 같이 기도하는 시간을 가졌다. 약간의 상담도 진행하면서 그와 하나님과의 관계가 회복되길 간절히 중보기도 하던 중에 세밀하게 들려오는 주님의 음성이 있었다. "너는 마지막 때에 대한 말씀을 전하라" 내면에 들려오는 작고 세밀한 음성이었지만 나는 주님의 음성이라 확신했다. 그렇다면 이 코로나 상황에서 벌어지고 있는 사건들은 분명 주님의 오심과 관련 있는 종말적인 사건이었다. '이것을 어떻게 전해야 하지?'

전 세계적으로 벌어지고 있는 펜데믹 상황은 너무나도 비상식적인 방식으로 전개되고 있었다. 통제와 경제적 락 다운은 이해할 수 없는 일이었다. 만약 이것이 '악한 영'에 의해서 기획된 것이라 할지라도 하나님께서는 이 모든 것을 알고 계셨고 이 상황도 주님의 허락하에 이루어지고 있는 것이 분명했다. 주님은 무엇을 말씀하고 계신 것일까? 기도하고 또 기도했다. 지금은 분명 '마지막 때'였다. 코로나는 '마지막 때' 일어나는 사인 중 하나였다. 전 세계적인 혼란 속에서 주님은 교회와 성도들을 시험하셨다. 우리의 믿음은 이미 테스트 되고 있었다.

펜데믹에 대한 다양한 관점

몇 달간 집에서 예배를 드리다가 예배 장소를 카페로 옮겼다. 그리고 얼마 후 교회들도 예배를 통제당하는 상황을 맞게 되었다. 작은 교회이기도 하고 인터넷으로 예배를 드릴 생각도 없어서 한주도 쉬지 않고 예배를 드렸다. 그러던 어느 날 구청에서 한 통의 전화를 받았다. 누군가 지나가다가 주일에 예배드리는 소리를 듣고 예배드린다고 신고한 것이었다. 그는 사적 모임 금지인데 왜 여럿이 모여서 예배를 드렸냐고 물었다. 구청이 무슨 권리로 예배에 대해서 간섭하냐고 말했다. 그랬더니 그는 필자가 정식 목사인지 물었다. 교단에서 인정하는 신학을 했고 목사 라이선스가 있다면 공적 모임이 가능하다는 말을 들었다. 그래서 목사 라이선스가 있다고 답을 했더니, 서류로 입증할 수 있냐고 물었다. 필자는 가능하다고 말했다. 하지만 왜 구청에 입증해야 하는지를 되묻자 돌아오는 답 없이 해프닝은 끝났다. 그 공무원도 본인이 왜 그렇게 해야 하는지 잘 모르는 것 같았다. 헌법에도 명시된 종교의 자유를 이렇게 속박당한 적이 있었던가? 공적 모임은 가능하고 사적 모임은 가능하지 않다는 것이 도대체 바이러스와 무슨 관계가 있다는 것일까? 이해할 수 없었다. 그러나 사람들은 순종적이었다.

펜데믹 상황에 대한 다양한 성경적 해석들이 유명하다는 목회자들에 의해서 나오고 있었다. 어떤 유튜브 영상에 나온 유명한 목회자들의 발언을 들어보면 마음이 아픈 내용들이 있었다. "비대면 예배를 드리는 상황은 하나님께서 대포를 쏘신 것이다" 이렇게 표현하는 분도 있었고 "코로나 펜데믹은 우리가 자연을 훼손해서 벌을 받는 것이다." 이렇게 표현하는 분도 있었다. 하지만 필자는 이 종말적인 사건을 인본적으로 해석한 결과라고 생각했다. 이 사태가 앞으로 어떻게 진행되어갈지 좀 더 지켜보면서 기도해야 한다고 생각했다. 하나님은 어떻게 생각하실지 너무 궁금했다. 더 기도하며 주님께 엎드려야 했다.

전 세계적으로 락 다운과 마스크, 백신 접종에 대한 비이성적 정책에 대해서 이상하게도 한국 사람들은 순응적이었다. 특히 교회는 앞장서서 예배를 폐하며 '교회가 잘못을 했다.'라고 하며 세상에 엎드렸고 그것이 이웃을 사랑하는 방법이라고 정의를 내린 것 같았다.

정식 교회로 등록된 교회 대부분은 나라의 통제를 받았고 방역법을 들먹이며 교회에 특히 공격적이었던 것은 사실이다. 그런데 한편으로 생각해 보니 코로나로 예배당이 닫히고 사람들이 인터넷으로 예배를 드리기 시작하더니 이제는 예배를 다시 드릴 수 있는 상황이 되었는데도 교인 중 많은 사람이 돌아오지 않고 있다. 인터넷으로 예배를 드리던 이들은 왜 다시 교회로 돌아오지 못하게 되었을까?

생각해보면 그런 부류의 신자들은 아마도 교회에 몸만 가서 앉아 있던 형식적인 사람들이었을 것이다. 교회 다니는 것이 습관이었고, 마음은 다른 곳에 있던 이들은 바른 예배를 드리지 않은 것이다. 예배는 '영'과 '진리'로 드려야 한다. 예배에는 예배를 드리는 성도들의 주님을 만나고자 하는 갈망이 필요하다. 항상 충만한 예배를 드릴 수는 없겠지만 바른 마음으로 하나님을 갈망하며 교회로 찾아온 영혼들을 주님은 외면하지 않으실 것이다. 목마른 사람이 우물을 판다고 하지 않던가? 영적 갈망이 없고 형식적인 상태로 구경꾼처럼 앉아 있는 영혼들을 주님은 기뻐하실까? 물론 그들도 사랑의 대상이지만 그 상태 그대로 기뻐하지 않으실 것이다.

일산에 있는 한 대형교회 예배에 참석했을 때 구경꾼처럼 앉아 있는 수많은 사람을 보고 충격을 받은 적이 있다. 토크쇼처럼 말씀을 전하는 목회자의 스타일도 불편했지만, 더 놀란 것은 인본주의로 버무려진 생명 없는 메시지였다. 그것은 예배가 아니었다. 하나님은 어떤 마음이셨을까?

사탄은 세상 정부를 통해서 교회를 공격했고 주님은 그 상황을 허용하심으로써 오히려 그들을 교회 밖으로 몰아내신 것은 아니었을까? 현재 교회를 떠난 수많은 영혼이 다시 돌아가지 않고 있다. 예배와 하나님의 임재에서 서서히 멀어지다가 이제는 상관없는 사람들처럼 살고 있다. 예배처에 앉아 있다고 해서 모두 구원받은 것은 아니다.

대형교회의 예배일수록 더욱 주의해야 하는 것은 구경꾼으로 그 자리에 앉아 있기 쉽기 때문이다. 찬양팀의 현란한 연주와 유명 찬양인도자의 인도로 드리는 찬양 그리고 오케스트라를 동반한 대규모의 성가대 찬양이 좋은 예배의 필수조건이 아니다. 목사의 설교 안에 인본주의가 버무려져 있다면 그 설교를 듣는 영혼들은 서서히 영적으로 죽어갈 것이다. 오히려 외관이 화려할수록 성공적인 예배라고 착각하기 쉽다. 하지만, 영과 진리로 예배한다면 악기 하나 없어도 아무 소리를 내지 않아도 하나님은 우리의 예배를 받아주시고 기뻐하신다. 사랑하는 마음이 있어야 하나님을 높여드리고 생명의 말씀을 영혼에 채우고 간절히 기도할 수 있는 것이다. 주님은 라오디게아 교회에게 차거나 뜨거워야 한다고 말씀하셨다. 미지근하면 주님이 입에서 토해

내신다고 하셨는데 펜데믹의 상황과 연관이 있다는 생각이 들었다.

오스왈드 챔버스 목사는 이렇게 말했다.
"수천 명의 각성된 영혼보다
주님은 한 사람의 제자를 더 기뻐하신다."

주님의 기쁨은 다수에 있지 않다. 적은 숫자라도 주님을 뜨겁게 사랑하고 임재를 갈망하며 주님의 뜻에 순종하기 위해 엎드려 기도하고 육신을 쳐서 복종시킬 때 그 공동체는 주님의 기쁨이 될 것이다.

또 한 형제가 변화되다

21년 6월 주님은 또 한 명의 형제를 보내주셨다. 처음에 태경 형제가 넉살이 좋다고 생각했는데 딸들하고 친밀해지는 것이 조금은 힘들었나 보다. 그가 성도의 교제에 대한 갈망이 채워지지 않아서 힘들었을 때 지훈 형제를 보내주셨다. 그는 외향적인 성격이었다. 둘은 호형호제하며 금방 친밀해졌다. 지훈 형제는 축구선수 출신이었다. 눈을 다치는 바람에 안타깝게도 프로 진출이 좌절되어 방황의 시간을 가졌던 지체다. 그렇지만 지금이 마지막 때라는 것을 깨닫게 하셔서 열심을 품고 전도하려고 애쓰던 지체였다. 서로 비슷한 관점을 가졌기에 즉시 교회에 합류했다. 3년이 다 된 지금까지 되돌아볼 때 그의 삶은 너무나 아름답게 변화되어가고 있다. 주님은 얼마나 놀라운 분이신가? 그를 만나지 못했다면 이 책은 나올 수 없었을 것이다.

교회 개척 첫해 7월부터 집에서 매주 월수금 기도회가 시작되었다. 복층에 넓은 방을 큰딸과 막내가 사용하고 있었는데, 그곳이 마가의 다락방처럼 기도회 장소로 사용되었다. 매주 세 번씩 모여서 기도한다는 것이 쉽지는 않았을 것이다. 그러나 그만큼 우리는 주님의 다시 오심이 빠르게 다가오고 있다고 믿고 있었다. 그러다 보니 기도는 뜨거웠다. 문제 해결을 위한 것이 아니었고 주님의 오심에 대한 기도였다. 만약 조만간 주님이 오신다면 우리 각자가 준비되었는지 집중적으로 기도했다. 깊은 회개의 기도가 이어졌다. 죄로 인하여 넘어졌던 육신의 연약함과 주님보다 세상을 더 사랑했던 죄악들, 그렇지만 그럼에도 연약한 자들을 붙잡아주시고 뜨겁게 사랑해 주신 예수 그리스도의 신실하고 아름다우신 성품은 우리 모두를 녹이고도 남는 충만하고 뜨거운 사랑의 용광로 같았다.

저녁 8시에 모여서 10시까지 말씀과 찬양과 나눔을 가진 후 간절히 기도했다. 기도의 시간을 넉넉히 가지려고 노력했다. 기도는 참으로 중요한 은혜의 통로이다. 기도의 시간이 넉넉한 것은 성도의 신앙을 성숙시킬 수 있는 강력한 무기이다. 기도의 분량도 중요하다는 말이다. 그 어떤 것도 기도를 대체할 수는 없다. 기도가 부족하면 은혜도 부족하다. 만나지도 않고 대화도 안 하면서 어떻게 친해질 수 있을까? 불가능하다.

우리는 간절히 기도한 후에 잠시 주님의 마음을 구하는 시간을 가졌다. 많은 것을 알려주시고 말씀해주셨다. 지면으로 다 나눌 수 없을 만큼….

거룩한 낭비

다시 지훈 형제의 이야기로 돌아가자. 처음 교회에 왔을 때 필자는 커피 공장을 넘기고 온전히 사역에만 집중하기로 결단하였다. 그 재정의 십일조를 주님께 드리고 몇 달간 단기로 오피스텔을 빌렸다. 태경 형제는 저축을 좋아하던 형제였다. 돈 쓰는 것을 좋아하지 않았다. 그러나 주님을 깊이 만나고 온전한 회개가 이루어지니, 그의 삶이 바뀌기 시작했다. 3개월 동안 태경 형제와 힘을 합쳐서 지훈 형제에게 생활비를 주었고 오피스텔을 단기간 임대하고 임대비를 교회에서 감당했다. 그곳에서 둘이 거하면서 말씀을 읽고 기도와 교제를 하며 하나님의 얼굴을 간절히 구하는 시간이 주어졌다. 그것은 주님이 허락하신 은혜였다. 먹고살기 위해 일하지 않고 온전히 주님의 얼굴을 구하면서 전심으로 기도하는 시간과 장소가 주어진 것은 주님의 은혜가 분명했다.

그것은 향유 옥합을 깨서 주님의 머리에 붓고 눈물로 발을 닦는 것과 같았으리라고 본다. 그것은 '거룩한 낭비'였다. 형제에게 한 것은 바로 주님께 한 것이었다. "너희는 서로 사랑하라" 그는 알코올을 가까이하던 죄가 끊어졌고 거친 운전과 욱하는 성격이 변하기 시작했다. 삶의 전반에 사랑의 어루만짐이 있었다. 그는 성격대로 과감한 결단으로 순종의 자리로 나아갔다. 그렇게 변화되어갔다. 그는 아름다운 주님의 신부가 되어가고 있다. 모든 것은 하나님께서 하신 것이다. 다만 우리는 그 과정에 순종했을 뿐이었다.

라합과도 같은 펜션 사장님

코로나로 4인 이상 사적 모임이 금지되고 있었다. 하지만 수련회에 대한 마음을 받고 다 함께 기도드렸다. 당연히 장소를 구하는 것은 힘들었다. 일반적인 상황이라면 당연히 국가의 명에 따라야 했지만, 그때의 상황은 비정상적인 상황이었고 교회 예배에 대한 탄압이 비상식적인 수준이었으므로 비밀리에 수련회를 준비했다. 감사하게도 근교에 있는 펜션 사장님과 마음이 맞았고 장소를 대여해주셨다. 만약 우리가 항상 공권력에 순응해야 한다면 짐승의 표를 받으라고 할 때도 말없이 받으려고 할 것이다. 분별이 필요하였다.

2박 3일간 찬양하고, 성경을 읽고, 기도하고, 식사하고, 성찬식하고, 말씀을 듣고, 또 기도했다. 그 기도는 주님께 집중된 기도였다. 다른 이들을 위한 기도도 나오지 않았다. 각자가 예수님과의 친밀함에 집중된 기도와 찬양을 드렸다. 누가 의도한 프로그램이 아니었다. 성령님의 인도하심에 의한 자연스러운 예배였다. 하늘이 뚫린 듯 은혜의 단비가 부어졌다. 울고 또 울었다. 회개와 사랑과 감사의 향연이었다. 바로 주님이 오셔도 좋겠다는 마음으로 은혜가 가득했다. 예수님으로 인해 너무나 행복했다. 이 장소에서 다음 해에 한 번 더 수련회를 진행했다. 역시나 주님의 은혜가 넘치는 시간이었다. 세상은 난리였지만 주님은 당신의 신부들을 비밀한 초막 속에 감추시고 사랑으로 덮어주셨다.

살아계신 예수님과의 인격적인 교제는 신앙생활의 핵심이다. 예배는 영과 진리로 드려지는 실제이다. 설교 듣는 것이 다가 아니다. 머리로 동의한다고 바로 믿는 것은 아니다. 성령의 임재 속에서 살아계신 예수님과 나누는 은밀한 사랑의 대화는 죽어가던 모든 것을 부활시키는 강력한 권능이다. 물론 느낌이 다는 아니다. 우리가 느끼는 신앙의 감동이 정말 성령의 역사인지 분별이 필요하다.

성령님의 역사는 믿는 자들을 더욱 예수님과 친밀하게 해준다. 또한, 말씀을 깨닫게 하고 총명과 지혜를 부어주시며, 악한 영의 역사를 분별하게 해준다. 마지막 때에는 더욱 분별이 필요하다. 너무나 좁은 길이기 때문이다. 좁고, 좁고, 너무도 협착하여 수많은 사람이 '오직

예수'의 바른길에서 벗어난다. 겸손하게 엎드려서 기도하며 분별해야
한다.

2022년 1월 코로나로 인해, 버겁던 카페운영을 내려놓고 예배 드릴
곳을 찾다가 일산의 한 지역에 있는 지하상가를 보게 하셨다. 예배드리
기에 너무나 좋았다. 주중에 저녁기도회는 집에서 진행했기에 큰 불편
없이 이곳에서 마음껏 예배를 드렸다. 지하라도 인테리어가 잘되어
있어서 예배 분위기도 좋았고 오전에서 낮에는 상가에 사람이 거의
없어서 조용히 기도하거나 책보기에 좋은 공간이었다. 무엇보다 보증
금도 저렴했고 월세도 공간에 비해 싼 편이었다. 하나님이 준비해
주신 곳은 항상 적합하고 딱 맞는 것을 허락하신다.

없는 것이 많은 교회

헤리티지 교회에는 없는 것이 많다. 간판도 없고, 십자가도 없다.
펜데믹으로 인하여 예배를 방해받고 싶지 않았기에 간판도 달지 않고
예배를 드렸다. 이사하고 첫 주일예배를 드리려고 준비하던 찰나, 원
래 교회가 있던 곳이었던지라 구청에서 방역 담당하는 사람이 방문했
다. 그래서 교회는 이사 갔다고 둘러대고 그를 내보냈다. 만약 교회가
이사 왔다고 알게 되었다면 몇 명 되지도 않은 작은 교회인데도 방역법
을 들먹이며 통제하려고 했을 것이다. 그래도 세상의 법을 지켜야
하지 않냐고 말할 수 있다. 그러나 공산권교회의 모습을 기억한다면
이해될 것이다. 핍박의 상황에서는 공권력에 순종하는 것이 하나님을
대적하는 것이 될 수 있음을 알아야 한다. 공산 치하에서 고문과 순교
를 당하면서도 예배와 전도를 멈추지 않았던 형제들의 이야기를 상기
해 본다면 이해가 갈 것이다.

헤리티지 교회는 부활절, 추수감사절, 크리스마스를 안 지킨다. 크리스마스에 교회에서 하는 행사에 아이들에게 '싼타모자'를 씌우고 주님을 찬양한다는 것은 참으로 부적절한 모습이라고 생각했다. 우리 공동체가 절기를 지키지 않는 이유는, 이 절기들이 오염되어 있다고 생각하기 때문이다. 부활절의 사순절은 바벨론 신앙의 '담무스'의 죽음을 위해 애곡하던 40일과 겹친다. 크리스마스도 '미트라교'의 여신 숭배의 날이었다. 에스겔서에 나온 것처럼 이스라엘이 하나님의 성전에서 하늘 여왕과 담무스를 위해 애곡하며 각종 우상을 섬기고 태양신을 숭배하던 죄로 인하여 성령님이 성전을 떠나시는 장면을 떠올려 본다면 현대교회 안에서 보이는 절기에서 혼합종교의 모습을 찾아보는 것은 그리 어렵지 않다. 이것은 로마 가톨릭 배경에서 비롯된 사탄의 작품으로 볼 수 있는 대목이다. 이 부분은 뒤에서 좀 더 자세히 다루도록 하겠다.

부교역자로 오랜 기간 사역하면서 50번 넘는 수련회와 다양한 교회 행사를 담당했다. 때로는 다양한 문화행사와 프로그램을 사역에 접목했다. '알파 코스', '릭 워렌의 목적이 이끄는 교회' 등등 세미나에 참석하고 교회사역에 접목했던 다양한 사역들이 오히려 주님의 교회를 무너뜨리는 사탄의 작전이었다는 것을 그때는 미처 알지 못했다. 그것을 깨닫고 얼마나 회개하며 용서를 구했는지 모른다. 다양한 사역과 교회 행사가 오히려 예배의 본질을 역행할 수 있다는 것을 알고 나니 이제는 무엇을 한다는 것이 두렵기까지 하다.

필자가 섬기는 교회는 작고 미약한 개척교회이기도 했지만, 목회자의 임의로 성도들에게 사역의 짐을 지우고 싶지는 않았다. 목사의 비전과 야망에 희생당하는 영혼이 없기를 간절히 원했기 때문이다.

오직 주님만 사랑하는 교회가 되기를 바랐기 때문에 예배 이외의 다양한 행사는 다 내려놓았다. 예배와 교회캠프 외의 행사는 다 멈췄다. 거룩하고 점도 없고 흠도 없는 '주님의 신부'인 그분의 몸을 세우고 싶은 거룩한 갈망이 있었기 때문이다.

교회에는 일이 너무 많다. 그 일들이 모두 주님을 기쁘게 해드린다고 생각하면 오산이다. 주님이 원하시는 것은 '행사'가 아니고 영혼들이다. 영혼을 구원하시고 그들과 친밀함의 교제를 원하신다. 필자가 철저히 실패하고 경험을 통해서 깨달은 것이다. 마르다에게 하신 말씀을 우리는 기억해야 한다. 그리고 마리아를 칭찬하신 이유를 말이다.

4장
시대의 분별

내 모든 죄 무거운 짐
이제 모두 다 벗었네.
우리 주님 예수께서
나와 함께 계신다오.
내 주여, 이 죄인이
무한 감사드립니다.
나의 몸과 영혼까지
주를 위해 바칩니다.

지금은 마지막 때인가? – 두 번의 재림

히브리서 9장 26절에 예수님이 세상 끝에 나타나셨다고 기록되어 있다. 그렇다! 그때부터가 이미 세상의 끝인 것은 분명하다. 그것을 말세라고 우리는 칭한다. 그러나 9장 26절에 자기를 바라는 자들에게 세상 끝에 두 번째 나타나신다고도 기록되어 있다. 그렇다면 주님이 다시 오시는 세상 끝이 온다는 것이다. 이것이 재림(파루시아)이다. 한번은 공중으로, 한번은 지상으로 재림하신다. '공중 재림'은 '휴거'이며, '지상 재림'은 계시록 19장에 기록된 것처럼, 천년왕국 바로 전에 '아마겟돈 전쟁' 때 이스라엘을 구원하시고 짐승의 잔당들을 제거하시기 위해서 흰말을 타고 오시는 것을 의미한다.

깊은 잠에 빠진 교회들

1992년 다미선교회 사건 이후 교회들은 '휴거'에 대해서 말하기를 두려워한다. '휴거' 이야기만 나오면 이단 취급을 당한다. 요한계시록에 대해서 말하면 몹시도 두려워한다. 그러나 요한계시록은 읽고, 듣고, 지켜 행해야 하는 책이지 두려운 책이 아니다. 요한계시록을 공부해 보면 은혜가 넘치는 것을 경험하게 될 것이다. 자세히 공부할수록 종말이 두려운 것이 아니라 안심이 되었다. 예수님의 사랑이 커져만 갔다. 요한계시록을 읽고 듣고 그 가운데 기록된 것을 지키는 자는 복이 있다고 성경은 우리에게 강조하고 있다. 그런데 대부분 3장까지만 설교한다. 그 이후로 넘어가면 두려워서 읽지도 않으려고 하는 것이 현대교회의 현실 아닌가? 성도들은 바르게 알고 싶을 뿐이다. 왜 우리는 계시록을 두려워하는 것일까? 두려워하는 자들은 사랑 안에서 온전히 이루지 못한 것이고 성경은 그들을 책망한다. 독자들이 만약 현재 종말의 때와 계시록에 대해서 두려움을 갖고 있다면 이른 시간 안에 그것을 해결하기를 바란다. 성경에 답이 있다. 지금 펴서 읽고 기도하길….

건강하고 바른 종말론에 대한 목마름

예전부터 요한계시록과 관련된 풀이집과 강해 설교는 많이 보급되고 있다, 필자도 계시록을 명확하게 분별하고자 여러 참고문헌을 보았으나 풀리지 않는 것이 많았다. 더 제대로 알고 싶은 갈망이 커졌을 때 마침 강화에 예술극장을 운영하는 영화감독님이 계시록 강의를 한다고 해서 참석했다. 블로그에 올린 글들을 보니, 영화 대본을 쓰는 분이라 확실히 흡인력이 있는 글들이었다. 강의보다는 글이 더 강하게 다가왔다. 그렇지만 이곳으로 인도하신 것은 분명히 이유가 있었다.

그분이 참고했던 도서는 '클라렌스 라킨' 목사님의 요한계시록을 중심으로 표현된 글과 강의였다. 그때까지도 잘 몰랐던 분이다. 그분의 책을 구매하여 읽어보니, 많은 그림이 그려져 있었고 성경을 많이 연구했음이 느껴졌다. 사람들이 소위 말하는 '세대주의' 목사님이었다. 정통교단에서는 세대주의를 이단시하기도 한다. "〈킹제임스성경〉만이 성경이다" 이렇게 주장하는 일부 세대주의자들의 움직임들이 그런 부정적인 관점을 갖게 했던 것도 사실이다. 많은 이들이 이론이나 학설의 한 개념 정도로만 생각한다. 나 역시도 과거에는 그랬다. 이성적으로는 동의가 되지 않았지만 무언가 나를 움직이는 것이 느껴졌다.

'그래 성경을 바르게 해석하자'

아무리 잘 번역된 성경을 읽고 좋은 책들을 읽어도 그 안에 기록된 참 하나님 '예수 그리스도'를 인격적으로 만나지 못했다면 그의 구원은 착각일 수 있다.

환란 전 휴거를 믿게 되었지만 사실 '세대주의'에 대해서는 잘 몰랐다. 이 막연함을 해결하고자 서점에 들렀는데 눈에 들어오는 책이 있어서 망설임 없이 구매했다. 기독 서적을 여러 권 저술한 김재욱 작가의 〈요한계시록 바로 알기〉였다. 단숨에 읽어 내려갔다. 다양한 내용이 담겨있었다. 도움이 되는 내용도 많이 있었지만 석연치 않은 내용도 있었다. 바로 '백신'에 대한 부분이었다. '백신'에 대한 내용은 뒷부분에서 깊이 다루도록 하겠다.

새로운 내용을 접하면서 목마름이 조금씩 해소되어가고 있었지만, 아직도 부족했다. 더 알고 싶었다. 마지막 때를 언급하는 다수들이 마태복음 24장을 예수님 오시기 전으로 설명하면서, 현대에 일어나는 자연재해를 설명하는 구절로 이야기한다. 그렇지만 뭔가 시기적으로는 맞지 않는다고 생각되었다. 예수님과 제자들의 감람산 강화는 환란 전을 의미하지 않는 것이 분명했다. 이 부분을 해결하고 싶어서 말씀사에 갔다. 주석들을 뒤지기 시작했다. 마태복음 24장과 25장 부분을 집중적으로 살펴보았다. 그런데, 여전히 의구심이 해결되지 않았다. 그러다가 한쪽 구석에 자리하고 있는 검은색의 책이 눈이 들어왔다. '전도출판사'에서 출간한 〈횃불주석 시리즈〉였다. 흥미로운 마음으로 마태복음을 펴서 빠르게 읽었다. 무언가 속이 후련해졌다. 의구심이 들었던 부분들이 해소되니 계시록의 해설이 궁금해졌다. 그렇게 그

책과의 만남이 시작되었다.

J. 알렌과 전도출판사

〈횃불 주석 시리즈〉의 요한계시록은 'J. 알렌'이라는 분이 쓴 주석이다. 두 권을 합치면 거의 1,000페이지에 달하는 주석서이다. 매일 개인적인 공부를 해가는 동시에 공동체 지체들과 기도회 시간에 함께 공부했다. 아주 놀라웠다. 이렇게 계시록을 속 시원하게 공부했던 적이 있던가? 이미 작고하신 저자였지만 존경심이 밀려왔다.

저자의 관점은 단순했다. 어떤 해석이 가장 성경적 근거가 있는지였다. 그것이 제일 감사했다. 성경책을 제외한다면 세상의 어떤 책이든 모든 기준에 부합한 완벽한 책은 없을 것이다. 그렇지만 말씀을 해석해 나갈 때 집요하리만치 성경적 관점을 찾는다는 것은 절대로 쉽지 않은 작업이었을 것이다. 이 책을 반복적으로 정독을 하다가 4번 정도 읽는 시기에 계시록과 마태복음 24장 25장의 연관성이 드러나면서 종말적 타임라인이 이해되는 은혜가 있었다.

자연스럽게 이 책을 출간한 출판사에 관심이 생기면서 더 많은 책이 필요하여 관련 정보를 찾아보다가 집 근교에 이 출판사가 있다는 것을 알게 되었다. 전화를 드리고 출판사를 방문했다. 몇 분의 귀한 주의 형제들이 사역하고 있었다. 귀한 사명을 감당하고 계신 주님의 사역자들에게 감사한 마음이 들었다. 갈 때마다 여력이 되는 만큼 책들을 구매했는데 꼭 나의 사정을 아시듯 아주 저렴한 가격으로 책을 주셨고, 그 외에도 추천 도서들을 선물로 주셨다. 주님께서 공급해주시는 것 같았다.

출판사 사장님은 과로로 인하신 것인지 몸이 불편하셨지만, 여전히 출판 일을 감당하고 계셨다. 말씀만 나눠봐도 그분의 신앙이 얼마나 신실한지 느껴졌다. 그 후로 자연스러운 교제가 이뤄졌고 커피를 좋아하신다기에 직접 볶은 커피도 선물해 드렸다. 또 한번은 점심을 대접하고 싶은 마음을 주셔서 약속을 잡았다. 사장님께서 대표로 식사 기도를 하시는데 그 음성 속에서도 겸손하신 성품이 느껴졌다. 참으로 배울 점이 많은 분들이었음에 이 시간을 허락하심마저 정말 감사했다.

이 책을 집필하고자 하는 과정에서 전도출판사에서 출간된 책들이 방향을 잡는데 길잡이가 되어주었다. 보석은 원래 숨겨져 있는 것이다. 이름도 없이 빛도 없이 오직 주를 위해 사는 삶은 언젠가 주님께서 다 드러내 주실 것이다. 오늘 우리는 누구를 위해 살고 있는지 아주 잠깐이라도 생각해 보자.

"그러므로 여러분은 먹든지 마시든지, 무슨 일을 하든지, 모든 것을 하나님의 영광을 위하여 하십시오." 새번역 (고린도전서 10:31).

하나님의 말씀인 성경에 대하여

성경은 이렇게 우리에게 이해할 수 있도록 쉽고도 분명하게 말씀해 주시고 있다. 우리는 이 성경을 학문이라는 틀에 꼬아서 이해할 수 없는 상징으로 해석하려고만 한다. 문자적 해석도 있고 상징적 해석도 있다. 부분마다 다르다. 공부도 해야 하지만, 기도하면서 성경을 읽어야 한다. 성령의 조명 없이는 이해할 수 없기 때문이다.

계시록 22장 18~19절 말씀은 우리에게 경종이 된다.

"이는 내가 이 책의 예언의 말씀들을 듣는 각인에게 이같이 증언하기 때문이다. 누구든지 이 말씀들에 더한다면 하나님께서 이 책 안에 기록된 재앙들을 그에게 더하시리라. 또한, 누구든지 이 예언의 책의 말씀들에서 삭제한다면 하나님께서 생명책과 거룩한 도성과 이 책 안에 기록된 것들에서 그의 부분을 삭제하시리라." 표준 킹제임스 (계시록 22:18~19).

오래전 오산리 기도원에 가면 주차장 벽에 보이는 성구가 있었다. "내가 기뻐하는 금식은 흉악의 결박을 풀어주며 멍에의 줄을 끌러 주며 압제당하는 자를 자유하게 하며 모든 멍에를 꺾는 것이 아니겠느냐?" 이사야 58장 6절의 구절이다. 일부분을 적어 놓으니, 마치 하나님께서 금식 자체를 기뻐하신다는 말로 오해할 수도 있을 것이다. 물론 금식기도는 중요하다. 하지만 본문의 앞뒤 문맥을 살펴보면 금식하는 자의 태도가 중요하다는 말씀임을 알 수 있다. 다른 이의 결박과 멍에를 끌러 주고 압제당하는 자를 자유하게 해주면서 나의 문제를 위해서 금식할 때 하나님께서 기뻐하시는 금식이 된다는 말씀을 의미한다. 하나님의 말씀대로 살지 않으면서, 금식만 한다고 기뻐하시지는 않는다는 것이다. 문맥을 보지 않으면 성경을 바르게 이해하기가 힘들다. 말씀 묵상도 조심할 필요가 있다. 문맥을 이해하지 않고 또 역사적인 배경을 이해하지 않고 단어나 성경 한 구절을 가지고 묵상하다 보면 샛길로 빠질 가능성이 농후하다. 이것은 성경을 읽는 사람 모두에게 적용되는 중요한 문제이다.

성경에 관해서 관심을 갖다 보니 자연스럽게 킹제임스성경을 더 보게 되었다. 여러 버전을 보던 중 하나님께서 만나게 하신 성경은 영어 킹제임스를 직역한 〈표준 킹제임스 성경〉이었다. 성도들과 함께 읽고 묵상하면서 달라도 아주 다르다는 것을 알게 되었다. 번역자의 표현이 마음에 참으로 와닿았다. '한 글자도 빠뜨리지 말아라'라는 주님의 음성으로 인하여 번역했다는 것이다.

킹제임스성경은 확실히 우리에게 예수 그리스도가 하신 일에 대한 믿음을 요구하는 번역들이 많았다. 그런데 기존의 현대적 번역을 보니 미묘하게도 '인간의 의'를 강조하는 표현들이 많았다.

현대의 많은 번역본은 실제로 많은 생략이 존재한다. 정관사가 생략되기도 했고 '없음'도 실제로 존재한다. '금식기도'나 '동성애'를 죄로 지적한 부분들(남색)이 생략되기도 했고 번역에 사람의 신학적 의도가 들어가기도 했다. 내용이 많으므로 여기서 다 기록할 수는 없으므로 자세한 내용은 2권으로 넘기겠다.

바른 종말론은 무엇일까?

세계적인 신학자 김세윤 박사는 그의 책 〈구원이란 무엇인가?〉에서 이렇게 말한다.

"근동의 신화들과 로마제국의 역사와 당시의 상황에 대해서도 폭넓은 지식이 필요하고, 많은 성경해석과 신학적 훈련을 받아야 합니다. 그러나 한국교회들과 미국의 근본주의 교회들에서는 그런 지식과 훈련을 쌓지 않은 사람들이, 이 책을 종말에 어떤 사건들이 어떤 순서로 일어날 것인가에 대한 하나의 시나리오를 제공하는 것으로 오해하고 문자적으로 읽으며, 십사만 사천, 666, 추수, 환난, 천년왕국 등을 운운하며 온갖 유치한 소설들을 만들어 온 전통이 있습니다."

세계적인 신학 박사님께서 왜 이렇게 생각하게 되었을까? 마음이 너무 아프다.

아마도 한국교회 대부분 정통교단에 속한 목회자들과 신학자들은 '십사만 사천'을 구원받은 전체숫자를 상징한다고 이해하고 있을 것이다. 세대주의 신학에서는 '십사만 사천'을 실제 12지파의 유대인이라고 설명한다. 이 숫자를 실제의 숫자라고 표현하게 되면, 사이비종교들에서 그들이 십사만 사천이라고 주장할 수 있는 근거를 만들었다고 생각하곤 하지만, 결론은 그렇지 않다. 실은, 십사만 사천을 영적으로 해석하기 때문에 누구라도 대입이 가능해진 것이다. 그들이 유대인이라고 말씀하신 성경을 존중한다면 애당초 문제는 발생하지 않을 것이다.

무엇이 성경적일까? 이것이 중요한 질문이다.

현재 이스라엘의 유대인은 70% 이상이 아슈케나지 유대인이다. 이후에 다루겠지만 그들은 유대인 혈통이 아니다. 이스라엘과 이방인으로 구분된다는 것은 믿음이 아니라 혈통이다. 혈통적 유대인이 아니라면 그들은 이스라엘이 아니다. 그들은 터키계의 '하자르 공화국'의 혈통이다. 그들 로마가톨릭과 이슬람 사이에서 괴롭힘을 당하던 어느 날 조용히 유대교로 개종했고 현재는 이스라엘 국가 설립의 주도 세력으로 존재하고 있다. 그들의 종교는 카발라 유대교이다. 그들은 아브라함의 씨가 아니다. 그러므로 십사만 사천은 그들이 흩어져있는 12지파에서 주님이 직접 준비시키실 것이다. 주님을 신뢰하자. 너무 복잡하게 생각하면 꼬이게 마련이다.

창세기에 처음 등장하는 12지파는 '레위와 요셉이 빠지고 요셉의 아들들인 에브라임과 므낫세가 들어가서 이루어진' 지파이다. 그러나 계시록 7장에 등장하는 12지파는 '단과 에브라임이 빠지고 레위와 요셉이 들어가서 변형된 12지파'이다. 아마도 '단'과 '에브라임'의 우상숭배와 관련된 죄 때문에 빠진 것이라고 여겨진다. 그렇다면 달라진 구성이 주는 의미가 분명히 있는 것이고 하나님의 의도가 있다고 생각할 수 있을 것이다. 이것은 구체적인 숫자라는 근거가 된다는 말이다.

계시록 1장에 상징의 해석에 대한 실마리가 주어진다. '일곱 등잔대'와 '일곱별'에 대해서 생각해 보자. 이 두 단어는 분명 상징적으로 이해해야 한다. 사도 요한은 이 두 단어를 상징적 의미로 사용했지만 읽는 사람이 이해할 수 없기에 설명을 달아 놓았다. '일곱 등잔대'는 '일곱교회'이며 '일곱별'은 '일곱교회의 천사들'이라고 표현하고 있다. 연상과 닮음이 적용되었다고 이해된다.

만약 '십사만 사천'과 '666'이 상징적인 숫자라면 그것에 관해서는 설명을 달아 놓았을 것이다. 예수님께서도 비유와 상징에 대하여는 풀어서 설명해주셨다. 결국, 그것이 실제의 숫자이기 때문에 사도 요한은 아무런 설명을 하지 않고 12,000명씩 12지파라고 기술하는 것이다. 이것을 임의로 바꾸어, 12지파와 12사도와 1,000이라는 상징적인 숫자를 도입하여 '십사만 사천'을 모든 구원받은 사람들의 숫자라고 해석하는 것은 논리적으로도 문제가 있는 해석이라 할 수 있다.
이렇게 해석하면 요한계시록은 전혀 이해할 수 없는 책이 되고 마는 것이다. 오히려 이단들이 놀기에 좋은 놀이터가 되고 마는 것이다. 기본적으로는 문자적으로 해석하고, 또 상징적인 부분은 그렇게 해석해야 한다.

잘못된 성경적 접근

1) 신천지

'신천지'라는 이름은 '새 하늘과 새 땅'이므로 성경적으로 너무나 중요하고 좋은 의미의 이름이다. 그렇지만 그들은 '새 하늘과 새 땅'에 결코 들어가지 못한다. 자격이 없기 때문이다. 신천지 교인들은 유일한 구원자 '예수 그리스도'를 믿지 않는다. 그들의 교리적 지식만을 믿을 뿐이다. '이만희'를 새 요한이라고 칭하며 믿고 따른다. 지옥은 농담이 아니다. 실제이다. 어서 회개하여 그것을 피해야 한다.

그들이 말하는 십사만 사천은 우리가 알다시피 그들이 만든 12지파를 의미한다. 그런데 그들의 숫자가 십사만 사천을 넘어가게 되자, 그들의 학교를 수료한 십사만 사천을 넘어선 자들을 일컬어 '흰옷 입은 허다한 무리'로 해석하며 변동이 생겼다. 그들의 근거로 말하자면 성경의 뜻이 변한 것이다. 그런데도 많은 사람이 비유 풀이에 넋이 나가 있다. 그만큼 하나님의 말씀을 모른다는 증거이다, 동시에 정통 교회가 취한 해석도 다시 생각해봐야 한다. 이렇듯 구원받은 모든 사람의 숫자를 상징으로만 해석한다면 여러 가지 문제가 발생한다.

12지파에서 유다가 맨 처음에 나온 것은 예수님이 유다 지파에서 나오셨으므로 '어린양의 구속'을 강조하기 위해서라는 해석이 가장 지지를 받는다.

창세기 49장 16~17절 "단은 이스라엘의 지파들 중 하나로서 그의 백성을 심판하리로다. 단은 길가에 있는 한 마리의 뱀이 될 것이요, 행로에 있는 한 마리의 살무사가 되리니, 그것이 말의 뒤꿈치들을 물어 그를 탄 자가 뒤로 떨어지리로다". 이 말씀을 근거로 '적그리스도'가 단 지파에서 나올 것으로 해석하기도 한다. 너무도 구체적인 12지파가 등장한다. 그리고 각 지파에서 12,000명씩 등장한다. 그들은 이마에 인을 받은 유대인이고 12지파이다. 그들은 구원받은 자들을 상징하지도 않고 이방인은 더더욱 아니다.

계시록 14장 1절의 기록이다. "그리고 내가 바라보았더니, 보라, 어린양께서 시온산 위에 서셨으니, 그분의 아버지의 이름이 자신들의 이마 안에 기록된 십사만 사천 명이 그분과 함께 섰더라". 이 장면이 의미하는 시간은 아마겟돈 전쟁이 끝나고 환란을 통과하여 살아남은 십사만 사천이 살아서 지상 재림하신 어린양과 함께 시온산에 서 있는 장면이다.

'시온산'은 이스라엘에 존재하는 지상의 '시온산'을 의미한다. 많은 학자가 '시온산'을 하늘의 '시온산'이라고 해석한다. 그러나 주님의 재림 때에는 가시적으로 하늘에 열린 문이 있어서 땅과 하늘이 연결된다. 주님은 재림하셨고 지상에 그분의 보좌가 만들어진다. 그 보좌의 중심에 어린양이 있다는 것은 하늘의 보좌가 아닌 땅의 보좌임을 입증해준다. 이제 하늘과 땅이 소통한다. 이 장면에서 하늘의 노랫소리가 하프 연주와 함께 들린다. 그들의 노랫소리를 배울 자는 십사만 사천밖에는 없다. 하늘에서 연주하는 자들은 순교자들이고 이 노래를 배울 자들은 십사만 사천이다. 이들을 연결해 주는 고리는 바로 '고난'이다. 곧이어 지상에 어린양의 천년왕국이 시작된다. 보좌가 베풀어지고 늘어선 자들이 '양'과 '염소'로 분리된다.

일산의 교회에서 청년부 담당 사역자로 있을 때였다. 한 청년이 방학 동안에 친구의 인도로 한 성경공부에 참석하고 있다고 했다. 그래서 좀 궁금하기도 해서 어떤 내용인지 살펴보고 싶었다. 그의 노트를 살펴보니 신천지 교리였다. 그래서 당장 교육과정을 그만두게 했다. 그를 인도했던 친구가 만나고 싶다고 교회를 찾아왔다. 그 친구는 필자에게 성경공부 참여를 유도했다. 기가 찼으나 꾹 참으며 그의 눈을 바라보고 말했다. "예수님을 인격적으로 만나봤니?" 그는 당연히 없다고 했다. 그는 예수님을 모른다. 그저 신천지에서 받은 거짓 교리만 알뿐이었다.

'구원'과 '예수님을 앎'에 대해서 나누고 그에게 전했지만, 그는 관심이 없어 했다. 오직 '거짓 교리'만이 그의 마음을 사로잡고 있었다. '거짓 교사'로부터 '거짓 가르침'을 배우고 받아들이는 순간 악한 영도 같이 들어 온다. 그래서 무언가에 씐 듯 거짓을 믿고 지옥을 향해서 걸어가는 것이다. 그리스도를 대적하는 '적그리스도의 영'이 진짜 있다. 이것은 영적인 문제이다. 문에 고리가 걸리듯 거짓 가르침을 믿는 순간 거짓의 영이 들어온다. 영혼은 잠식당한다. 누구의 말도 듣지 않는다. 강력한 '중보기도'만이 답이다. 인간의 힘으로는 건져낼 방법이 없다. 성경에서 말하는 구원과 영생은 성부 하나님과 성자 예수님에 대한 인격적인 앎에 달려있다고 말씀하시지 않는가? 이것은 인격적인 사귐이다.

니므롯에 대한 글들을 검색하다가 어떤 초신자의 묵상을 보았다. 내용인즉슨, "니므롯은 여호와 앞에서 용감한 사냥꾼이므로 나도 니므롯 같은 용감한 성도가 되어야겠다" 이렇게 글을 써놓았다. 잘 몰라서 이렇게 쓴 것이 분명하다. 성경의 배경을 모르고 바르게 해석하지 못하면 누구라도 이런 실수를 할 수 있다.

니므롯은 주 앞에서 막강하고 용감한 사냥꾼이다. 그 의미는 '하나님을 대적하는 자'라는 뜻이다. 그는 '길가메쉬 서사시'의 '길가메쉬'와 동일 인물로 보인다. 그는 네필림의 피가 섞여 있는 자이며 사탄을 숭배하여 여호와 하나님을 대적하던 자였다. 하나님의 징계로 그는 죽임을 당하였고 그의 아들인 담무스를 니므롯의 화신으로 여긴 '세미라미스'가 그의 아들인 '담무스'와 결혼하였으나 그도 역시 멧돼지에 받혀 죽게 되자, 그를 슬퍼하며 40일을 애곡했다. 예루살렘 성전 안에서 담무스를 위해 40일을 애통하던 기록이 에스겔에도 기술되어 있다. 그리고 그것이 로마의 여신 숭배 기념일인 '이스터'에 들어가 있었고 '이스터'는 부활절이 되었다. 배경이 이렇다면 단순하게 넘길 문제는 아니라고 생각한다.

신천지 교리 문제는 한국교회에 심각한 악영향을 끼쳤다. 기존에 교회를 다니던 성도 중 주님을 못 만났거나 상처받은 일로 인하여 교회를 떠났을 때, 그들은 먼저 사랑이 많은 척 관계 형성에 집착하게 한다. 그렇게 마음을 열게 하고 그다음 단계로 이단적 가르침을 전한다. 너무나 안타깝게도 사람들 다수가 이 부분에 빠져든다. 더 안타까운 것은 그들의 사랑은 목적이 있는 속임이다. 그런데 교회가 이단보다 사랑이 없다면 이것은 무엇으로 설명하겠는가?

사람들이 사이비인 신천지에 가서 놀라는 이유는 무엇일까? 빠져드는 이유는 다양하겠지만, 잘못된 가르침이라도 나름대로 논리적인 방식으로 알려준다는 것이다. 그들 가르침의 내용은 당연히 잘못된 거짓 가르침이다. 옳고 그름을 떠나 그들만의 논리를 세워 가르치니 그럴듯한 것이다. 엉터리 내용임에도 교회에서 잘 가르치지 않는 영역을 다루니 처음에는 단순한 흥미를 갖다가 점차 빠져드는 것이다. 그들은 거짓 교리를 공부함으로써 구원에 이른다고 생각한다. 이것은 당연히 나의 힘으로 구원받으려는 구원론이다. '자력 구원'이다. 우리는 오직 믿음으로 구원받는다. 공부한다고 구원받는 것이 아니다.

태경 형제의 어머니도 코로나 시절 교회에서 예배를 못 드리게 된 상태에서 '신천지'에 빠지고 말았다. 그래서 그는 기도하며 주시는 마음으로 신천지 교리를 공부하기 시작했다. 반박하기 위함이었다. 그들의 거짓 교리를 바른 말씀을 통해서 조명하여 논리적으로 어머니를 설득했다. 어머니는 신천지에서 배운 '잘못된 가르침'에 대해서만 이야기했다. 그들은 오직 어떤 지식에 대해서만 말한다. 그들이 말하는 은혜는 참 별 볼일 없었다. 예수님과의 만남이 없으니 당연히 구원도 없다. 구원받았다는 거짓 확신일 뿐이다. 논리에서도 밀린다. 그러나 전혀 들으려 하지 않는 것이다.

그는 가족의 구원에 대해서 답답한 마음으로 강하게 기도하던 중 주님의 마음을 받은 후, 기도의 사명을 안고 40일간 국토대장정을 다녀왔다. 교회들을 방문하며 기도하고 예배하고 또한 목회자들과 교제하며 걷고 또 걸었다. 배낭을 메고 요나서 말씀을 기록한 플래카드를 배낭에 걸고 일산을 시작으로, 충청도, 전라도, 경상도, 부산, 다시 충청도를 거쳐서 돌아왔다. 그 시간 동안 가족 구원에 대한 확신을 받고 지금은 주님께 가족의 영혼을 의탁하고 기도하며 가정을 섬기고 있다. 태경 형제의 간증문은, 그 형제가 받은 은혜를 함께 나누고자 이 책의 뒷부분에 실었다.

2) 박O영氏 강의 중 왜곡된 가르침

강의가 많고 은혜로운 부분도 많이 있다. 그렇지만 너무나 중요한 부분에 문제를 가지고 있다. 대표적으로 두 가지만 살펴보자.

첫 번째, 교묘하게도 예수님을 첫 번째 피조물로 표현했다.

예수님이 이 땅에 태어나신 것은 영원 전부터 존재하던 하나님의 아들이 마리아를 통해서 육신을 취하시고 성령으로 잉태되신 것이었다. 하나님과 인간이신 유일한 구원자로 나타나신 것이지, 절대로 창조된 존재로 표현할 수는 없다.

그는 골로새서 1장 15절의 말씀을 이렇게 해석한다. 아들이 아버지의 품 안에 계시다가 만물의 창조 바로 전 나오셨기에 첫 번째 창조라는 것이다. 그러나 문맥을 살펴보면 그런 의미가 아니다. 18절에 보면 '첫째로 나신 분'이라는 표현이 또 나온다. 죽은 자들로부터 첫째로 나신 분이라는 표현은 부활을 의미하며, 15절에 첫째로 나신 분이라는 표현은 성육신을 의미한다. 예수님은 창조되신 분이 아니고 창조자시며 그렇기에 시간의 개념과 상관없는 분이시다. 시간조차도 예수님의 창조물이다. 그분은 영원 전부터 '아버지 하나님'과 함께 계신 '아들 하나님'이시다.

"그분께서는 볼 수 없는 하나님의 형상이시요, 각각의 모든 창조물 가운데 첫째로 나신 분이시라. 이는 그분에 의하여 모든 것들이 창조되었기 때문이니, 곧 하늘에 있는 것들과 땅에 있는 것들이요, 볼 수 있는 것들과 볼 수 없는 것들이니, 그들이 보좌들이든지 통치권들이든지 정사들이든지 권능들이든지 모든 것들이 그분에 의하여 그리고 그분을 위하여 창조되었느니라. 그리고 그분께서는 모든 것들보다 먼저 계시며 그분에 의하여 모든 것들이 존재하느니라. 그리고 그분께서는 몸 된 교회의 머리시라. 그분께서는 시작이시요, 죽은 자들로부터 첫째로 나신 분이시라. 곧 그분께서는 모든 것들 안에서 월등함을 지니려 하심이라." 표준 킹제임스 (골로새서 1:15~18).

이 말씀을 왜곡하는 것은 고대로부터, 그분의 신성을 깎아내리려는 사탄의 종들의 공략법이었다. 그분의 인성과 신성을 분리하려고 하거나 인성을 삭제하고 신성을 삭제하려는 시도는 스스로 구원의 다리를 허무는 것과 같다.

왜냐하면 "영생이란 하나님과 그 보내신 아들을 아는 것"이기 때문이다. 나의 구원자가 누구인지 바로 알지 못하는 사람이 구원받았다고 할 수 있을까? 이것은 사탄의 지뢰이다. 밟으면 믿음의 발목이 날아간다. 성경 한 절을 해석하면서 문맥을 보지 않고 자기의 생각을 집어넣으면 누구라도 '이단'이라는 멸망의 자리로 갈 수 있다.

두 번째, '자동기도'라는 말도 안 되는 주장을 한다.

성령님이 우리 안에서 말할 수 없는 탄식으로 기도하시기 때문에 우리가 가만히 있어도 자동으로 기도가 된다는 것이다. 참 편하게 믿는 것 같다. 보혜사로서의 성령님은 당연히 우리 안에서 우리를 위해서 중보하신다. 그러나 내가 내 입을 열어서 기도하지 않으면 성령님을 소멸할 수 있다는 것을 알아야 한다. 하루만 기도를 안 하면 어제보다 믿음이 약해진다. 1주일만 기도를 안 하면 지난주보다 영혼이 힘들다. 1달만 기도를 안 하면 지난달보다 구원의 확신이 흔들리면서 영혼의 곤고함이 극에 달하고 악한 영들의 공격을 심하게 받게 된다. 그리고 조만간 양심이 화인 맞은 상태가 되면서 언제 주님의 임재를 경험했지? 하면서 세상적인 인간으로 살아갈 수밖에 없는 것이 인생이다. 그래서 성경은 "무시로 성령 안에서 기도하라"라고 가르치고 있다. 이것은 나는 가만히 있어도 성령님이 알아서 기도해준다는 의미가 아니다. 이렇게 편하게 믿으려고 하면 영적 성숙은 꿈도 꾸지 못한다. "주님의 속죄가 영원히 단번에 이루어졌다"라는 말씀을, 인간편에서 인본적으로 해석하여 세상에서 맘대로 살고 매일 회개가 없어도 속죄받은 것이므로 편하게 살라고 한다면 조만간 그 영혼은 씻겨지지 않은 죄로 인하여 질식하게 될 것이다. 이것이 넓은 길이다. 이렇게 믿는 사람들은 절대 주님의 제자가 될 수 없다. 편하게 믿으려다가 멸망 길로 달려가는 것이다.

그의 가르침은 분명 크나큰 문제가 있다. 성경을 제멋대로 해석해도 세상에서 그럴듯한 위치에 있으면 '선한 영향력'인가? 이것은 일종의 '고지론'이다. 높은 곳에 올라가서 사람들에게 영향력을 미치기 위해 많은 그리스도인이 성공하기 위해 몸부림친다. 시상대에서 '하나님께 영광을 돌립니다'하고 말한다고 해서 하나님께서 영광을 받으시는 것이 아니다. 하나님의 영광은 우리가 그분의 아들 예수님을 믿고 사랑하며 그 말씀에 순종할 때 받으시는 것이다. 예수님은 영광을 말씀하실 때 십자가의 순종을 의미하셨다. 고난의 자리에 있어도 혹은 아무도 관심을 두지 않은 위치에서 아무도 알아주지 않는 일을 한다고 할지라도 우리가 하나님께 순종하고 있는 것이라면 이미 우리는 그분을 영화롭게 해드리는 것이다.

3) 하나님의 교회 전도자들

오래전, 전도사 시절 금요일에 철야 예배로 밤을 새우고 토요일 늦은 오전까지 잠을 자고 있었다. 시끄러운 소리로 잠에서 깨어서 급히 나가봤더니 옆집에 '하나님의 교회'에서 나온 여성 두 명이 옆집 아주머니를 전도하려는 상황이었다. 그 당시 출석하던 교회가 '하나님의 교회' 본부와 가까운 곳에 있어서 오가며 그들의 전도지를 접할 기회가 있어서 교리 반박을 위한 공부를 했었다. 마침 그렇게 만난 것이었다.

드디어 성경책을 들고서 사이비들의 전도현장으로 갔다. 그런데 마침 옆집 아주머니가 이렇게 말했다. "전도사님 어서 오세요" 그 순간 두 사이비의 눈빛이 바뀌었다. 필자를 노려보면서 부르르 떨었다. 그래서 성경을 보면서 얘기하자고 했다. 갈라디아서를 펴려고 했는데 그 여성들은 손가락으로 성경을 누르면서 이렇게 말했다. "펴봐! 펴봐!" 성경을 펴려고 부단히 노력했다. 그러나 펼 수가 없었다. 그들의 손가락을 성경 표지에 가깝게 대놓고 방해하면서 소리까지 질렀다. 꼭 미친 사람들같이 보였다. 무엇이 그들을 그렇게 만든 것일까? 참다가 화가 나서 나도 같이 소리를 질렀다. "이 미친 사람들이!" 그러자 그들은 건수를 잡은 듯 소리를 질렀다. "전도사가 욕한다!"

아마도 그들은 갈라디아서를 읽게 될 것을 두려워했던 것 같다. 본인들이 배운 대로 한 구절만 보고 다른 구절은 못 읽게 하나 보다. 다 읽으면 갈라디아서 전체가 말하고 있는 논리적인 문맥을 이해하고 눈에서 비늘 같은 것이 벗겨질 것이 두려웠나 보다. 드디어 그들은 쫓겨났고 화가 많이 났던 필자는 양동이에 물을 가득 담아 뒤쫓아 갔지만, 경사가 높은 관계로 멀리 가지 못하고 집으로 돌아왔다.

사이비종교 '하나님의 교회'는 율법을 지켜야만 구원받는다고 말한다. 그래서 '유월절'과 '안식일'을 지켜야 한다고 말한다. 그리고 갈라디아서를 가지고 전도한다. 그런데 갈라디아서에는 '거짓 교사'들이 등장한다. 그들은 야고보로부터 왔다고 주장했다. 그리고 예수 그리스도에 대한 믿음뿐 아니라 '할례'를 받아야 한다고 주장했다. 그리고 바울의 사도직과 그의 가르침을 무력화시키려 했다. 그러나 바울은 바나바와 14년 후에 예루살렘 회의에 참석했고, 그의 사도직과 사역과 가르침이 베드로가 전하던 복음과 같다고 인정받고 교제의 악수를 함으로써 사도의 적들의 주장을 무너뜨리고 오직 '그리스도를 믿음으로 구원받는다'라는 복음의 가르침을 확고하게 정립했다. 그러므로 갈라디아서는 유대인이나 이방인이나 율법을 행함으로 구원받을 수 없고 예수 그리스도에 대한 믿음만으로 구원을 받고 은혜를 받는다는 것을 가르치는 것이다. 그들은 바울 사도가 갈라디아서에서 비판했던 율법주의자들이 주장하는 율법주의적인 내용으로 사람들을 억압하고 가르친다. 그러면서 갈라디아서로 전도한다. 전체 내용은 보지 않고 한 절만 뜯어서 적어놓고 만든 교리를 주장하고 있었다.

성경을 한 절씩 잘라서 보면 전체 문맥을 놓칠 경우가 많다. 이단 사이비는 특정 구절만을 잘라서 '거짓 가르침'을 만들어서 가르친다. 그곳에 속한 자들은 그것만을 배우고 스스로 성경을 읽지 않는다. 읽으면 큰일 나서 그러나? 아마도 '구원' 받을까 봐 두려운가 보다. 그들은 성경을 읽을 때 이단이 가르치는 한 절만을 집중적으로 본다. 문맥을 보지 못하는 특별한 능력이 있음이 분명하다.

'하나님의 교회'는 구약의 '엘로힘'에 대해서 가르친다. '엘로힘'은 구약성경의 하나님의 성호이다. 그리고 복수로 해석된다. '우리'로 번역되어있다. 이 성호는 '성부 하나님', '성자 예수님', '성령 하나님'을 의미한다. '삼위일체'의 위격을 표현한다. 그런데 그들은 '엘로힘'을 가르치면서 예수님을 제거하고 '하나님 어머니'로 가르친다. 결국은 '여자 마귀'를 믿는 거짓 종교인 것이다. 로마가톨릭과 같은 라인이다.

그들은 부활절이나 크리스마스를 지키는 교회를 비판하지만 우습게도 그들은 하늘 여왕을 숭배한다. 바벨론 신앙의 핵심은 '하늘 여왕'을 섬기는 '모자 신앙'에 있다. 그들은 마지막 때 음녀의 세력과 결탁할 것이다. 그들은 사탄의 종교의 한국지부일 뿐이다. 성경을 읽어도 구원받지 못할 수 있다. 보고 싶은 것만 보면서 진정 구원에 이르는 지식은 소유하지 못하는 것이다.

4) 신사도의 문제점

신사도 운동은 언제 시작됐을까?
요한계시록 2장 2절은 에베소교회에게 보내진 말씀이다.

"내가 너의 행위와 너의 수고와 너의 인내와 네가 악한 자들을 참을
수 없었던 것을 아노라" "또 자신들이 사도들이라 말하지만, 아닌 자들
을 네가 시험하여 그들이 거짓말쟁이들임을 찾아냈도다"

이 부분에 '자칭 사도'가 등장한다. 사도들의 순교 후에 그들이 교회
에 등장했다. 그러나 주님은 그들을 임명한 적이 없고 에베소교회는
그것을 분별하여 '자칭 사도'들을 교회에서 쫓아냈다. 그래서 주님의
칭찬을 받았다. '자칭 사도'들은 현대에 들어서 '신사도'로 개명했다.
그런데 그것은 오래된 사단의 작품이다. 에베소 교회에 몰래 들어온
그들은 예수님이 보낸 자들이 아니다. 사단이 그들을 보냈고 교회에
거짓 복음을 가르치고 있었다.

현대에 들어서 신사도 운동을 시작한 사람은 '피터 와그너'이다.
피터 와그너는 신사도 운동을 중심에서 이끌었던 인물이다. 그는 신사
도 개혁(The New Apostolic Reformation) 운동이라는 명칭을 초기부터 사
용했다. 신사도 운동은 은사주의 기독교 운동으로, 오늘날에도 사도와
선지자가 존재한다고 주장하며 '영적 전쟁'을 강조한다. 피터 와그너는
"제2의 사도 시대가 2001년에 시작되었다"라고 발언한 바 있다. 자신을
중심으로 12명을 구성해 사도 의회를 만들기도 했다. 흡사 신천지의

12지파와 같은 성경적 근거가 없는 자체적인 조직을 구성하는 모습과 직통 계시, 예언을 강조하고 이적이나 표적 같은 현상에 치우친 집회 분위기 때문에 개혁주의 권에서 크게 비판받았다. 주요 교단들은 신사도 운동에 이단성이 있다고 판단했다.

2006년 9월 한국의 한 교회에서 세미나를 진행하기 위하여 방문했을 때, 그와의 인터뷰 내용을 크리스천투데이에서 기록했다. 다수의 질의 응답과 관련하여 모순이 있는 내용이 많지만, 그중 한 가지만 언급하고자 한다. 피터 와그너는 고린도전서 12장 28절을 인용하여 직분자의 위계질서를 설명한다. 그의 말에 따르면 그 순서는 사도, 예언자, 교사 순인데 목사의 직분은 여기서 교사에 해당된다. 따라서 목사는 사도의 지시를 받을 의무가 있으나 사도는 그렇지 않다고 언급한다.

성경에서 이방인의 사도는 예수님께 직접 임명을 받은 바울뿐이었으며, 그 뒤로 사도의 직분은 존재하지 않는다. 자신은 누구에게도 지시받을 의무가 없다고 말하고 싶은 것을 하나님의 말씀을 잘못 인용하여 설명하는 것이 얼마나 교만한지 우리는 늘 점검해야 한다. 현재 그는 작고한 상태이지만 그의 영향력은 여전히 진행 중이다. 우리나라에도 여전히 '와그너 리O십 연구소(WLI Korea)'가 활동 중이다.

과거에 '다니엘서의 연대기'에 대한 강의가 있어서 방문한 적이 있었다. 저녁마다 기도하는 시간이 있었는데, 마지막 날 밤에 기도회 중 앞에서부터 사람들이 쓰러지는 현상이 있었다. 예전에 친구 교회 목사님도 쓰러뜨리는 은사가 있다고 해서 갔었는데, 기도 중 머리를 밀어서 강대상에 그냥 한참 옆으로 쓰러져서 정신은 말짱한 상태로 기도하다가 일어난 기억이 났다. 어떤 느낌일지 알고 싶었다. 아무튼, 그날 맨 뒷자리에 있었는데 마음을 단단히 먹고 '쓰러지는 어떤 힘이 있는지 한번 느껴보자'라고 생각하면서 기다렸다. 드디어 내 차례가 왔다. 기도하면서 기다리니 머리에 살짝 손을 얹고, 기도해주는 분이 '훅' 하고 입으로 바람을 불었다. 아무런 느낌이 없었다. 순간 입 냄새가 나서 불쾌하기만 했다. 결국은 아무 일 없이 끝났다.

  필자와 같은 체험을 했던 요한 형제의 이야기이다. 그 형제가 인O콥 단체의 간사로 섬기고 있을 때였다고 한다. 그 당시 해당 단체에서 주최하는 선교사 심화 교육과정을 받는 중이었고 교육 커리큘럼 중 성령 체험 시간이 있었다고 한다. 그 강의의 담당 강사로 온 분은 그 선교단체의 이사분으로 리더에 속한 분이었다고 한다. 그 강사분은 설교 후에 성령 체험 시간이라고 하면서 설명하기를, 성령님의 터치에 몸을 맡기라고 설명하면서 훈련생 한 명 한 명에게 안수 기도를 하고는 다 쓰러뜨렸다고 한다. 그런데 쓰러지는 행위를 강제로 준비하듯 눕는 지체들을 받아주기 위해 두 명의 교육 담당자들이 뒤에서 대기하고 있었고 기도를 받고도 쓰러지지 않을 때는 그냥 머리를 강하게 밀면서 강제로 눕혔다고 한다. 요한 형제는 오랫동안 자기의 순서가 오지 않자 잠시 실눈을 떠 주변을 살펴보았는데 기도를 받지 못한 지체들을 제외하고는 전부 누워있는 장면을 목격했다고 한다. 그리고 이어서 요한 형제의 순서가 되었고 형제 역시 뒤로 밀리는 어떠한 자연적인 힘도 느껴지지 않기에 계속 기도만 했고 시간이 지연되자 강사분이 머리를 뒤로 강하게 밀기에 '아, 누우라고 신호를 주는가 보다' 생각하고 그냥 본인의 의지로 누웠다고 한다. 그리고 그 순간 들어오는 생각이 '누워야지만 성령이 임재하는가? 그렇다면 본인처럼 자신의 의지로 누운 자에게는 성령이 임하지 않은 것인지 의문이 생겼고 그 궁금증이 해소되지 않은 채로 강의는 끝났다고 한다.

기도할 때 사람들을 쓰러뜨리는 것은 인위적이다. 쓰러뜨리는 경험을 했다고 하더라도 성령님의 역사가 아닐 가능성이 농후하다. 어떤 성도가 기도하다가 강한 회개하는 마음을 부어주셔서 데굴데굴 구르며 기도할 수도 있다. 처음 믿을 때 강한 회개의 은혜를 경험한 사람은 이해될 것이다. 그렇지만 인위적으로 손을 얹어서 쓰러지든, 쓰러뜨리든, 이것은 분명히 문제가 있다. 이런 현상이 있어야지 성령을 받는다고 알고, 우리 내면의 어떤 하나님의 임재와 감동보다 눈에 보이는 현상에 주목하는 것은, 정말 문제가 심각한 것이다. 성령의 역사와 은사를 인정하지 않는 것이 아니다. 그것을 추구하는 방식이 잘못된 것이고 악한 영의 역사에 따라 일어나는 현상도 많기 때문이다.

예를 들어서, '어노인팅 워터'라는 것이 있는데 물에 기도해서 기름 부으심이 있는 물이라고 한다든지, 카드나 반지에 안수해서 어떤 사람에게 주자 그가 갑자기 뜨거워지고 발작하듯이 손발을 떠는 행위들은 성령님의 정상적인 임재가 아니라 악령에 들리는 현상이다.

박혁의 스승인 '티비 죠슈아'는 물에다 안수기도하는 '어노인팅 워터'로 큰 물의를 일으켰다. 그는 한 영상에서 손에 그 물을 뿌리고는 손을 떨면서 그것이 성령의 역사라고 말했다. 정말 그렇게도 분별이 안되는 것인가? 그의 메시지나 현상도 문제가 있지만, 더 문제인 것은, 그가 올리는 영상 중 많은 영상이 자기 자랑에 몰입되어 사람들의 영혼을 주님으로부터 자신에게로 주목하게 한다는 것이다. 사역자는 겸손해야 한다. 어떤 시선도 자신에게 쏠리지 않도록 해야 마땅하다.

릭 조이너의 교회집회 영상을 보면 기도하는 모습이 힌두교의 쿤탈리즘과 거의 유사하다는 느낌을 준다. '캐더린 쿨만'과 '베니 힌' '토론토 블레싱'과 '아이합' 그리고 현대의 '신사도'들의 집회는 로마가톨릭의

'자칭 성령운동'의 부산물이
다. 그들은 점점 더 그들의 정
체성을 드러내며 가톨릭과의
연합을 주도하고 있다. 그것
은 악령의 역사이며 하늘의
여왕에 의해 음녀로 인침받
는 것이며, 결국에는 대환란
에서 심판을 받을 것이다.

신사도 운동가 - 릭 조이너(미국)

바울과 바나바가 전도 여행할 때 기적의 현장에서 '신'이라고 칭함을
받았을 때, 그들이 옷을 찢으며 참담하게 부르짖었던 그 영성을 현대교
회에서는 너무도 찾기가 힘들다. 예수님의 경쟁자가 너무 많다. 예수
님의 신부와 영적으로 바람난 사역자들, 신랑 예수님보다 더 사랑받는
중매자들, 회개해야 한다. 가슴을 찢고 통회하며 자복해야 한다. 시간
을 주실 때 빨리 죄를 버려야 한다. 주님은 은혜를 베푸시고 용서하시
는 하나님이시다.

오랜 기간 한국교회에서 유행하던 어젠다가 있었다. 그중의 하나가
'부의 이동'이다. 사람들은 '부'를 좋아한다. '부'는 원래 하나님의 것이
니 하나님이 사랑하는 자들에게 줄 수 있는 그분의 것이다. 하지만
말세에 부하려 하는 자들에 대한 경고를 잊지 말아야 한다. 부요해
지고 주님을 떠난 영혼이 얼마나 많은지 기억해야 한다. 그만큼 재물의
부요함은 인생들을 얼마든지 타락시킬 수 있다. 하나님을 떠나게 할
수 있는 강력한 힘이 있다. 이것이 바로 '맘모니즘'이다. 재물을 자기
것 인양 마구 뿌려대는 존재가 '사탄' 아닌가?

오늘날에도 세상의 영을 받은 사람들은 '돈'에 목숨을 걸고 '사탄'은 '돈'으로 영혼을 사서 지옥으로 달려가게 한다. 자신 없으면 차라리 가난한 것이 더 나을 수도 있다. 가난하다고 믿음이 좋은 것은 아니겠지만 자신의 총체적 가난을 깨닫고 엎드려 울부짖으며 예수님의 은혜를 구하는 삶이, 세상적으로는 풍요하나 영적으로 가난한 것보다는 훨씬 낫지 않을까? 이 세상에서 많은 것을 누리지 못하더라도 믿음을 잃지 않았다면 영생을 소유한 것이다. 또한, 주님 앞에서 준비된 풍성한 하늘의 부요를 마음껏 누리면서 영원을 사는 '예수님 신부'가 되는 것이 가장 성공한 인생이다.

신사도는 '자칭 사도'이다. 그들이 떠들던 대로 '부의 이동'이 있긴 했다. 그들의 강의를 듣기 위해 몰려들었던 사람들의 주머니에서 그들의 주머니로 '부'가 이동했다. '자칭 사도'들은 부요해졌다. 사람들은 그들에게 '부'의 비밀을 배우고 싶었지만 '자칭 사도'들은 그들만의 부요를 경험했을 것이다.

위에 언급한 다니엘서의 연대기 세미나에서 마지막 광고 중 한 분이 이러한 언급을 한 것이 기억난다. 본인이 속해있는 '다단계'를 언급하며 그 안에서 '부'가 이동하는 것을 경험했기에 하나님께 감사한다는 것이었다. 참으로 당황스러운 간증이었다. 누군가는 '부'를 경험했고 누군가는 '빈'을 경험했을 것이다. 이것이 교회 안에서 벌어질 일인가? 주님께서 얼마나 진노하실지 우리는 알아야 한다. 그래야 회개할 수 있다. '신사도'는 없으며 그것은 인간이 만들어낸 것이 아니라 사단의 작품이다. 그것은 이미 오래전에 존재했다. 말세에 다시금 고개를 들고 영혼들을 유혹한다.

'신사도' 운동에 관련된 자들의 행보를 보면 그들이 의도하는 바가 보인다. 오래전부터 신사도에 속한 예언가들은 '거짓 예언'들을 남발했다. 들어보면 구체적인 것은 하나도 없었다. 뜬구름 잡듯이 쏟아낸 예언들은 마치 무당들이 점치는 것과 매우 유사하다. 선거철이나 새해가 되면 아무나 할 수 있는 예언들을 들이대며 자신들의 심오함을 자랑하듯 영혼들을 노략질한다. 이것은 적그리스도의 영이 개입된 열매이다. 그들은 사람들로 그리스도를 보지 못하게 한다. 그들의 말이 아니라 행동을 보라. 그것은 참다운 부흥 운동이 아니다. 결국, 그 열매는 은혜롭지 않다. 돈과 명예, 쾌락의 열매를 맺는다. 이러한 신사도 운동가들이 향하는 방향성은 '로마가톨릭'이 주도하는 종교통합이다. 그들은 교황과의 종교통합에 열광한다. 그들의 연합은 완성단계이다.

그렇다면 예수님의 공중재림의 첫 번째 신호는 무엇일까?

데살로니가후서 2장 3절에 기록된 말씀이다.

"아무도 어떤 방식으로든 너희를 속이지 못하게 하라. 이는 먼저 배교하는 일이 오지 않으면 그날이 오지 않기 때문이라. 그리고 나서 그 죄의 사람, 곧 파멸의 아들이 나타나 보이리라" 표준킹제임스 (데살로니가후서 2장 3절).

세계적으로 일어나는 배도의 흐름을 보면 주님의 '공중강림'이 얼마나 가까운지 짐작할 수 있다. 물론 그날은 정확히 알 수 없다. 배도는 이미 무르익었다. 눈앞에 가까이 이르렀다. 이제 졸다가 깨어나야 한다. 지금 기도로 엎드려야 한다. 당신은 준비되었는가?

요한계시록 17장은 가증한 음녀의 심판에 대해서 기록되어 있다. 1절 후반부터 2절을 보자

"이리 오라. 내가 너에게 많은 물들 위에 앉은 큰 음녀의 심판을 보여주겠노라. 그녀와 더불어 땅의 왕들이 음행하였고 땅의 거주자들이 그녀의 음행의 포도즙으로 취하게 되었도다."

음녀는 '붉은색 짐승' 위에 앉아 있고 자주색 옷과 주홍색 옷으로 차려 입혀져 있었고, 금과 보석들과 진주들로 꾸며져 있었으며, 가증함들과 그녀의 음행의 더러움으로 가득한 금잔 하나를 그녀의 손안에 가지고 있었다. 음녀의 이마에 기록된 한 이름은 "신비라, 거대한 바빌론이라, 땅의 창녀들과 가증한 것들의 어미라"라고 기록되어 있다.
그 더러운 존재는 6절에 성도들과 순교자들의 피에 취했다고 기록되어 있다. 사도 요한은 그 음녀를 보고 너무도 놀랐고 경악스러워했으며 기이하게 여겼다.

음녀의 정체는 무엇일까? 생각만 해봐도 금방 떠오르지 않는가? 입은 옷과 금잔과 보석으로 치장한 사탄의 종이다. 기독교 역사 가운데 수많은 성도의 피를 흘린 창녀는 이미 오래전부터 정체를 드러냈다. 그러나 현대교회의 지도자들은 오히려 창녀와 연합하기 위해 열심히 노력하는 중이다. 우리는 이러한 타락의 영적 배경을 이해해야 할 필요가 있다.

사탄 인간 하나님의 아들들 (에스겔, 창세기, 유다서, 에녹서)

1) 사탄

에스겔 28장을 보도록 하자.

"사람의 아들아, 티루스의 왕을 두고 한 애가를 지어 그에게 이같이 말하라. 주 하나님이 이같이 말하노라. 너는 지혜가 충만하고, 아름다움이 완벽하며, 완결성을 확정하는도다. 너는 하나님의 동산 에덴 안에 있었도다. 각각이 모든 보석이 너를 덮는 것이었으니, 곧 홍보석과 황옥과 다아이몬드와 녹주석과 호마노와 벽옥과 사파이어와 에메랄드와 석류석과 금이라. 네가 창조되던 날에 너의 작은 북들과 너의 관악기들의 작품이 너의 안에서 예비되었도다. 너는 기름 부음을 받은 덮는 그룹이라. 그리고 내가 너를 그렇게 세웠노라. 너는 하나님의 거룩한 산 위에 있었도다. 너는 불의 돌들 한가운데서 위아래로 걸어 다녔도다. 네가 창조된 날부터 너의 안에서 죄악이 발견될 때까지 너는 너의 길들 안에서 완벽하였도다. 너의 상품의 허다함을 통하여 그것들은 너의 중심부를 폭력으로 가득 채웠도다. 그런즉 너는 죄를 지었도다. 그러므로 나는 너를 불경함 때문에 하나님의 산에서 쫓아내겠노라. 오, 덮는 그룹아, 내가 너를 불의 돌들의 중심부로부터 멸하겠노라." 표준 킹제임스 (에스겔 28:12~16).

이 구절들이 의미하는 대상은 누구인가? 두로왕은 두로의 왕과 사탄을 이중으로 의미한다. 사탄이 두로의 왕으로 칭해지는 이유는 있다. 두로가 사탄숭배의 진원지였기 때문이다. 이 구절이 의미하는 존재는 사탄 루시퍼이며 그의 타락과 버려짐을 의미하는 구절들이다. 그는 자신을 스스로 높였고, 자신의 처소를 떠났으며 하나님의 영광을 찬양하는 자리에서 미끄러졌다. 천사의 삼 분의 일이 동참했고, 그들은 함께 보좌에서 나락으로 떨어졌다. 루시퍼는 하나님의 아름다움을 보지 않고 자신의 아름다움에 눈이 멀었다. 피조물이 창조주의 자리를 넘본 것이다. 그리고 '덮는 그룹'은 사탄이 되었다.

사탄이라는 의미는 '대적자'라는 뜻이다. 타락한 천사의 무리를 말할 때 사탄들이라고 표현할 수 있다. 우리가 일반적으로 사탄이라고 알고 있는 '그 사탄'(하싸탄)의 이름과 직분은 '헬렐'이며(사 14:12) 하나님을 가장 가까이에서 보위하며 섬기던 기름 부음을 받은 '그룹'(케루빔) 천사였다. 우리가 알고 있는 '사탄'과, 감시자였다가 타락한 천사들(아자젤, 쉐미하자, 예쿤, 하쉬비엘, 가드리엘, 프네무에, 하스드야…)은 서로 다른 존재이다. '헬렐'은 찬양하는 자, 빛을 발하는 자라는 의미이다. 제롬이 라틴어로 성경을 번역할 때 '헬렐'의 의미를 살려서 '루시퍼'라는 말을 만들었다. '빛을 나르다'라는 의미이다. 하나님을 높이는 자가 하나님이 주신 영화로운 빛에 스스로 도취해 하나님의 대적자(사탄)가 되었다. 오래전부터 그를 섬기는 자들을 '루시페리안'이라고 칭한다.

에녹 1서 1장과 마지막 장인 108장에는 이 에녹서가 마지막 때에 환난의 시대를 살아가게 될 성도들을 위해서 기록되었다고 명시하고 있다.

"이것은 악하고 불경건한 모든 자를 제거하기로 예정된 환난의 그 날들에 살아가게 될 택함 받고 의로운 자들을 축복한 하녹(에녹)의 축복의 말들이다. 이제 내가 말하는 것은 이 세대를 위한 것이 아니요, 앞으로 오게 될 멀리 있는 세대를 위한 것이다(1:1-2)".

지금은 마지막 때가 분명하다. 마지막 때 부어지는 특별한 하나님의 은혜가 있다. 그러나 특별한 시험도 많다. 시대를 향한, 성령이 교회에게 하시는 말씀을 들어야 한다. 현대교회는 '에녹서'에 대해 막연한 부정적인 인식이 분명히 존재한다. 그러나 초대교회 사도들과 성도들이 그들의 메시지에 에녹서를 언급하고 있으며 에녹서의 지식을 공유했었다.

유다서에 기록된 에녹서의 인용 부분을 살펴보도록 하자.

"그런즉 아담으로부터 일곱째 자손인 에녹 역시 이들에 대하여 예언하며 이같이 말하였도다. 보라, 주께서 그분의 수만 성도들과 함께 오시나니, 모든 자에게 심판을 집행하려 하심이요, 그들이 불경건하게 저지른 그들의 모든 불경건한 행실들에 관하여 그들 사이에 있는 불경건한 모든 것과 불경건한 죄인들이 그분을 대적하여 말한 그들의 모든 험한 언사들에 유죄 판결을 내리시려 함이라." 표준 킹제임스 (유다서 1:14~15).

주께서 수만의 성도들과 함께 언제 임하신다는 것을 말하는가? 아마겟돈 전쟁 때 이 땅의 불경건한 짐승의 정부 세력과 그의 동조자들을 벌하기 위해서 임하시는 모습을 표현하고 있다. 예수님의 친형제인 유다의 서신에 에녹서가 인용되었다. 에녹서의 모든 내용은 다 받아들일 수는 없지만, 영적인 타락의 배경과 마지막 때에 대한 이해력을 넓힐 수 있다.

2) 인간

창세기 3장으로 가보자.

"이제 주 하나님께서 만드신 들의 어떤 짐승보다도 뱀은 더욱 간교하였더라. 그런즉 그가 그 여자에게 말하기를, '진정 하나님께서 너희는 동산의 모든 나무에서 나는 것마다 먹지 말라.'고 말씀하셨느냐? 하였더라. 그러자 그 여자가 그 뱀에게 이같이 말하였더라. 우리가 동산 나무들의 열매를 먹을 수 있으나 동산 한가운데 있는 나무의 열매에 관해서는 하나님께서 말씀하시기를, '너희는 그것을 먹지도 말고 너희는 그것을 만지지도 말라. 너희가 죽을까 함이라.' 하셨느니라. 그러자 그 뱀이 그 여자에게 이같이 말하였더라. '너희가 반드시 죽지는 아니하리라.' 이는 너희가 그것을 먹는 날에는 그때 너희의 눈이 열릴 것이요, 선악을 알아서 너희가 신들과 같이 되리라는 것을 하나님께서 아시기 때문이라. 그러고 나서 그 여자는 그 나무가 양식으로 좋아보이고 두 눈에 즐거우며 누군가를 지혜롭게 만들 정도로 탐스러운 것을 보았을 때 그녀가 그것의 열매를 따서 먹었으며 자신과 함께하는 그녀의 남편에게도 주었더니 그가 먹었더라. 그러자 그들 모두의 눈이 열렸고 그들은 자신들이 벌거벗었다는 것을 알게 되었더라. 그리하여 그들이 무화과 잎들을 하나로 엮어서 자신들을 위하여 앞치마들을 만들었더라. 그리고 하루 중 선선할 때 동산에서 거니시는 주 하나님의 음성을 그들이 들었더라. 그러자 아담과 그의 아내가 주 하나님의 면전에서 떠나 스스로 동산의 나무들 사이에 숨었더라. 이에 주 하나님께서 아담을 부르시며 그에게 이같이 말씀하시기를, '네가 어디에 있느냐?' 하셨느니라. 그러자 아담이 말씀드리기를, '네가 동산에서 당신의 음성을 듣고는 제가 벌거벗은 까닭에 제가 무서웠나이다. 그리하여 제가 저의 몸을 숨겼나이다 하였더라.'" 표준 킹제임스 (창세기 3:1~10).

태초의 뱀 - Serpent

이 뱀은 'Beast of the field'로 표현되었다. 그는 들의 짐승(하이)이라고 창세기는 설명한다. 이 짐승은 말을 할 수 있었다. 하와가 관심을 가질만한 매력적인 존재였을 것이다. 뱀의 첫 모습은 우리가 현재

보고 있는 모습이 아니었다. 저주를 받아서 변한 것이다. 사탄은 뱀의 탈을 쓰고 하와에게 접근했다. 그는 아마도 걸을 수 있었고 매력적인 음성으로 말할 수 있었을 것이다. 하와가 그의 말을 주목해 들을 만큼 어떤 매력적인 부분을 갖추었을 수도 있다.

하와가 유혹을 받을 때 아담은 어디에 있었을까? 간교한 뱀은 말씀을 비틀어서 질문을 던졌다. "진정 하나님께서 '너희는 동산의 모든 나무에서 나는 것마다 먹지 말라'고 말씀하셨느냐?" 마귀는 하나님의 말씀을 왜곡하며 속이는 존재이다. 그는 거짓의 아비이다.

하와는 뱀에게 답했다. "먹지도 말고, 만지지도 말라. 너희가 죽을까 함이라" 그리고 유혹의 미끼를 던진다. 그녀의 대답 역시 왜곡된 것이다. 아담에게서 들었을 터인데 왜 이렇게 답했던 것일까? 이것은 아담의 잘못인가? 하와의 잘못인가? "너희가 반드시 죽지는 아니하리라" 이 말에 그 탐스러운 과일을 따서 먹고 남편에게도 주었다. 아담도 역시 그것을 받아먹었다. 그는 하나님의 말씀을 알고 있으면서 왜 선악과를 받아먹었을까? 하와의 타락 후 그녀의 변화를 감지했을 것이다. 타락한 그녀는 달라졌다. 그렇지만 아담은 그녀를 너무도 사랑했고 죄를 범한 그녀의 고통을 같이 감당하기로 한 것은 아니었을까?

그 즉시 육신은 죽지 않았다. 그러나 변화가 있었다. 죄가 들어왔고 하나님의 임재가 떠나갔다. 감정에도 변화가 왔다. 두려움이 생긴 것이다. 선악과를 먹기 전에는 하나님을 바라보았는데 이제는 자신의 모습만이 보인다. 죄인의 모습과 더럽고 추한 내면의 악은 그들을 외모에 집중하게 했다. 벗은 것이 보이기 시작했다. 그들은 부끄러움을 느끼며 무화과 나뭇잎으로 옷을 만들어 입었다. 그들의 영혼에 하나님의 임재가 사라지고 악이 들어오자, 영, 혼, 육은 오염되었고 하나님이 두려워 숨게 된 것이다.

하나님은 오직 한 나무의 열매만 먹지 말라고 하셨다. 에덴동산의 모든 열매는 먹을 수 있었다. 너무도 풍성한 동산의 모든 창조의 기쁨을 누릴 자격이 있었다. 그리고 오직 한 가지만 금지되어 있었다. 그러나 금지된 것을 욕망하는 그녀는 그 열매를 갈망했다. 하나님은 그들이 생명 나무의 과실을 먹지 못하도록 가죽옷을 입혀 추방하셨고 접근하지 못하게 막으셨다.

사탄은 자신의 창조목적에 맞게 하나님을 바라보아야 했다. 그러나 자신의 아름다움을 주목했고 타락했으며 자신을 숭배하기 시작했다. 이것이 '사탄숭배'의 시작이었으며 모든 우상숭배의 영적인 배경이 된 것이다. 하나님을 바라보아야 할 존재들이 다른 것을 주목할 때 그것은 우상숭배로 나타난다.

하와 역시 하나님을 보지 않고 자신에 주목했다. 사탄의 말을 듣고 믿고는 타락하였다. 이것이 '인본주의'의 시작이었다. '인본주의'는 '자아숭배'의 기원이 되었다. 자아도취에 빠진 인간들은 타락하여 자신을 숭배하는 존재로 드러났다. '자아숭배'는 사탄숭배와 연결된다.

이 세상의 역사는 수많은 우상숭배로 뒤덮였으나 그 뿌리는 같다. 믿음의 주요 온전케 하시는 이를 바라보지 않고 눈에 보이는 것들을 주목한다. 인생들이 바라보고 주목해야 할 대상은 바로 '예수님'이시다. 그분만이 우리의 구원이며 생명이다. 예수님을 통하지 않고는 누구도 아버지께 갈 자가 없다고 성경은 증거하신다.

사탄 루시퍼 외에도 그와 함께 하늘의 천사 삼 분의 일이 함께 타락했다. 누가복음 10장 18절 "사탄이 하늘에서부터 번개같이 떨어지는 것을 내가 보았노라"라는 말씀이 증언해 주는 시점이다. 이것은 창세기 2장과 3장 사이에 벌어진 일이다.

그 외에도 에녹서는 특별한 죄로 타락한 감찰 천사들의 죄와 형벌에 대해서 자세히 기록하고 있다. 그들은 인간 여자들과의 성적 관계를 통해서 그들의 후손을 낳았고 그 후손이 여자들과 성적 관계를 통해서 후손을 낳았다. 그리고 타락한 천사들은 짐승과 교접하여 후손을 낳았다. 서로 죄 가운데 섞였다. '하이브리드'가 지구를 덮었다. 거대한 혼종들에게 음식을 바치던 인간들은 그들의 식욕을 감당할 수 없었고 인간들도 잡혀서 먹혔다. 먹을 것이 없던 네필림들은 서로를 잡아먹었다. 지구는 피로 물들었다.

이것이 단순히 신화적인 이야기라고 생각하는가? 고고학적인 발견들을 살펴보면 이것을 단순한 상상의 산물이라고 말하지는 못할 것이다. 경건한 셋의 후예들이 불경건한 사람들과 결혼한다고 해서 '거인'이 나온다면 지금도 여전히 거인들이 넘쳐야 하지 않을까? 합리적으로 생각해보자.

에녹은 천상으로 올려져서 이들의 심판에 대해서 선포하도록 예언의 말씀을 받았는데 그 내용이 에녹서에 기록되어 있다. 에녹서는 정경은 아니지만, 유다서에 언급되었고, 초대교회와 예수님도 에녹서의 예언을 인지하셨다고 볼 수 있다.

3) 하나님의 아들들

"그리고 이러한 일이 있었으니, 사람들이 땅의 표면에서 번성하기 시작하고 그들에게 딸들이 태어났을 때, 하나님의 아들들이 사람들의 딸들을 보았는데 그들이 어여뻤더라. 그리하여 그들이 자신들이 택한 자들 모두를 자신들에게 아내들로 삼았더라." 이에 주께서 말씀하시기를, "나의 영이 사람과 더불어 항상 분쟁하지는 아니하리니, 이는 그 또한 육체이기 때문이라. 그런데도 그의 날들이 일백이십 년이 되리라." 하셨느니라. 당시에 거인들이 땅에 있었고 그 후에도 있었으니, 곧 하나님의 아들들이 사람들의 딸들에게로 들어와서 사람들의 딸들이 그들에게 자식들을 낳았을 때라. 바로 그들이 옛적의 막강한 남자들, 곧 명성 있는 남자들이 되었더라." 표준 킹제임스(창세기 6장 1~4절)

"이제 하나님의 아들들이 주 앞에 자신들의 모습을 나타내려고 왔던 한 날이 있었는데, 사탄도 그들 가운데 왔더라." 표준 킹제임스 (욥기 1:6).

창세기 6장의 하나님의 아들들과 욥기 1장의 하나님의 아들들은 같은 존재들이다. 신약에 등장하는 하나님의 아들들은 구원받은 하나님의 자녀들을 의미한다. 그러나 창세기와 욥기의 존재들은 영적인 존재들인 천사들을 의미한다. 비록 그들이 타락했더라도 그 칭호는 그들이 천사들임을 증명해준다. 욥기에 하나님의 아들들이 하나님 앞에 등장했고 그 가운데 사탄도 있었다고 말씀해주고 있다. 공중에 권세 잡은 자로 존재하고 있었고 하나님의 보좌 일부분에 접근할 수 있는 권리가 보장되었던 것으로 보인다. 일반적으로 천사는 몸이 없기 때문에 인간과 성관계를 할 수 없다고 단정하고 있지만, 구약에 등장하는 천사들은 아브라함이 준비한 음식을 먹었으며, 소돔의 동성애자들은 천사들과 관계를 하려고 시도하다 눈이 멀게 되었다. 하늘에 있는 천사들이 땅에 내려올 때 몸을 입을 가능성을 무시해서는 안 된다.

유대인들이 보는 관점과 초대교회가 보는 관점은 그들을 천사로 보는 것이다. 그런데 어느 시점부터 교회의 관점이 바뀐 것일까?

올바른 종말론적 관점

1) 마태복음 24장 해석

요한계시록은 너무나 방대하다. 요점만 요약해도 200페이지가 넘는 다. 짧은 지면이기에, 계시록과 같은 타임라인을 살펴볼 수 있는 마태 복음 24장과 25장을 이해할 수 있다면, 7년 대환란이 일어나는 상황을 어느 정도는 파악할 수 있다. 성경은 아직 이루어지지 않은 많은 예언 을 담고 있다. 자세히 살피지 않으면 해석하기가 쉽지 않다.

마지막 때의 성경적 타임라인을 이해하기 위해서 마태복음 일부분 을 자세히 살펴보고자 한다. 마태복음을 자세히 보면 일차적으로는 유대인들에게 말씀하시는 복음서라는 것을 깨달을 수 있다. 달란트 비유를 보아도 그렇다. 달란트와 므나 비유는 비교하며 보는 것이 유익하므로 누가복음의 본문을 삽입해서 해석해 볼 것이다. 이 내용들 은 '횃불주석' 시리즈의 마태복음 주석서와 요한계시록 주석서를 바탕 으로 요약하고 재해석한 내용을 정리한 것이다.

1절에 예수님이 성전에서 나와서 걸어가실 때, 제자들이 다가와서 성전 건물을 가리켜 보였다. 그런데 그 성전은 설계도나 건축양식이 하나님으로부터 주어진 것이 아니었다. 46년간이나 지어지고 있었던 헤롯의 성전은 보기에는 너무도 그럴싸했지만, 요한복음 2장 13-21절 에는 주님께 가치 없는 것으로 평가를 받았다.

제자들은 그 성전을 가리켜 보이며 유물론적 견해를 드러내고 말았다. 성전이 중요한 것은 그 성전에 임재하시는 하나님 때문이다. 솔로몬의 성전이 지어졌을 때 구름으로 상징되는 하나님의 임재가 그곳에 나타났다. 성전이 성전다워지는 것은 그곳에 임재하시는 분의 가치 때문이다. 인간은 보이지 않는 가치보다 보이는 것에 가치를 두기가 쉬우나 하나님은 보이지 않는 진정한 가치를 보신다. 보이는 성전에 유대인의 왕이셨던 예수님이 오셨으나 아무도 그분을 알아보지 못했다. 심지어 십자가에 못 박아 죽였다. 왕이 오셨으나 거절당했다. 예루살렘 성전의 주인이 오셨으나 '종'들이 주인을 죽였다. 이제 '종'들은 진멸을 당할 것이고 예루살렘 성전도 파괴당할 것이다. 이로 인해 유대인들은 뿔뿔이 흩어지게 된다. '참감람나무'가 꺾이고 '돌감람나무'가 접붙임되어, 2,000년간 교회라는 이름으로 '정결한 처녀'로 준비되고 있다. 그들은 믿지 않았기에 부러졌다. 그리고 이방인들은 믿었기에 그리스도의 몸으로 그리스도께 붙게 된 것이다.

제자들의 질문을 통해서 24장의 시점과 그 내용을 살펴보자

● 첫 번째 질문: "이런 일들이 언제 일어나겠습니까?"

제자들의 세속적인 관점에 대해서 주님은 2절에 이 성전이 완전히 무너질 것을 예언하셨다. 그리고 이 예언은 A.D. 70년 로마의 티투스 장군에 의해서 성취되었는데 주님은, 주님의 승천 후 몇십 년 후에 일어날 사건이기 때문에 이 사건에 대해서 자세하게 말씀하시지 않으셨다. 아마도 그들이 감당할 수 없었을 것이다. 희망이 필요한 초대교회는 무기력에 빠지지 않았을까?

예수 그리스도께서 십자가 고난 이후 부활 승천하셨고, 이제 성령께

서 믿는 자 안에 오심으로 하나님의 성전은 '성도의 몸'이 되었다. 교회가 모여서 예배드리는 장소도 하나님께서 임재하시기 때문에 '성전'이라는 말을 사용할 수 있다. 그렇지만 성경적인 성전의 개념은 바로 '성도의 몸'을 의미한다. 구약의 개념에서 건물을 중요하게 생각한다면 그것은 '성전의 개념'을 오해한 것이다. 성경에서 말하는 성전은 '사람'이다.

예루살렘 성전이 아무리 거대하고 웅장하며 건축학적으로 놀랍다 하더라도 성전의 주인이신 '왕'을 거절하면 무너지는 것이다. 그분은 성전의 주인이시다. 그 성전은 만민이 기도하는 집이다. 구약시대에 이방인들도 '이방인의 뜰'에서 기도할 수 있었다. 그렇지만 짐승과 물건을 매매함으로써 기도의 공간에서 '돈'이 우상이 되었다. 종교지도자들은 하나님의 말씀대로 살지 않았고, 성전은 주인이 임재하실 수 없는 '강도의 소굴'이 되었다. 그리고 그들은 그분을 못 박았다. 이제 얼마 후 가시적 성전은 무너진다. 건물 자체가 영광스러운 것이 아니다. 하나님의 임재가 사라진 건물은 아무 쓸모가 없어지는 것이다.

● 두 번째 질문 : "인자가 다시 오시는 때는 언제인가?"

주님이 왕으로 두 번째 오시는 것에 대한 질문이다. 성경은 주님의 재림에 대해서 무엇이라고 말하는가?

'인자의 때'는 '여호와의 크고 두려운 날'과 같은 의미로 쓰일 때는 7년 대환란의 마지막 순간을 의미한다. 요엘서에서 말하고 있는 '해가 어둠으로 변하고, 달이 피로 변하는' 바로 그날을 의미한다. 아마겟돈 전쟁을 의미하며, 이날은 인자의 징조가 보이면서 시작되는 하나님의 심판의 날이다.

예수님은 다시 오신다. 한번은 공중으로, 한번은 지상으로, 이 부분에서 말씀하시는 재림은 지상 재림에 대해서다. 지상 재림은 마지막 한 이레의 끝과 연결되어 있다. 계시록에서는 7년의 마지막 아마겟돈에서의 전쟁 때 예수님이 지상 재림하실 것을 말하고 있다. 계시록 19장에 흰말을 타고 오시는 모습을 표현해주고 있다.

● 세 번째 질문: "세상 끝 날에는 어떤 징조가 있겠습니까?"

성전의 파괴는 에스겔 22장 21절, 40-48장의 회복의 예언과 연결되어 있고 다니엘 9장 26절의 '성소의 회파'는 다니엘 12장 2-3절의 회복의 예언으로 연결되어 있다. '세상 끝'은 예언이 가리키는 시대의 끝에 대해서 말하고 있다. 세상의 시작이 있었고 이제 세상의 끝이 오고 있다. 그러나 이 세상은 지속 가능한 세상을 원한다. 일부 교회들 역시 동참하려고 한다.

'세상 끝'은 언제일까? 우리는 성경적 종말의 타임라인을 살펴봄으로써 7년 대환란의 시작이 어떻게 펼쳐질 것인지 상상해 볼 수 있다. 정확한 시간은 아버지만이 아시기 때문에 우리는 짐작만 할 뿐이다.

먼저 다니엘의 칠십 이레를 이해해야 한다.
다니엘서 9장 24절~27절 말씀을 자세히 살펴보자.

"네 백성과 네 거룩한 성을 위하여 칠십 이레로 기한을 정하였나니 허물이 마치며 죄가 끝나며 죄악이 영속되며 영원한 의가 드러나며 이상과 예언이 응하며 또 지극히 거룩한 자가 기름부음을 받으리라. 그러므로 너는 깨달아 알찌니라. 예루살렘을 중건하라는 영이 날 때부터 기름부음을 받은 자 곧 왕이 일어나기까지 일곱 이레와 육십 이 이레가 지날 것이요, 그때 곤란한 동안에 성이 중건되어 거리와 해자가 이룰 것이며, 육십 이 이레 후에 기름부음을 받은 자가 끊어져 없어질 것이며, 장차 한 왕의 백성이 와서 그 성읍과 성소를 훼파하려니와 그의 종말은 홍수에 엄몰됨 같을 것이며, 또 끝까지 전쟁이 있으리니 황폐할 것이 작정되었느니라. 그가 장차 많은 사람으로 더불어 한 이레 동안의 언약을 굳게 정하겠고, 그가 그 이레의 절반에 제사와 예물을 금지할 것이며, 또 잔포하여 미운 물건이 날개를 의지하여 설 것이며, 또 이미 정한 종말까지 진노가 황폐케 하는 자에게 쏟아지리라 하였느니라" 개역한글 (다니엘 9:24~27).

칠십 이레에 관해서는 로버트 앤더슨이 저술한 장차 올 왕(다니엘의 칠십 이레 예언 연구서)에 나온 내용 중 일부를 정리한 것이다.

예루살렘을 재건하고 건축하라는 명령은 여러 왕이 했으나 아하수에로(롱기마누스) 통치 20년에 내려진 명령을 이 칠십 이레의 시작으로 본다. '느헤미야'에게 주어진 명령과 자금과 군사 자재들이 예루살렘 재건을 위해서 쓰였다. 그때는 성벽이 건축되었고 곤욕스러울 때였다. 그것을 방해하는 많은 적의 공격을 방어하면서 마무리된 것이었다.

칠십 이레는 70주(Week)이며 490년을 의미하는데 한해가 360일로 된 고대의 해라는 것을 말한다.
다니엘서와 요한계시록에 의하면 3년 반은 1,260일과 같기 때문이다. 시작점은 B.C. 445년 3월 14일임이 분명하기에 그때부터 360일로 구성된 483(69×7)년은 173,880일이기에 바로 십자가 사건이 벌어진 주간의 그 일요일에 마감된다. 이것은 예수님이 나귀를 타고 예루살렘에 입성하신 시기이다. 메시아가 끊어진다는 것은 그분의 십자가의 죽음을 의미한다. 그리고 예언의 시계가 멈춰지고 오랜 시간이 흘렀다. 이제 역사의 마지막 7년이 열리면 마지막 한 이레의 예언이 성취되며 드디어 7년의 마지막 시점에 백마를 탄 메시아가 다시 돌아오신다. 그러므로 이스라엘은 국가적으로 회심하여 영적인 회복이 이루어지며 천년 간 왕국이 시작된다.

한 이레 동안 언약을 맺는 자가 누구인가? 그는 7년의 중간에 제3성전의 제사와 예물을 금지하게 한다. 그리고 가증한 우상을 성전에 세우고 숭배를 받는다.

이제 우리는 마지막 한 이레를 남겨두고 있다. 마태복음의 감람산 이야기의 배경은 바로 마지막 한 이레인 7년 동안 일어날 일을 배경으로 하고 있다. 이제 새로운 세상이 오고 있다. '천년왕국'이다. 예수님의 신부는 신랑 예수님과 천년 간 왕노릇 하게 된다.

오래전에 '개혁주의 종말론'이란 책을 보다가 조용히 덮었다. 그 위대한 신학자는 아마도 1948년도에 세워진 이스라엘을 보지 못하고 돌아가셨으므로 이스라엘의 회복은 없다고 믿었을 것이다. 이것이 개혁주의 종말론의 한계이다. 성경에서 이스라엘을 빼버리고 영적 이스라엘로 대체한 것이 바로 '대체신학'이다. 성경이 말씀하고 있는 천년왕국에 대해서 없다고 말한다. 지금이 주님과 함께 왕 노릇을 하는 기간이라는 것이다. 그러므로 '무천년설'이라고 표현하는 것이다. 칼빈의 성시화 운동의 결과로 스위스와 네덜란드가 어떻게 변했는가? 현시대 그 땅들은 거룩한 곳이 아니다. 오히려 더욱 인본주의와 성적 타락, 그리고 사탄숭배자들의 아지트로 변했다.

그렇지만 이스라엘의 회복을 기다리고 있는 신학도 문제가 있다. 이스라엘의 회복을 지나치게 빠른 시점으로 본다는 것 때문이다. 지금 현재의 이스라엘 국가는 정확한 이스라엘이 아니다. 그들의 삼분의 2가 제거되고 환란의 중간부터 말까지 광야에서 연단을 받은 후 주의 재림과 함께 회개하며 회복되는 것이다. 성도의 '휴거'가 오기도 전에 대부흥이 올 것처럼 믿고 열심히 전도한다. 그렇지만 우리가 보고 있는 세상은 점점 더 교회가 위축되고 '핍박의 시대'가 오고 있다. 대부흥은 오히려 '7년 대환란' 기간에 주어질 것이다. 고난과 핍박은 '회개의 부흥'을 가져올 것이다. 대환란에서의 순교는 사탄의 실패를 의미한다. 그것은 오히려 주님께서 베푸시는 마지막 은혜인 것이다. 부흥을 지나치게 강조하다 보면 우상이 될 수도 있다. 하박국 3장에 말씀하시는 '주의 일'의 부흥은 교회 대부분이 이해하는 부흥이 아니라 '여호와의 크고 두려운 날'을 의미하는 아마겟돈 전쟁으로 인한 심판을 의미한다.

성시화 운동은 어거스틴의 '신의 도성'에 나오는 강조점이 종교개혁자들에게까지 이어진 것으로 이해할 수 있다. 어거스틴은 무천년설의 진원지이며 칼빈이나 루터도 그 사상의 오염된 신학적 열매를 드러내 주었다. 7년 환란 이후에 이 땅 위에 세워지는 천 년의 그리스도의 왕국은 실제이며 왕국의 핵심은 '왕'에 있다. 마태복음에 기록된 다시 돌아오는 '왕'에 대한 말씀은 그 이후 이루어질 '왕국'에 주목하게 한다.

성경을 영해(靈解)로만 이해하면 실제는 없다. '7년 환란'도 '이스라엘'도 '천년왕국'도 '적그리스도'도 '666표'도 눈에 보이지 않는 상상

속의 이야기로 이해하는 것이다. 조만간 짐승의 정부가 들어설 때, 사이버 세계에서 좀비처럼 수많은 인생이 허우적거릴 것이다. 매트릭스는 단순한 영화가 아니다. 미디어를 통해서 '악한 자들의 어젠다'를 세뇌하는 것이다.

'세계경제포럼'의 유발 하라리는 4차산업혁명이 진행될수록 사람들의 일자리가 줄어들 것이므로 인력이 남아 많은 사람이 필요가 없고 남아도는 인간들에게 마약을 주어야 한다는 말을 하였다.

독일 인구의 20% 정도가 '대마초'를 한다는 말을 들었다. 가족관계도 엉망진창이라고 한다. 한국에도 문재인 대통령 시절 마약이 엄청나게 풀린 후 이제는 마약 청정국이 아니다. 북한의 마약이 중국을 통해서 들어오고, 태국이나 필리핀의 마약이 엄청나게 유입되며, 중국이나 조선족을 통해서 마약이 풀렸다. 아이들과 주부들까지도 텔레그램을 통해서 마약을 사들이고 중독되어 가고 있다. 그러면 미국은 어떠한가? 미국만이 아니라 세계가 마약에 물들어가고 있다. 그들은 일상적인 삶을 살기 어렵다. 돈이 없어도 마약을 하고 돈이 많아도 마약을 한다. 인간의 마음의 공허함은 하나님의 말씀과 성령님만이 채울 수 있다.

성경은 이스라엘의 회복을 말하고 있다. 땅의 회복과 국가의 회복, 이제 남은 것은 영적인 회복이다. 그 일은 언제 일어날까? 환란 전일까? 아니면 환란 후일까?

이스라엘의 회복은 성경의 여러 부분에서 예언하고 있다. 에스겔, 이사야, 스가랴, 시편, 말라기에서 찾아볼 수 있다. 이스라엘의 영적인 회복은 7년 환란기간, 후 삼 년 반에 본격적으로 일어난다. 그들은 짐승과 적그리스도의 핍박을 피해서 광야로 피신하게 되고 하나님의 공급하심과 훈련으로 변화될 준비를 한다. 마침내 아마겟돈 전쟁 때 예수 그리스도의 지상 재림 시에 국가적 회심이 일어난다. 스가랴 12장 이후 자세히 기록되어 있다. 이것은 예언이다. 다음은 스가랴의 말씀이다. 자세히 보면 이스라엘의 영적인 회복이 보일 것이다.

"그리고 내가 다윗의 집 위와 예루살렘 거주자들 위에 은혜의 영과 간구하는 영을 부어주겠노라. 그리하면 그들은 자신들이 찔렀던 나를 바라볼 것이요, 그들은 마치 한 사람이 자기 독자를 위하여 애곡하듯 그를 위하여 애곡할 것이요, 마치 한 사람이 자기 첫 태생을 위하여 비참함 속에 있듯 그를 위하여 비참함 속에 있으리라. 그날에는 예루살렘에 한 엄청난 애곡이 있으리니, 마치 메기돈 골짜기의 하닷림몬의 애곡과 같으리라. 그리하면 그 지역이 애곡하리니, 모든 가족마다 따로 애곡하리라. 곧, 다윗 집의 족속이 따로 하고, 그들의 아내들이 따로 하며, 나단 집의 족속이 따로 하고, 그들의 아내들이 따로 하며, 레위 집의 족속이 따로 하고, 그들의 아내들이 따로 하며, 시므이의 족속이 따로 하고, 그들의 아내들이 따로 하며, 남은 모든 족속들도 각 족속마다 따로 하고, 그들의 아내들도 따로 하리라." 표준 킹제임스 (스가랴 12:10~14).

이 말씀은 언제 실현되는 것일까? 예수님의 지상 재림과 동시에 아마겟돈 전쟁의 승리를 쟁취하실 때 온 이스라엘이 구원받게 되는 것이다. 하나님의 마음이 부어질 때 그들이 찌른 그리스도 예수님의 지상 재림을 보며 애곡하는 것이다. 그들은 다시 여호와와 혼인한 자로 회복된다. 하지만 그리스도의 신부는 아니다. 그들은 '천년왕국'의 핵심국가로 거듭나서 열국의 섬김을 받게 되는 것이다. 예루살렘에 '하늘의 왕국'이 세워지며 예루살렘은 행정의 중심 도시가 될 것이다.

마태복음 24장과 계시록 6장은 같은 시간대를 의미한다고 해석할 수 있다. 그러므로 24장을 이해하면 '인'과 '나팔'과 '호리병(대접)' 심판의 연대별 진행에 대해서 이해가 가능하다.

먼저, 거대한 미혹에 대해서 말한다. 거짓 그리스도들이 등장하여 활동한다. 전쟁의 소문들이 들린다. 전쟁과 기근, 역병과 지진에 대해

덴버공항에 걸린 의미심장한 그림들

서 말한다. 8절에는 이 모든 것이 '고통의 시작'이라고 말하고 있다. '고통의 시작'이 있다면 고통의 끝도 있다는 것이며, '7년 환란'의 서막

을 알리는 것이다. 이 7년의 고통의 기간 중 견뎌내는 자는 육체로

살아서 왕국에 들어간다. 짐승의 표를 받은 자들은 지옥으로 짐승의 표를 거절하여 죽임을 당한 자들은 환란의 전반과 후반에 구분되어 천국 혼인예식에 참여하게 되는 것이다.

• **계시록 6장의 네 마리 말 탄 자는 무엇인가?**

흰말 - 흰말은 승리한 전사의 상징이다. 그는 승리자의 면류관(스테파노스)을 쓰고 활을 가졌다. 계시록 19장에서는 그리스도께서 재림하시는데 많은 면류관(디아데마)을 쓰셨고 그 입에서 검이 나온다. 6장의 흰말을 탄 자로 인하여 전쟁과 분쟁과 사망이 온다. 그것은 그리스도의 통치가 아니다. 이 말 탄 자는 "장차 올 왕"(단 9:26)과 거짓 선지자를 지도자로 둔 이스라엘의 '많은 사람'과의 7년 평화조약이 세워질 때 인류를 휩쓸게 될 미혹을 의인화한 것으로 이해된다. 말 탄 자들은 인물로 보기가 어렵다. 구약에서 활은 군사력과 권력을 의미한다. 이것은 대중매체와 미디어 그리고 사이버공간과 AI를 통해서 영혼들을 정복하는 철학이나 신앙의 그림과 일치한다고 볼 수 있다. 세상에서 가장 위대한 평화주의자로 인정받고 세계적인 통치자로 등극한 한 인물의 외교적 경제적 수완이 너무나도 뛰어나서 사람들의 마음을 정복한 자라는 의미로 이해할 수 있다.

붉은 말 - 붉은색은 전쟁이나 살육을 상징하며, 용의 색깔이기도 하다. 나라가 나라를, 민족이 민족을 대적하여 일어나는 세계적인 전쟁의 상황을 말해준다. '큰 칼'은 말 탄 자에게 주어진 권위를 상징하며 덴버공항에 걸렸던 큰 그림을 떠올릴 수 있다. 이 세계적인 인물을 숭배하도록 선동할 때 나라들이 그를 동경하든지 아니면 증오하든지에 따라서 필연적인 전쟁이 발발할 것이다.

검은 말 - 죽음 및 기근과 연관이 있다. 저울을 손에 들었다. 이것이 음식에 대해 사용될 때 '저울'은 소비를 제한해야 할 부족한 양을 의미한다. 하루 일당으로 한 사람의 식량 정도만 구할 수 있다는 의미이다. 가족이 없거나 가난한 자들은 먹을 식량이 없을 것이다. 포도주와 감람유는 이스라엘 당시 생필품이었다. 이 품목들이 있어도 돈이 없어서 살 수 없다는 것은 치명적이다. 서방세계에서 익숙해진 번영이 황폐하게 된 모습을 나타낸다.

청황색말 - 요한은 이 모습을 보고 크게 놀랐다. 말 탄 자의 정체는 '사망'이었다. 그를 뒤따르는 동료는 '음부'였다. 사망은 '권세'이고 음부는 '장소'이다. 구원받지 못한 영혼들은 음부에 거하게 된다. 이것들은 계시록 20장 13-14절에 불못으로 던져진다. 세계적인 전쟁과 식량 부족 이후 치명적인 질병이 다가온다. 그 결과 땅의 25%에 달하는 사람들의 사망이 뒤따른다.

계시록 6장의 네 말 탄 자의 이야기는 마태복음 24장의 '고통의 시작'과 너무도 유사하다. 같은 시기로 보아야 한다. 이것은 '7년 협정'으로 시작된 '7년 대환란'의 이야기이다.

마 24장 13절 - "끝까지 견딜 자, 바로 그는 구원을 받으리라."
끝까지 견뎌서 육체로 살아남는 것을 의미한다. 7년 대환란에 육체로 살아남는 것은 기적이다. 그러나 성경은 그들이 많은 숫자임을 말해주고 있다. 최악의 환란에서도 하나님의 구원 기적은 계속된다. 그러므로 환란이 오기 전 두려워 떠는 것은 성경적이지 않다. 휴거를 기다리는 신부들은 강하고 담대해야 한다.

14절 - "왕국의 복음이 모든 민족에게 증언되기 위해 온 세상에 선포되리니 그제야 끝이 오리라."
이 복음은 7년 대환란에 선포되는 복음이다. 휴거 전에 전파되는 복음이 아니다. 물론 이 복음도 동일하게 어린양의 피로 씻겨진 자들이 구원받는다는 것을 의미한다. 구원은 믿음으로 받는다. 어린 양의 구속의 사건을 믿음으로 '죄사함'을 받는 것이다.

여러 사역자가 이 말씀을 예수님의 공중 재림 이전에 일어날 사건으로 해석한다. 땅끝까지 증인이 되어야 재림하실 것이니 열심히 증거해야 한다는 것이다. 우리는 당연히 때를 얻든지 못 얻든지 복음을 전해야 한다. 그렇지만 우리가 사명을 다 감당해야 주님이 재림하시는 것이 아니다. 지금 이 세상을 보라. 우리의 손에 우리가 생각하는 방식의 대부흥을 주시지 않을 것이다. 아니, 우리가 바라보고 상상하는 방식과 다른 방식으로 역사하실 것이다. 성경이 그렇게 기록하고 있기 때문이다. 주님은 그분의 때에 공중으로 오신다. 그리고 십사만 사천의 인 맞은 이스라엘 12지파가 준비되고 역사의 마지막 7년이 시작된다. 휴거와 유대인들이 인 맞는 사건 사이의 시간이 얼마나 걸릴지는 모른다. 휴거 이후 7년 대환란에 들어가기 전 얼마간의 시간이 걸릴 가능성이 있다는 것이다.

15절 - 황폐하게 하는 가증한 것이 제3성전에 설 때는 전 3년 반이 지난 시점이다. 유대에 있는 자들은 산들로 도망해야 한다. 이 도망은 유대인의 도망이다. 광야로 도망하여 3년 반 동안 양육을 받는 것이다.

21절 - 큰 환란은 '후 3년 반'을 의미하며 '7년 대환란 중에 '큰 환란' 역시 '후 3년 반'을 의미한다. 그때 '멸망의 가증한 것'이 서지 못할 곳에 선다. '짐승의 우상'이 '제3성전'의 한복판에 세워진다. 그것에 절하지 않는 자들은 죽임을 당하게 되고, 그것을 거부한 이스라엘의 남은 자들은 도피한다. 하나님께서 도피의 날들을 3년 반으로 줄이셨다. 그렇지 않다면 아무도 살아남지 못할 것이다. 택함 받은 자들이 있기에 3년 반이라는 시간으로 제한된 것이다. 이것도 주님의 크고 오묘하신 은혜이다. 짐승의 정부와 적그리스도도 하나님의 손바닥 안에서 움직이는 것이다. 7년의 끝이 다가오는 시점까지도 미혹은 계속된다. 환란을 통과하는 영혼들은 그리스도가 감람산으로 재림하실 때까지 미혹 당하지 말고 기다려야 한다. 그리고 견디는 자는 구원을 받게 될 것이다.

27~29절 - 인자는 번개가 번쩍이는 것 같이 오신다. 이것은 아마겟돈 전쟁을 의미하기 때문에 "사체가 있으면 독수리들이 함께 모여든다"라는 표현을 하는 것이다. 짐승과 거짓 선지자는 사로잡혀 재판도 없이 바로 '불못'으로 던져진다. '사단'은 사로잡혀 바닥없는 구덩이인 '무저갱'으로 던져지고 천년 간 봉인된다. 너무 구체적인 표현이지 않은가? 그런데 이런 표현들을 문자적으로 해석하지 않고 상징으로 처리하면 계시록은 절대 해석할 수 없는 말씀이 되는 것이다.

많은 교인이 계시록을 읽거나 공부한다고 하면 조심해야 한다고 말한다. 물론 맞는 말이다. 그렇지만 우리는 성경을 존중하고 성경대로 믿어야 한다. 하나님이 복되다고 하셨는데 읽지도 않고 듣지도 않고 기록한 대로 지켜 행하지도 않는다면 어떻게 되겠는가? 그저 "조심해야 한다"라고만 하며 두려워 떨어서는 안 되는 것이다.

계시록을 과거의 이야기로나 또는 상징적으로만 해석하면 우리는 여전히 '로마 시대' 이야기만 하며 황제숭배만 떠들고 있을 것이다. 그리고 명확한 계시록의 해석을 영적으로만 해석하여 실제 현실에 나타나는 표적들을 알아보지 못한다. 그런데 로마 시대의 황제숭배를 능가하는 '짐승숭배'가 현재 오고 있다. 우리는 현대적 사건들을 계시록의 기록을 통해서 해석할 수 있어야 한다. 정확한 때나 시점들은 알 수 없으나 '인자의 날'은 분명히 다가오고 있다. 교회인 신부들은 이를 알아야 하고 준비해야 한다.

- '666표'는 무엇인가?

일반적으로 현대교회들은 666에 대해 상징적인 해석을 많이 한다. '상징(象徵, symbol)'의 사전적 의미를 찾아보면 연상, 닮음, 관례에 의해 다른 것을 표현하는 개체, 그림, 쓰인 말, 소리, 마크와 같은 것이다. 우리가 어떤 글자나 그림을 보았을 때 "이것이 무엇을 상징한다"라고 말할 때 우리는 그것이 상징하고 있는 실체를 떠올리게 된다. 이렇게 상징적인 해석이 가능하다는 것은 그것의 실체가 있다는 의미로 이해할 수 있는 것이다.

계시록 13장 16절~18절 말씀이다.

"그리하여 그가 작은 자도 큰 자도, 부유한 자도 가난한 자도, 자유로운 자도 속박된 자도 모두 그들의 오른손 안이나 그들의 이마들 안에 하나의 표를 받게 하니, 그 표나 그 짐승의 이름이나 그의 이름의 숫자를 지닌 자 외에는 아무도 사거나 팔지 못하게 하려 함이더라. 여기에 지혜가 있느니라. 명철이 있는 자는 그 짐승의 숫자를 계산해 보라. 이는 그것이 한 사람의 숫자이며 그의 숫자는 육백육십육이기 때문이라." 표준 킹제임스 (계시록 13:16~18).

666표가 실제라는 것에 대해서 4가지 정도로 살펴보자.

첫째, 16절 중에 짐승의 표를 받는 대상에 관해서 설명한 부분을 살펴보자.

"작은 자, 큰 자, 부유한 자, 가난한 자, 자유로운 자, 속박된 자" 이 여섯 부류의 사람들은 '모든 사람'을 말한다. 이 말은 모든 자에게 짐승의 표를 받도록 한다는 것이다. 만약 '666 짐승의 표'를 십사만 사천처럼 상징적인 숫자로 이해한다면 이렇게 모든 사람이 짐승의 표를 받도록 표현한 성경의 표현을 애써 무시하는 것이다. 구체적인 대상이 있는 표현을 두고서도 모호한 상징적인 숫자로 이해한다면 문장에 대한 문해력에 문제가 있는 것이 분명하다.

둘째, 표준 킹제임스성경은 오른손 안이나 이마 안에 하나의 표를 받게 한다고 표현하고 있다.

피부 속에 집어넣는 것은 실제이지 상징이 아니다. 만약 상징으로 해석한다고 하더라도 그것은 '실제의 표'가 있다는 것을 표현해주는 것이다. 상징은 실제와 연결되어 있다. 보이지 않는 표를 상징적으로는 받되 매매하지 못하게 된다는 것은 비논리적이다.

셋째, 17절은 표가 없으면 아무도 사거나 팔지 못하게 한다고 한다.

우리는 어떤 물건을 살 때, 현금이나 카드로 결제한다. 마트에 가서 물건을 들고 현금이나 카드를 내지 않는다면 우리는 계산대를 통과하지 못한다. 결제하지 않고는 물건을 들고 나가지 못한다.

사거나 팔거나 하지 못한다는 것은 실제이지 상징적인 말장난이 아니다. 우리는 성경을 단순하게 읽어야 한다. 물론 이해하기 어려운 부분은 열심히 공부해야 한다. 김세윤 박사가 말한 것처럼 고대 근동의 배경을 이해하기 위해서 다양한 책을 보고 다양한 성경 번역을 들여다보면서 씨름해야 한다. 그런데 그렇게 공부를 많이 한 분들이 이렇게 쉽게 설명해 놓은 말씀을 왜 그렇게 이해하는 것인지 아무리 생각을 해봐도 좀 마음이 답답하다.

넷째, 18절을 보자. 그것이 한 사람의 숫자이며 그의 숫자는 666이라고 되어있다.

'게마트리아'로 셈값(수치)을 따져보니 '네로' 황제가 나온다고 철석 같이 믿고 있으나, '네로'는 앞으로 등장할 가공할 짐승 제국의 '짐승'과 는 큰 차이가 있다. 우리는 앞으로 계시록에 등장하는 두 짐승과 그 왕국에 대해서 자세히 살펴볼 것이다.

그렇지만 우리는 두 짐승이 누구인지 정확하게 알 수는 없다. 누구일 까 따져보며 예상해 볼 수는 있겠지만, 지금은 정확히 알 수 없다. 그러나 환란에 남겨진 자 중 깨어난 성도들은 그들이 누구인지 분명하 게 알게 될 것이다. 주님께서 지혜와 명철을 주실 것이기 때문이다. 두 짐승은 곧 등장할 것이다. 그리고 환란의 중간에 모든 이들에게 666표를 받게 할 것인데 분명한 것은, 그것이 매매기능이 있는 '디지털 칩'이라는 것이다.

● **디지털 칩은 어떤 형태일까?**

세 가지 가능성을 생각해보고자 한다.

첫째, 주입하는 방식의 베리칩
둘째, 손에 입히는 전자 타투
셋째, 주사를 통해 몸에 주입하는 나노칩

이 중에 어떤 방식이 실제 '666표'가 될지는 모른다. 분명한 것은 그것이 '디지털 칩'이며 환란의 중간에 짐승의 우상에게 절하고 그것을 받도록 모든 인류에게 명령을 내릴 거라는 것이다.

코로나 펜데믹 때 수많은 사람이 맞은 백신은 분명 '짐승의 표'는 아니다. 하지만 앞으로 나올 '질병X'로 칭해지는 다음 펜데믹 때 맞을 백신은 '짐승의 표' 역할을 할 수 있는 기술적 가능성이 크다는 것이다.

이미 많은 사람이 맞은 'm-RNA' 백신은 다양한 로트번호가 있어서 그것의 성분이 다양하기 때문에 무엇을 주입받았는지 우리는 알 수 없다. 그렇지만 그것은 '짐승의 표 시스템'을 구성하는 일부분일 가능성이 충분하다. 나중에 칩을 받았을 때 그 칩이 작동할 수 있도록 우리 몸 안에서 어떤 역할을 할 가능성을 말하는 것이다. 그러므로 현재의 백신은 짐승의 표는 분명 아니다.

그러나 코로나 백신은 짐승의 표가 아니므로 맞아도 된다고 말했던 영적 지도자들은 잘못한 것이다. 우리 시대의 목자들은 양들을 잘못 인도한 것에 대해서 주님 앞에 통회하고 자복해야 한다. 주님은 다양한 방식으로 경고하셨지만 우리는 그것을 알아채지 못하였다. 물론 그것을 받아들인 영혼들은 다양한 이유가 있었으나, 몸 안에 잘못된 물질을 주입한 것이므로 주님 앞에 그것을 인정하고 회개하면 용서해주시고 회복의 은혜를 주시리라 믿어 의심치 않는다. 만약 이것을 인정하지 않는 영혼들은 또다시 주사물질을 몸 안에 받아들이게 될 것이다.

이제 24장의 비유에 대한 해석을 살펴보도록 하자

32절에 나오는 '무화과나무'의 비유에 대해서 생각해보자. 많은 사람들이 무화과나무는 이스라엘을 상징하므로 1948년도의 이스라엘 건국에 대해서 말한다. 가능성이 있다. 하지만 이 비유는 그저 이러한 앞부분의 징조들이 있을 때 여름이 가까운 것처럼, 주님의 지상 재림의 때가 가깝다는 것을 의미한다고 생각하는 것이 시기적으로 더 맞다.

그러므로 이 세대가 가기 전의 의미는, 7년 대환란에 살아남은 이스라엘 세대가 사라지지 않고 남아서, 예수님의 지상 재림을 맞이한다는 뜻이다. 이스라엘 건국 이후 70~100년 내에 재림하신다는 의미가 아니다. 어차피 환란은 정해진 7년 안에 끝나므로 견디어 내라는 말씀이다. 그들이 살아서 천년왕국에 '신복(臣僕)'으로 들어갈 것이다. 환란 속에서도 이스라엘이 살아남는다면, 환란 전에 주의 오심을 기다리는 예수님의 신부가 걱정하고 두려워하는 것은 주님을 슬프게 하는 것이다.

하늘과 땅은 없어진다. '새 하늘과 새 땅'을 창조하실 때 기존의 것은 사라진다. 그러나 말씀은 여전히 살아서 우리와 함께하신다. 그러므로 일점일획도 더하거나 빼지 말고 기도하면서 건강하게 공부하고 해석해 나가야 한다. 더하거나 빼면 '생명책'에서 지워진다. 그것은 인간이 지울 수 있는 것이 아니다. 직분은 목사인데 용처럼 말하고 하나님을 업신여긴다면, 그는 주님의 종이 아니라 마귀의 종인 것이다. 그것은 적그리스도의 영을 받은 자들이나 짓는 '죄'이다. 주님의 편에 서 있다면 그들이 받을 심판에서 벗어나야 한다. 하나님은 겸손한 자에게 은혜를 베푸신다. 우리는 그저 회개할 것밖에 없다. 하나님의 이름을 망령되이 일컫는 자를 죄 없다 하지 않으신다.

'노아의 날들의 비유'(37-39절)의 의미는 이것이다. 인자의 지상 재림이 가까운 때에도 여전히 세상에서는 먹고 마시고 장가가고 시집가는 삶이 펼쳐지고 있다. '먹고 마신다.'라는 표현은 일반적이지 않다. 그것은 이스라엘 백성들이 송아지 우상 앞에서 뛰어놀 때도 그렇게 표현되었다. 순식간에 번개가 치듯이 주님이 지상으로 재림하실 것이다. 그때 준비되지 못한 자들은 '염소'로 분류될 것이다.

'방앗간 비유'(40-41절)의 의미는 이것이다. 한 명은 붙들려간다. 한 명은 남겨진다. 어디로 붙들려 가는가? 이 시점은 휴거의 시점이 아니다. 인자의 지상 재림을 의미하기에 '지옥'으로 붙들려간다. 그녀는 준비되지 아니한 '염소'이기 때문이다. 한 여인은 남겨진다. 그녀는 '천년왕국'에 들어가는 것이다. 준비된 '양'이기 때문이다. 그러므로 대환란 끝에도 살아서 남겨진 자 중에도 복된 영혼들이 있다.

생각지 않은 때 인자가 오실 것이다(42-44절). 대환란 때도 깨어 있어야 한다. 정확한 시간은 알 수 없지만 깨어 있어야 하되 성경을 읽는 자들은 재림이 가까운 것을 분명히 짐작할 수 있을 것이다. 오늘날 주님의 공중 재림을 기다리는 신부 된 교회도 이와 같은 태도로 기다리며 오늘 오실 것처럼 살아야 한다. 매일 매 순간 주님을 갈망하며 기다리는 자세를 가지고, 일상의 삶 가운데 최선을 다하되, 하늘을 바라보며 살아가야 한다.

악한 종(48절)이란 위에 있는 모든 권위를 고의로 부인하는 자를 말한다. 사람들의 전통에 의해서 높은 종교적 지위를 차지한 자들을 말한다. 조직화 된 종교 및 그 종들은, 예언된 주님의 다시 오심을 소중히 생각하지 않는다. 동무들을 때리는 것(49절)은, 진리의 말씀을 분별하여 바르게 전하고 믿는 이들을 핍박하는 것을 말한다. 또한, 술친구들(49절)이란, 믿지 않는 자들과 사귐을 말한다. 이것은 믿지 않는 자들과의 대화를 의미하기도 한다. 이 세상에는 믿지 않는 자들이 많이 있고 그들과도 인간적인 교류가 가능하다. 그렇지만 종교적 회의를 만들어서 타종교인들을 참석시켜 대화한다는 것은 사리에 맞지 않는 처사이다. 그것은 하나님의 진노를 불러일으킨다. 그들에게 복음을 전하려면 개인적으로 하면 된다. 불필요한 협의체를 만들어서 대화할 필요가 없다. 교회는 기본적으로 '예수님의 신부'이다. 당연히 주님 오실 때 함께 간다. 그러나 음녀는 그렇지 못하다.

대환란에 남겨져도 회개하지 않고 로마가톨릭을 중심으로 종교연합에 가담한 상태에 있다면, 환란의 중간시점에 짐승과 열왕들에 의해서 찢기고 불살라질 것이다. 정신 차리길 간곡히 부탁한다. '신부'는 올려지지만 '음녀'는 남겨진다. 직분 때문에 천국에 가는 것이 아니다. 예수님을 믿기 때문에 가는 것이다.

정결한 '신부'는 음탕하지 않으며 주님만 사랑한다. 주님의 오심을 믿지도 않고 기다리지도 않고 사모하지도 않으면서 그분과 함께 가길 원한다면 주님이 과연 뭐라고 하실까?

종교 다원주의에 대해서 살펴보자. 2013년 부산 벡스코 WCC에서 큰 교회 큰 목사들의 TV 대담이 방송된 적이 있다. 이름있는 목회자들이었다. O방송국 이사장인 김O환목사는 이렇게 말했다. "이방 종교와 만나서 종교 간의 대화는 할 수 있다" 안타깝게도 그 말은 뱀의 말과 유사하다는 생각이 들었다. 창세기의 뱀도 하와를 유혹할 때 달콤하게 들리는 말로 유혹했다. 하지만 그 말을 듣고 순종한 아담과 하와의 삶은 폭삭 망함이었다. 죄가 들어온 것이다. 그리고 결국 하나님의 말씀대로 죽었다. 이 유명하고 위대한 목회자들이 왜 이렇게까지 되었을까? 너무도 슬픈 일이다. 주님의 종이라면서 주인의 뜻을 무시하고 주인을 능멸한다면 그 주인이 돌아오실 때 그들은 남겨질 것이고 구원받으려면 순교라는 시험이 그들을 기다리고 있을 것이다.

WCC가 건강한 협의체라면, 동성애자들도 구원이 있다는 '동성애 부스'를 운영하고 공산주의에 자금을 지원했겠는가? 'NCCK'도 'LGBTQ'에 대해서 공개적으로 지지했다. 기독교라는 이름은 가지고 있으나 그들의 모임에는 잡다한 종교와 악한 영들이 집합해 있다. 이것이 종교통합으로 가는 배도의 현장이 아니고 무엇이란 말인가?

공산주의에 대해서는 짧은 지면으로 표현한다는 것이 불가능하겠지만 그것은 사탄적이다. 아슈케나지 유대인 출신의 '마르크스'에 의해서 만들어졌지만, 그것의 기원은 참으로 오래되었다. 앞으로 다가올 짐승의 정부는 전체주의적이고 공산주의적인 정부이다. 공산주의나 사회주의의 기원을 이 사도행전에 있다는 것은, 미련하고 어리석은 생각이다. 공산주의는 사단이 만든 천년왕국의 짝퉁 버전일 뿐이다. 이것은 단순한 경제 시스템이 아니다. 사탄의 작품이다. 이 혁명에 의해서 전 세계의 기독교 형제들이 순교의 제물로 드려졌다. 엄청난 피흘림이 있었다. 아슈케나지 유대인들이 그 혁명의 주체였다. 그들은 수많은 기독교 형제들을 죽였다. 프랑스혁명을 통해서는 가톨릭 신자들에 의한 무자비한 기독교인 숙청이 이루어졌다.

악한 이론에 동의하고 따라가는 것은 자아를 숭배하는 우상숭배일 뿐이다. 마지막 시대는 짐승의 통치시대이며 공산주의를 능가하는 더 강력한 사탄숭배 '전체주의 시대'가 올 것이다. 이 내용도 2권에서 더 자세하게 살펴보자.

"그리스도를 대적하는 것을 사로잡아 복종케 하고"(고후 10:5).

'NCCK' 역시 동성애에 대해서 공식적으로 여러 차례 지지를 표명했고, 'NCCK'를 두둔하는 목회자들 역시 교회를 더럽히고 있다. 사단은 속이는 자이다. 그의 종들도 역시 속인다.

"그가 그를 기다리지 않는 어떤 날, 곧 그가 의식하고 있지 않은 어떤 시각에 그 종의 소유주가 오리라"(마 24:50).

지금 현재 주님을 기다리지 않는 종은 주님이 갑자기 오시는 날도 역시 기다리지 않고 있을 것이다. 오늘 주님이 오실 것처럼 준비하며 살지 않는다면 그분이 오실 때도 준비되지 못할 것이다. 기다리지 않고, 준비하지 않는 자에게는 슬픈 날이 될 것이다. 하지만 신랑을 기다리는 당신에겐 너무도 축복의 날이 될 것이다. 그렇게도 갈망하던 신랑 예수님을 만나게 될 것이기 때문이다. 주님은 신부 된 교회가 주님을 기다리고 갈망하기를 원하신다.

그런데 요즘 교회들을 보면 좀 의심스럽다. 주님을 기다리는 영혼들이 드문 것 같다. 우리가 사는 시대에는 많은 영혼이 주님이 오시지 않을 것처럼 산다. 여러분은 어떠신지? 세상에 살 동안에는 최선을 다해서 살아야겠지만, 주님이 오시면 무슨 미련이 남겠는가? 그분이 우리를 위해서 준비한 믿음의 유업을 받는 것이 가장 중요한 것으로 생각한다. 세상의 것들은 결국 모두 다 사라진다. 영원의 세계를 갈망해야 한다. 단 하루를 살더라도 하늘을 바라보며 재림의 빛 가운데서 인생을 해석하고 주님과 동행한다면 우리도 아담의 7대손 에녹과 같은 복을 누리게 될 것이다. 에녹과 노아가 살던 시대와 같이 미쳐 돌아가는 현 세상 가운데서도 현대교회의 많은 성도는 여전히 자신의 성을 쌓기 위해 노력하는 것으로 보인다. 그러나 성경은 우리에게 '하나님의 성'에 대해서 말씀하신다. 천년왕국에도 '예루살렘 성'이 존재한다. '새 하늘과 새 땅'에는 하늘에서 '새 예루살렘 성'이 내려온다. 이것은 실제의 성이다. 이 성의 시민권이 준비되어 있는가? 상상 속의 '새 예루살렘 성'을 기대하는가? 나는 실제의 성에 들어갈 것을 믿어 의심치 않는다.

바깥 어두운 데(마 8:12, 22:13, 25:30)란 어느 곳일까? 오래전부터 '바깥 어두운 데'는 이해하기 힘든 부분이었다. 성경은 풀리지 않는 부분이 많아서 기도와 많은 연구가 필요하다. 사모하면서 기다리면 주님이 열어주신다.

요즈음 '성안'과 '성 밖' 그리고 '바깥 어두운 데'와 '불 못'으로 천국과 지옥을 네 군데로 나누는 사역자들이 있다. 그중 몇몇은 천국에 가서 이곳을 보고 왔다고 한다. "믿는 자들이 천국 예루살렘 성밖에 쫓겨나거나, 바깥 어두운데 쫓겨나서 슬피 울며 이를 간다고 말하는 것이 맞을까?" 하는 의문이 생겼다.

그런데 24장 51절을 보면 이렇게 되어있다. "그리하여 그를 잘라내서 그의 몫을 위선자들과 함께 그에게 지정하여 주리라. 거기에는 울며 이를 가는 일이 있으리라" 잘라 내서 가는 곳이 지옥은 아니어도 중간지대일까? 믿는 자들이 천국에서 혼나고 훈련받는 곳이 있다는 것은 성경적일까? 그곳을 보고 왔다고 하니 믿어야 하나?

만약에 바깥 어두운 데가 지옥을 의미한다면 그들이 보고 온 것은 사단이 만든 놀이터임이 분명하다. 'DMT'라는 마약을 사용하여 영의 세계를 보고 온 사람들이 있다. 희한하게도 그들은 동일한 장소와 동일한 신들을 보고 온다. 이것은 무엇을 의미하는가? 사단의 능력은 우리의 상상을 초월한다. 성경적 분별이 가장 중요한 것이다. 아무리 유명한 사역자라 할지라도 성경적인 문맥과 해석을 넘어설 수 없다. 최고이자 최상의 권위는 하나님의 말씀이다. 그리고 그 말씀은 성령의 조명으로서만 해석할 수 있다.

마태복음 22장의 혼인 잔치의 비유를 보자. 13절 "그때 왕이 그 종들에게 말하기를, '그의 손발을 묶고, 그를 데리고 나가서 바깥 흑암 속으로 그를 던지라. 거기에는 울며 이를 가는 일이 있으리라.' 하였더라" 이 비유는 자기 아들을 위하여 혼인 잔치를 마련한 어떤 왕 한 명과 같다고 표현했다.

초대된 자들은 들어오지 못했고 왕의 종들마저 살해했다. 그 왕은 진노하여 군대를 파견하여 살인자들을 멸망시켰고 그들의 도시를 모조리 태워버렸다. 그리고 많은 사람을 혼인 잔치에 초대했다. 그런데 그 잔치에 예복을 입지 않은 사람이 있었다. "친구여, 그대는 어찌 예식을 위한 의복 한 벌도 갖추지 않은 채 여기로 왔는가? 하니라."

만약 이 사람이 죽어서 천국에 간 것이라면 어찌 예복이 없이 갈 수 있었겠는가? 우리가 입은 예복은 '예수 그리스도의 의'를 말한다. 예수를 믿지 않고는 천국 근처에도 갈 수 없다. 그렇다면 이 잔치는 천국에서 벌어지는 잔치를 말하는 것이 아니다. 예수님의 재림 후에 이 땅에서 벌어지는 천년왕국의 초기에, 하늘의 혼인예식 후에 이 땅에서 벌어지는 연장된 혼인 잔치의 모습으로 이해할 수 있는 것이다. 그가 예복이 없었다는 것은 구원받지 못한 것을 의미하는 것이다.

천국에 올라갔다가 예복이 없어서 성 바깥 어두운데 쫓겨난 것이 아니다. 그는 천년왕국이 도래할 때 살아남았고 그리스도의 보좌 앞에서 심판받았다. 그는 그 장소에서 '염소'로 분류되어 바깥 어두운 데로 쫓겨난 것이다. 그곳이 바로 지옥이다.

이 두 가지 비유의 문맥과 내용을 이렇게 이해한다면, 우리는 바깥 어두운 데가 지옥의 다른 표현이라는 것을 알 수 있다. 성경은 우리에게 "보지 않고 믿는 자가 복되다"라고 하셨다. 내가 본 것이 성경과 어긋나면 큰 문제인 것이다. 마귀는 아주 잘 속인다. 성경을 잘 이해하고 잘 믿는 것이 제일 중요하며 우리가 본 것들에 대해서 성경적으로, 그리고 성령님 안에서 잘 분별해야 한다. 그것이 가장 복된 것이다.

2) 마태복음 25장 해석

● **열 처녀는 누구인가?**

이스라엘의 결혼풍습은 아래와 같다.

⑴ 정혼 - 보통 1년 정도
⑵ 혼인예식
⑶ 혼인 잔치

열 처녀는 신부가 아니다. 신약의 신부는 한 처녀로 표현되고 있다. 유대인이나 헬라인이나 차별이 없다. 그것은 신부인 교회를 의미한다. 그러나 열 처녀는 교회를 의미하지 않는다. 'Virgins'는 계시록의 십사만 사천에 사용된 단어와 같다. 이들은 7년 대환란이 끝날 무렵 신부와 함께 이 땅에 돌아올 신랑 예수 그리스도를 기다리는 자들을 의미한다. 이미 천국에서 혼인예식이 거행 중이었다.

이스라엘의 결혼풍습에 보면 혼인예식은 신붓집에서 한번, 신랑집에서 한번, 이렇게 두 번 걸쳐서 드려지기도 했다. 어찌 되었든 이 그림은 하늘에서 혼인예식이 끝나고 신부와 함께 지상으로 재림하시는 그리스도를 기다리는 신랑의 지인들을 의미한다. 이들은 주님의 공중 재림인 '휴거'를 기다리는 교회가 아니다. 이 비유 역시 7년 대환란을 통과하는 자들의 모습을 보여 준다. 주님의 지상 재림 이후 천년 왕국이 펼쳐지면서 혼인 잔치가 지상의 왕국에서도 연장되는 모습을 기대할 수 있다.

어떤 이들은 이 장면을 휴거를 기다리는 신부인 교회의 기다림으로 해석한다. 이스라엘 당시에 사용하던 불은 등불이 아니고 기름에 적신

횃불을 의미한다. 그러므로 별도의 기름통을 가지고 있었다. 신랑 측 지인들인 들러리들 10명이 신랑과 신부의 일행을 기다리고 있었다. 시간은 더디 가고 기름이 떨어져 가고 있었다.

기름은 무엇일까? 기름이 성령님을 의미하는지 선행을 의미하는지는 알 수 없다. 다만 이것은 신랑이 올 것을 준비한다는 것을 의미한다. 어둠 속에서 신랑과 신부의 일행이 잔치에 올 때 그들을 환영하고 길을 밝혀주기 위해서 횃불을 들고 기다리고 있는 모습을 생각해보라. 본인들의 결혼식이 아니다. 신랑의 친구들이다.

지혜로운 다섯 명의 처녀들이 기름을 넉넉히 준비한 이유는 무엇이었을까? 이것은 신랑과의 친밀감에 그 비밀이 있다. 그들이 신랑에게서 미리 들었거나 아니면 신랑의 성향에 대해서 잘 알고 있었기 때문에 신랑이 더디 올 수 있다는 가능성을 알고 미리 준비한 것이다. 7년 대환란 속에서도 신랑을 기다리는 자들은 성경을 읽고 기도하면서 성령의 인도하심을 받는다. 그들은 준비하고 있는 자이다.

미련한 다섯 명의 처녀들은 기름을 넉넉히 준비하지 못했다. 왜냐하면, 신랑에게 미리 언질을 받지 못했거나 신랑의 성향을 이해하지 못해서 미리 대비하지 못한 것이다. 10명이었던 신랑의 지인인 들러리의 운명은 바로 신랑과의 관계에 있었다. 신랑 예수님을 얼마나 아는지가 준비함의 열쇠였다. 그들은 7년 대환란 동안 육체로 살아남은 사람들이었다. 다섯 명은 천년왕국에 들어갔고 다섯 명은 들어가지 못하고 제외되었다. 그렇다면 그들은 어디로 갔는가?

25장 12절, "그러나 그가 대답하여 말하기를, '진실로 내가 너희에게 말하노니, '나는 너희를 알지 못하노라.'" 하였더라. 주님은 그들을 모른다고 하셨다. 그들은 바깥 어두운 데 쫓겨나서 슬피 울며 이를 가는 자들과 같은 운명에 처한 것이다. 그들은 지옥으로 들어갔다. 천년왕국에 들어가는 자들은 '양'이다. 그러나 이들은 주님이 도무지 알지 못하는 자들이므로 7년 대환란 동안 준비되지 못한 '염소'로 분류 되는 것과 같은 의미이다.

'기름을 파는 자'는 누구일까? 그들이 누구인지 성경이 기록하고 있지는 않다. 그들은 본문에서 중요하지도 않다. 기름 사러 가라는 것이 본문의 강조점이 아니다. 중요한 것은 신랑을 맞을 준비를 하라는 것인데, 신랑과의 친밀함이 준비의 핵심이다. 아는 만큼 준비한다. 성경의 문맥을 무시하지 않았으면 좋겠다. 이 말씀의 의도가 무엇인지 를 헤아리는 것이 제일 중요하다. 기름 파는 자들에 관한 관심은 끄길 바란다. 스스로가 기름 파는 자들이라고 생각하고 있다면 착각이며 교만이다. 신랑한테 가야 할 관심을 분산시키지 말자. 신랑 예수님을 아는 것이 준비의 핵심이다. 만약 기름이 성령님을 의미한다면 기름 파는 자는 성령님을 파는 자인가? 어이가 없는 해석이다. 기름이 무엇 인지? 기름 파는 자가 누구인지는 중요하지 않다.

● 달란트는 유대인에게

'달란트'는 이스라엘의 화폐단위였다. 'τάλαντον(탈란톤)'은 26~36kg 의 무게를 의미하거나, 화폐의 단위를 의미한다. 이 단어를 어원으로 영어의 'Talent'가 나왔다. 그 당시 금 1달란트는 6,000데나리온이며, 1데나리온이 숙련된 노동자의 하루 품삯이므로, 15~20년간의 노동자 의 연봉에 해당하는 큰 금액을 의미한다.

'재능'으로 번역된 단어의 원어는 'δύναμις(듀나미스)'다. 힘, 능력, 권능 이런 의미가 있는 단어다. 듀나미스는 자연적 재능이라고 보는 것보다는 영적인 능력이라고 보는 것이 바람직하다. 먼 나라로 여행을 떠나는 어떤 주인이 종들에게 달란트를 나눠주었다. 다르게 준 이유는 그들의 개별적인 재능이 달랐기 때문이었다. 우리 각자는 재능과 능력이 다르다. 재능에 따라 주인이 임의로 나눠준 것이다. 그러므로 '달란트'는 절대로 '재능'으로 해석해서는 안 된다. 각자의 영적인 분량에 따라서 '달란트' - 하나님의 은혜, 그리스도의 말씀을 주신 것이다.

"그러나 이것들이 모두 그 유일하며 동일한 성령님께서 역사하시어 그분의 뜻대로 모든 사람에게 저마다 개인별로 나누어 주시는 것이다" 표준 킹제임스 (고전 12:11).

이 말씀은 성령님의 은사를 나눠주실 때의 방식을 말한다. 달란트를 나눠줄 때와 유사하지 않은가? 신자들 각각의 영적인 분량에 따라서 하나님의 임의대로 나눠주시는 것이다.

달란트는 '큰돈'을 의미하며 1달란트만 해도 상당한 액수의 투자금을 의미한다. 현대교회들이 흔히 사용하는 의미인 '탤런트'가 아니다. 장사하라고 준 큰 자금이다. 그러므로 달란트는 영적으로 해석해야 한다. 자연적 재능이 아니다. 달란트는 하나님의 말씀이며, 달란트는 하나님의 은혜이다. 하나님의 뜻대로 나눠주신 것이다.

문제는 1달란트 받은 자가 그 귀한 투자금을 땅에 묻어 두었다는 것이다. 그 사람은 1달란트를 받았다. 하나님께서 말씀하시었다는 말이다. 그러나 하나님을 오해하여 죄를 지은 것이다. 그들의 모습에서 유대 종교지도자의 모습이 보이지 않는가? 하나님의 말씀을 땅에 묻어 두었던 그들의 죄는, 바로 사두개인과 바리새인과 서기관들의 죄와 일치된다.

그가 주인이 준 달란트로 아무것도 하지 못한 이유는 무엇일까? 성경은 그의 주인에 대한 관점에 문제가 있다는 것을 알려준다. 그의 재능이나 능력이 문제가 아니라 그의 내면에 문제가 있었다. 그의 주인은 아무것도 담보하지 않고 종들에게 큰 액수의 투자금을 주었다. 그는 통 큰 주인이며 종들을 신뢰하고 있었다. 만약 장사를 잘못해서 투자금을 날렸어도 종들을 나무라지 않았을 것이다. 그런데 1달란트 받은 자는 주인을 오해했다. 잘 알지 못했을 뿐 아니라 나쁘게 보았다.

"주여, 당신께서는 엄격한 사람이셔서 당신께서 심지 않은 데서 거두시고, 당신께서 흩뿌리지 않은 데서 모으시는 분이심을 제가 알았나이다" 이것은 주님에 대한 심각한 오해이다. 그분을 잘못 알고 있었다. 관점의 오류이다.

주인의 마음이 굳은 것이 아니라 종의 마음이 굳어 있었다. 마태복음 13장에는 씨뿌리는 자의 비유가 나온다. 씨들이 떨어진 장소에 따라서 열매가 달리 맺혔다. 그것은 마음 밭이 중요하다는 말씀이다. 이것은 마치 마태복음 25장의 달란트 비유를 연상시키는데, 5달란트와 2달란트 받은 좋은 열매를 많이 맺었고, 1달란트 받은 좋은 열매를 거의 맺지 못하거나 길가처럼 열매가 없었다.

12절에서 16절까지 살펴보자.

"이는 누구든지 가진 자에게는 주어질 것이요, 그는 더욱 풍요하게 가질 것이기 때문이라. 그러나 누구든지 갖지 않은 자는 그가 가진 것마저도 그에게서 탈취되리라. 그러므로 나는 그들에게 비유들로 말하노라. 이는 그들이 보아도 보지 못하고 그들이 들어도 듣지 못하며 또 그들이 이해하지도 못할 것이기 때문이다. 그런즉 그들 안에서 이사야의 예언이 성취되었으니, 그것은 이렇게 말하느니라. '너희가 듣기는 들을 것이나 이해하지 못할 것이요, 너희가 보기는 볼 것이나 인지하지 못할 것이라. 이는 이 백성의 마음이 무디어져 그들의 귀가 듣는 데 둔하며 그들이 자신들의 눈을 감았기 때문이니, 어느 때라도 그들이 자신들의 눈으로 보지 못하게 하고 자신들의 귀로 듣지 못하게 하려 함이요, 자신들의 마음으로 이해하지 못하게 하려 함이요, 회심하지 못하게 하려 함이라.' 그러나 너희의 눈은 복을 받나니, 그들이 보기 때문이라. 또 너희의 귀도 복을 받나니, 그것들이 듣기 때문이라."

여기에서 주님은 비유로 말씀하시는 이유를 설명해 주셨고, 강퍅한 이스라엘 사람들이 알아듣지 못하여 구원받지 못하게 한다는 무서운 말씀을 하신다. 말씀이 주어졌지만 그들의 마음에 돌이 있거나 가시떨기거나 길가이기 때문에 열매를 맺지 못한 것이다. 그들의 마음이 문제였다. 그들의 마음은 죄로 인해 강퍅했고 왕이 오셨으나 알아보지 못했다. 그러므로 예수님의 말씀을 알아들을 수 없었다. 오히려 그분을 죽이려고 했고 결국 십자가에 못 박았다. 그들은 회개하지 않았고 믿지도 않았기 때문에 구원받지도 못했다. 그들은 그들의 주인이신 하나님을 잘 모르고 있다. 그리고 그의 아들 예수님도 모른다. 그들은 눈이 흐려지고 마음이 굳어서 급기야 하나님의 아들을 죽이려는 계획을 모의한다. 그렇기에 하나님께서는 구원의 문이 닫히고 알아듣지 못하도록 비유로 말씀하신다. 하지만 열매 맺는 자들에게는 자세히 풀어서 알려주시는데 그들이 사도들이었다.

이쯤에서, '므나 비유'(눅 19:11-27)와 같이 살펴보는 것이 필요하겠다. 므나(μνᾶς)는 이방인들이 사용하던 돈의 단위를 의미한다. 누가복음은 일차적으로 이방인들을 위해 쓰였다. 므나 비유는 이방인들을 향한 가르침이 담겨있다. 달란트 비유는 재능에 따라서 다르게 주어졌지만 므나는 모두가 같은 1므나가 주어진다. 므나는 동일하게 주어지는 '시간'이나 '기회'로 생각해볼 수 있을 것이다. 므나로 장사하여 이익을 남긴 자들에 대한 대가는 다스리는 권세였다. 주인은 먼 나라로 갔다가 이제 돌아왔다. 그리고 남긴 자들에게 다스리는 권세를 준다. 이것은 천년왕국에서의 다스림을 의미한다. 이 세상에서 우리의 삶은 나그네의 삶이다. 이 땅에서 최선을 다해서 살아야 하는 것은 그리스도인들에게 너무나 당연하다. 하지만 이 땅에서의 삶은 미완성인 것이다.

많은 사람이 후천년설의 관점으로 왕국을 이해한다. 이것은 진화론적인 관점이다. 땅끝까지 이르러 증인이 되므로 이 땅에 주의 영광이 가득할 것으로 생각하는 것은 인간의 희망일 뿐이다. 지금의 세상을 보라. 물이 바다를 덮음같이 여호와의 영광이 가득하리라는 말씀이 성취되고 있는가? 주님의 신부는 하늘의 유업을 물려받기 위해서 사는 것이다. 그것이 실제로 이루어지는 시작은 천년왕국이다. 문자적으로 천년왕국을 이해할 때 온전한 예언의 성취를 볼 것이다.

● 인자의 영광의 보좌 & 양과 염소

"인자가 그의 영광중에 올 때, 곧 모든 거룩한 천사들이 그와 함께 올 그때에 그가 자신의 영광의 보좌 위에 앉으리라"(마 25:31).

이 구절은 예수님의 지상 재림 때 보좌가 세워질 것을 말씀한다. 그 앞에 모인 모든 민족은 누구인가? 그들은 육신으로 살아남은 자들이다. 7년 대환란을 통과해 살아남은 자들이 모여서 보좌 앞에 선다.

양은 오른편에 있다. 그들은 복 받은 자들이다. 왕국을 상속받을 것이다. 그러나 통치자들은 아니다. 그들은 주님이 굶주릴 때 음식을 주었고, 목마를 때 마실 것을 주었고, 타국인일 때 안으로 들였고, 헐벗었을 때 옷을 입혔고, 병들었을 때 방문했고, 감옥에 있었을 때 찾아왔다. 그러나 의로운 자들인 양들은 주님에게 그렇게 한 기억이 없었다. 어떻게 된 것일까? 그들은 바로 주님의 형제 중 가장 작은 자에게 그렇게 한 것이다. 가장 작은 그들은 바로 7년 대환란에 고난과 핍박을 받고서 남겨진 이스라엘을 의미한다.

염소는 왼편에 있다. 그들은 저주받은 자들이다. 후에 백보좌 심판을 받고 불못으로 들어가게 될 것이다. 그들은 주님이 굶주릴 때 음식을 주지 않았고, 목마를 때 마실 것을 주지 않았고, 타국인일 때 안으로 들이지 않았고, 헐벗었을 때 옷을 입히지 않았고, 병들었을 때 방문하지 않았고, 감옥에 있었을 때 찾아오지 않았다. 염소들은 주님의 형제 중 가장 작은 자에게 그렇게 하지 않은 것이다.

● **주님의 형제들 중 지극히 작은 자는?**

그들은 대환란을 통과하는 이스라엘의 고난받는 광야 백성들일 것이다. 교회 시대에는 지극히 작은 자를 섬기는 것이 하나님의 자녀들에게 요구하시는 구원의 조건은 아니다. 우리는 은혜로 인하여 믿음으로 말미암아 구원받았다. 물론 믿음은 행함과 함께 일한다. 그렇지만 이 구절에서 휴거 신부들에게 필요한 믿음과 행함에 대해서 말하고 있는 것이 아니다.

이 구절은 마지막 한 이레인 7년 대환란의 특별한 상황을 설명한 것이다. 이 대환란 때 짐승의 표를 받은 자들은 사단의 지배에 순종하면서 나름대로 편하게 먹고 살았을 것이다. 하지만 짐승을 숭배함으로 우상숭배 하던 그들은 주님의 반대편에 서서, 고난받는 광야의 이스라엘을 도울 마음도 힘도 의지도 없었을 것이다. 그들의 이름은 생명책에 없었다. 그러나 이 대환란 때 짐승의 표를 받지 않았고 어린양의 피에 그들의 옷을 빤 자들은 이스라엘의 남은 자들을 돕기 위해 위험을 무릅쓰고 고난 속에서도 그들을 도왔을 것이다. 그것이 바로 주님께 한 행위이며 그들의 믿음을 입증한 행위였다. 믿음은 입증되었고 그들은 흰옷 입은 허다한 무리로서 열방을 구성하면서 유업을 받을 자들로 주님의 오른편에 서게 된 것이다.

사역자의 진정한 상급

하나님의 말씀은 참으로 오묘하다. 주님의 말씀을 바르게 전한다는 것은 참으로 복된 일이다. 필자는 코로나 시절, 교회 개척을 생애 마지막 사역이라 생각했기에 오직 예수 그리스도의 복음만을 전하고 싶었다. 생애 마지막 설교 시즌이라면 무엇을 전해야 할까? 그래서 '마가복음'을 강해 설교하기 시작했다. 그 후에 '유다의 왕들' 시리즈, 에베소서, 하박국, 말라기, 빌레몬서, 요한일서, 갈라디아서, 여호수아서, 그리고 현재 로마서를 전하고 있다.

성경이 우리에게 전해주는 강력한 메시지는 어떤 선교사의 고백처럼 "예수, 보혈, 구원"이다.

제목 설교와 주제 설교를 많이 하다 보면 성경이 말씀하고자 하는 것보다 목회자의 생각이 강조되기가 쉽다. 본인이 체험하거나 중요하다고 여기는 주제에 대해서 강조하는 것을 말한다. 예를 들어 '전도'가 중요하다고 생각하는 분은 어떤 본문을 전해도 결론은 '전도'가 되고 '기도'가 중요하다고 생각하는 분은 결론에서 무조건 '기도'가 나오는 것과 같음을 의미한다. 성경은 너무나 방대한 내용을 담고 있다. 문맥이 있고 의도가 있다. 논리적이고 객관적인 말씀의 주해가 필요하다. 아울러 그것을 바르게 해석하고 적용하기 위해서는 필수적으로 '성령님의 조명'하심이 필요하다. 그런데 성경의 주해에서부터 논리성을 배제하면 어떻게 성령님의 조명하심을 기대할 수가 있을까? 하나님은 살아계시며 오늘날에도 말씀하신다. 설교는 하나님이 하시고 싶은 말씀이 사람의 입을 통해 전해지는 것이지 사역자가 하고 싶은 말을 하는 것이 아니다. 오늘날 얼마나 강단이 오염되었는지는 설교들을 한번 들어보라. 인본주의, 그리고 복음을 대적하는 가르침들이 난무하다. 말씀을 들으면서도 영적으로 죽어가는 것이다.

교회는 하나님의 생명이 넘쳐야 한다. 주님의 임재를 느낄 수 있어야 한다. 살아있는 예배가 필요하다. 종교화된 교회는 생명이 느껴지지 않는다. 여러 설교를 듣다 보면 불편해질 때가 많다. 왜냐하면 '복음'이 아니라 인간의 도덕과 윤리 그리고 처세술 같은 내용이 많이 나오기 때문이다. 특히 라디오 방송의 '칼럼'을 듣다 보면 중저음의 부드러운 남성 목회자들의 목소리는 매력적으로 들리긴 하지만 내용에서는 듣기 힘들 때가 있다. 목소리에 힘을 좀 빼고 더 복음적으로 주님의 사랑을 증언했다면 그런 거부감이 들지는 않았을 것이다. 거의 빠지지 않는 것이 '복'과 '인간의 열심'이다. 하나님의 말씀을 맡은 사역자로서 우리에게 요구되는 것은 오직 '그리스도의 구속의 복음'이다. '성공', '번영'은 말할 필요가 없다. '그의 왕국과 그의 의를 구하면' 책임져 주시기 때문이다. 성경 어디에도 그런 것들을 구하라고 하지 않았다. 교회는 주님의 얼굴로 향해야 한다. '예수님의 신부'는 '신랑 예수님'께 향해야 한다. 오직 그분의 아름다우신 성품에 감사드리고 그 사랑을 갈망하는 것이 우리의 가장 큰 임무이자 특권이다.

신앙생활을 하며 참으로 듣기 거북했던 말이 있다. 바로 '평신도'이다. 평범한 신도를 말하는 것일까? 누가 만들었을까? '평신도'가 있다면 목회자는 '특신도'인가? 모든 성도는 '왕 같은 제사장'이다. 직분은 주님께서 주신 은사일 뿐이다. 직분은 돈 주고 사는 것이 아니다. 교회에서 '안수집사', '장로', '권사', '총회장', '감독'이 되기 위해서 돈이 오간다면, 주님 앞에 큰 죄이다. 성령의 감동을 받아 물질을 드린 바나바와 같은 마음으로 주님께 드린 것이라면 아름답지만, 금액을 정해놓고 의무적으로 헌금을 종용하는 것은 주님을 슬프게 한다. 직분을 돈 주고 살 수 있을까? 사도행전의 마술사 시몬도 성령의 은사를 돈 주고 사려고 하다가 베드로에게 저주에 가까운 책망을 듣지 않았는가? 성경 어디에 교회의 직분자가 되려면 정해놓은 헌금을 내야 한다고 기록되어 있는지 그 근거를 보았으면 좋겠다. 당연히 없을 것이다. 무엇이든 성경의 관점을 찾아야 하고 성경의 해답으로 실행해야 문제가 생기지 않는 법이다. 말씀의 관점에서 벗어나기 시작하는 것에서부터 바로 육적인 모습이 불거지며 타락이 시작된다.

"불법을 행하는 자들아, 나를 떠나라!"(마 7:23).

법대로 경주해야 실격을 당하지 않는다. 우리의 모든 행위의 근거는 하나님의 말씀이며 본질은 사랑이다. 하나님을 사랑한다면 그분의 몸인 교회를 세상 식으로 운영해서는 안 된다. 그 결과가 어떠하겠는가? 그러므로 주님이 오시기 전에 교회가 먼저 심판을 받게 된다. 세상을 흔드는 주님의 일하심에 교회인 예수님의 신부는 정결해져야 한다. 세상의 방법을 버리고 회개해야 한다. 그것만이 사는 길이다.

사역자의 정체성은 무엇일까?

"내가 너희의 믿음을 주관하는 자가 아니요, 너희 기쁨을 돕는 자니라"(고후 1:24).

이 말씀이 참 좋다. 주님의 일을 하면서 시시때때로 이 말씀을 떠올린다. 하나님의 일이 맡겨진 그저 종일뿐이다. 사역자는 주관자가 아니다. 그렇지만 사람이기에 성도들을 좌지우지하려는 충동이 생길 때가 있다. 그러나 그는 그저 'Helper'일 뿐이다. 주관자는 '예수님'이시다. 바울과 같이 우리 사역자도 '그리스도의 종'일뿐이다. 종이 주인 노릇을 하다가는 주인이 오실 때 두들겨 맞기밖에 더하겠는가? 정신을 차리고 회개해야 한다. 종노릇 잘못하면 '종놈'이 된다. 그 결과는 많이 맞는 것이라고 성경은 증거해주고 있다. 겸손하게 엎드리고 주님께 물어가면서 주의 길을 가야 하지 않을까?

이름도 없이 빛도 없이 묵묵히 고생하면서 이 길을 가는 분들도 물론 많이 있다. 그렇지만 사역자의 내면에 아직도 숨겨져 있는 야망이 처리되지 않았다면 유명하든 않든, 크든 작든 다를 것은 없다.

성도들도 예외가 아니다. 세상에서 인정받는 직업이나 헌금을 많이 하는 직분자들은 교회 안에서 발언권이 세고 나름 세력을 가진 경우가 있다. 개척했던 목회자가 아니라 후임으로 온 목회자들은 교회의 중직들의 목소리에 신경이 쓰일 수밖에 없다. 그러나 교회의 권위자는 예수님이시다. 이것을 믿는다면 그 어떤 사람이든지 주님의 몸이므로 겸손해야 할 것이다. 교회 안에서 힘겨루기를 하던 분들은 그분 앞에 섰을 때 어떤 취급을 받게 될지 지금부터 잘 생각해보기를 간절히 바란다. 주님 앞에서 존재가 달라져야 참 하나님의 사람이 되는 것이다. 그는 바울처럼 철저하게 낮아지고 오직 주님의 사랑에 붙들려서 주님만 높인다. 성공적인 목회가 중요하지 않다. 멋있게 보이려고 애쓸 필요도 없다. 멋진 양복과 멋진 목소리와 유려한 말투가 주님을 기쁘게 하는 것이 아니다. 무엇을 위해서 그리도 뽐내려고 하는 건지 참으로 궁금하다. 누구를 높이는 것인가? 나인가? 예수님인가?

앞에서 소개되었던 내 친구 혁진 목사의 동생인 이진 선교사를 한 번 더 언급하고 싶다. 브라질에 가장 험악한 오지인 아마존에서 20년이 넘는 시간 동안 사역하면서 유명해질 수 있었다. 하지만 주를 위해 무명한 자로 남고자 순결한 삶의 길을 걸어가는 것이 바로 예수님의 신부의 길을 가는 자의 삶의 자세이며 향기가 아닐까? 그가 말하길 많은 선교사들이 유명해지면 선교지를 떠나서 간증이나 말씀을 전하기 위해서 돌아다닌다는 것이었다. 그는 그것을 안타까워했다. 본인 역시 원한다면 얼마든지 자신의 사역을 간증하며 유명세를 누리고 명예를 취하고 물질의 후원을 요청할 수 있는 여건을 다 갖췄음에도 그 길을 가지 않았던 참된 선교사였다.

일주일 이상을 모터 카누를 타고 밤낮 운전하여 들어가는 아마존강의 위험은 상상을 초월한다. 수 없는 죽음의 위기를 넘겼고 주님은 그의 사역을 축복하셨다. 그는 아마존에 들어가기 전, 브라질의 빈민촌에서 조폭과 살인의 위협 속에서도 주님께 순종하였고, 지역이 크게 변화되는 정말 영화보다 더 영화 같은 이야기를 들려주었다.

나는 그의 상급이 기대된다. 자신의 권리를 사용하지 않고 절제했던 바울의 삶이 이런 것이 아니었을까? 현시대의 사역자들에게 도전하고 싶은 모습이 아닐 수 없다. 아무리 사역이 성공적이라고 해도 사역으로 인해서 주어지는 혜택을 누리는 것이 자신의 상급을 깎아 먹을 수도 있음을 잊지 않았으면 좋겠다. 우리가 이 세상에서 많은 것을 받아서 누리면 누릴수록 주님 앞에 서면 가난한 자로 드러날 수 있다는 것을 알아야 한다. 부요한 것이 죄라는 의미는 아니다. 다만 그것이 사역자들의 목표가 되면 안 된다는 것이다. 사역자들 대부분이 너무나도 힘들고 어려움 속에서 주의 길을 가고 있다는 것을 알고 있다. 그러나 그것은 실패한 사역이 아니다. 주님의 제자이기에 당연히 고난을 자처하면서 그 길을 가는 것이다.

바울은 이렇게 고백한다.

"그리하면 내가 받을 삯은 무엇이겠습니까? 그것은, 내가 복음을 전할 때에 값없이 전하고, 복음을 전하는 데에 따르는 나의 권리를 이용하지 않는다는 그 사실입니다" 표준 킹제임스 (고전 9:18).

마음속의 숨은 욕망을 제거해야 한다. 이 땅에서 다 받으면 어찌될지를 이 마지막 때 깊이 생각해보자. 그리고 하나님의 말씀은 있는 그대로 바르게 전해야 함을 결코 잊어선 안 된다. 말씀을 깊이 연구하고 말씀의 바른 해석만 내놓아도 성도들은 알아서 은혜받는다. 성도들이 정말 궁금해하는 것은 성경의 참뜻이며 문맥의 의미이다. 난해한 성경 구절의 진짜 의미가 궁금하다. 성경의 의미를 바르게 이해하는 것은 곧 '하나님의 뜻'이 무엇인지 우리로 알게 하기 때문이다.

5장
계시록의 빌런들과
그들의 계획

어찌하여 이교도들이 분개하고

백성들이 헛된 것을 꾀하는가?

땅의 왕들이 나서고 치리자들이 함께 의논하나니, 주와
그분의 기름 부음 받은 자를 대적하며 말하기를, "우리가
그들의 결박들을 산산이 부수고 그들의 끈들을 우리에게서
던져 버리자" 하는도다. 하늘들에 앉아 계시는 분께서
비웃으시리라. 주께서 그들을 웃음거리로 삼으시리라. 그때
그분께서 자신의 진노 가운데 그들에게 말씀하시고 그분의
심한 불쾌함 가운데 그들을 괴롭게 하시리라.

표준 킹제임스 (시편 2:1~5).

두 짐승

첫 번째, 바다에서 올라오는 짐승은
'열국에서 올라오는' 서방 국가의 지도자이다.

이 짐승은 계시록 13장에 일곱 머리와 열 뿔이 있고 열 뿔에 열 개의 관이 있고 그 머리들 위에는 신성 모독 하는 이름이 있다고 나온다. 일곱 머리 중 다섯 머리는 사도 요한이 살아있을 때의 다섯 제국이나 그때는 이미 지나간 상태이고, 여섯 번째 제국인 '로마'가 요한의 때에 존재했으며, 이제 세상의 마지막에 일곱 번째 짐승의 제국이 등장할 것을 말하며 면류관을 쓴 열 뿔은 짐승 정부의 열왕을 말한다.

그동안 우리는 세계를 오대양 육대주의 개념으로 알고 있었다. 하지만 사실상 UN에서 가장 권한이 강한 기구 중 하나이며 국제 항공망에 관한 국제기구인 ICAO는 2018년부터 세계를 10개의 권역으로 나누기 시작했다. 미래의 세계를 이 10개의 권역으로 나누어서 관리한다는 것이 UN의 계획이다. 이 UN은 현재 준비 중인 2권에서 다시 한번 상세하게 다룰 예정인데, UN의 출범 자체가 고대로부터 이어져 온 적그리스도의 세력이 주도한 것이며, 세계를 하나로 모으고 자신들의 왕인 적그리스도의 왕국을 준비하는 단체이다.

그런 단체에서 세계를 10개의 권역으로 나눈다는 사실과 성경의 마지막 때 나타나는 열 뿔은 상당히 연관성이 있어 보인다. 그들은

7년 환란의 중간 즈음에 '종교적 음녀'를 불살라버린다. 첫 번째 짐승을 세계적인 지도자로 옹립하기 위해 협력했던 '로마가톨릭' 중심의 음녀 세력은 버림받고 열왕인 열 뿔에 의해 무참히 불살라질 것이다.

두 번째, 땅에서 올라오는 짐승은 '거짓 선지자'이며 이스라엘의 지도자이다.

땅에서 올라오는 짐승은, 많은 백성인 "이스라엘을 대표하여" 첫 번째 짐승과 평화협정을 맺는다. J. 알렌은 두 번째 짐승을 적그리스도로 보고 있다. 이것이 '7년 대환란'의 시작점인 '7년의 평화협정'이다. 지금 많은 사람이 적그리스도의 후보군으로 올려놓는 인물들이 있다. 하지만 휴거 이전의 성도들은 그가 누구인지 확실히 알지 못한다. 왜냐하면, 교회인 신부들은 적그리스도가 누구인지 보지 않고 7년의 환란이 있기 전 공중으로 올리게 될 것이기 때문이다.

한가지 가설

이것은 예언이 아니다. 만약 이러한 일이 실제로 일어난다면 주님의 공중 재림이 그만큼 가깝다는 것을 알리고 싶은 것이다.

유대인들은 제3성전을 짓기 위해 모든 준비를 끝냈다. 이제 남은 것은 '붉은 암송아지 의식'이다. 이것은 곧 실행될 것으로 예상된다. 그리고 현재의 '알아크사 사원'을 해체할 것이다. 이것이 실행되면 중동지역에 '제1차 곡과 마곡'으로 칭할 수 있는 세계적인 분쟁이 일어날 것이다. 그 전쟁 가운데 평화협정을 체결할만한 서방 국가의 지도자가 나타날 것이고 7년 협정은 체결된다. 그것이 7년 대환란의 서막인 것이다.

카발라 유대교의 예언에 의하면 메시아는 세 존재가 등장한다. '벤 조세프 메시아' '벤 다비드 메시아' '성스러운뱀 - AI메시아'이다. 랍비 조엘 박스트는 '조셉 메시아, 메타트론 성스러운 뱀 메시아'라는 책에서 에덴동산의 뱀은 '중성적인 인공지능'이라고 말했다. 카발라 유대교는 궁극적인 메시아를 인공지능으로 보고 있다(출처 - '점점 더 TV').

음녀

계시록에 표현되는 음녀를 세분화하여 두 가지로 볼 수 있다.

● **첫 번째는 계시록 17장에 나오는 '종교적 음녀'이다.**

이것은 로마가톨릭을 중심으로 한 "종교 통합세력"을 의미한다. 유대교, 이슬람교, 힌두교, 기독교, 불교, 기타 종교들이 연합되어 한 세력을 이루게 될 것이다. 사실 이 종교적인 음녀는 지금 "크리슬람"이라는 이름으로 이미 세상에 드러났다.

Christian과 Islam을 합친 크리슬람은 1970년대 나이지리아에서 TELLA라는 인물이 시작한 종교로서 1999년 사카라는 인물이 메카를 순례하는 도중 기독교와 이슬람의 신은 동일한 하나님이니 함께 예배 드리라는 계시를 받고 크리슬람을 정식적으로 설립하기에 이른다. 그래서 그들은 성경과 쿠란을 같이 믿는다. 알라에게도 부르짖고 하나님께도 부르짖는다. 기독교의 하나님과 이슬람의 알라가 같은 신이라는 것은 사탄의 수작질이다.

이 크리슬람 운동이 "크리스천 사이언스 모니터"라는 일간지에서 2006년 1월 26일자에 소개되면서 미주에 확산되기 시작했다.

TV, 라디오, 언론 등을 통해서 파급된 영향력은 미국 전역에 걸쳐 퍼져나갔고 테네시주의 침례교, 버지니아주의 감리교 교회가 예배당을 내어주기에 이르렀으며 새들백 교회의 "릭 워렌"이나 크리스탈 교회의 "로버트 슐러" 같은 대형교회의 목사들이 더욱 앞장서서 크리슬람 운동에 앞장서 나갔다.

복음주의라고 하는 미국의 기독교가 어째서 이렇게 무너졌는가? 간략하게 설명하자면 가톨릭의 검은 교황이라고도 불리며 프리메이슨, 일루미나티의 최고위층에 속해있는 예수회의 치밀한 '기독교의 친가톨릭화 전략'이 있었다. 엘리트들을 양성하여 각 나라의 학교와 정치 속으로 침투한 예수회원들은 결국 신학교까지 침투하여 초대교회 시대 알렉산드리아의 오리겐과 제롬이 저질렀던 것처럼 또다시 성경을 변개시키고 또한 "성경 비평학"이라는 학문을 만들어 보수주의 정통 신학을 흔들었으며 결국 그렇게 자유주의 신학이 나오게 되었고 시간이 흐름에 따라 더욱 변질되어 가며 아브라함 카이퍼의 신칼빈주의와 빌리 그래함을 필두로 한 신복음주의, 칼 바르트의 신정통주의로 나아가게 된다.

그러면서 점점 "오직 예수"의 복음이 아닌 이성과 직관, 체험을 중요시 여기며 나아가서 주권 영역이라는 무천년주의적, 후천년주의적 신학이 주류가 되었으며 더 나아가서 그리스도인들이 세상의 모든 영역에서 '영향력'을 미쳐야 한다며 세속적으로 변질된 사회 복음을 전하기 시작했고 그것들이 결국 교회일치운동, 즉 에큐메니칼 운동으로 발전하여 가톨릭과의 연합을 긍정적으로 바라보게 만드는 결과를 초래하게 되었다.

'사회적 복음'과 세상에 대한 영향력은 인간의 능력에 초점을 맞춘 것이다. 그것은 '인본주의'이다. 인간은 '영웅주의'에 빠질 가능성이 크다. 이 땅의 수많은 기독교적 시민단체가 거의 샛길로 빠진 것을 보면 인간이 얼마나 타락하기 쉬운 존재인지 알 수 있다. 따라서 인간의 능력이 아닌 예수님의 능력을 사모해야 한다. 내가 약할 때 바로 그때가 강한 때이다. 낮아지는 것이 사는 길이다. 교만은 패망의 선봉이다.

이어서 설명한다면 그 결과가 바로 WCC, WEA, NCCK 등이다. 1948년 발족된 WCC(World Council of Churches) 즉 세계교회협의회는 1차 총회를 시작으로 점점 더 배도의 모습을 드러내기 시작했다.

2022년 11차 총회에 이르기까지 그들이 보여 준 모습은 영혼의 구원보다 사회적 문제 해결에 초점을 맞추고 타 종교와의 대화와 종교 다원주의를 인정하기 시작하며 오직 예수 외에도 구원이 있다고 인정하면서 하나님은 타 종교에서도 역사하신다는 발언을 서슴지 않았다. 그러면서 가톨릭, 이슬람, 불교, 힌두교, 유대교의 지도자들까지 참여하여 함께 예배드리는 혼합 예배를 드리며 혼합주의가 팽배해졌고 6차 총회부터는 가톨릭의 교황이 기독교의 대표가 되어버렸다.

우리나라에서 열린 10차 총회와 관련된 자료는 누구나 쉽게 찾아볼 수 있을 만큼 많은 자료가 있지만 몇 가지를 정리한다면, 죽은 자를 위한 초혼제를 지내기도 하고, 지구의 나이가 45억 살이라는 진화론적 관점을 인정하며 공산주의를 높이며 후원하기도 했다. 또한, 문란한 성생활을 묵인하기도 하며 동성애자들을 포용하고 결국에는 동성애자들을 위한 부스를 공개적으로 인정하여 동성애를 쉽게 받아들일 창구가 열렸으며 혼합 예배와 민속춤 등 전혀 성경적이지 않은 배도의 현장이 열리게 되었다.

부산 벡스코 WCC 행사 중 일부

WEA(World Evangelical Alliance), 즉 세계 복음주의 연맹도 다를 바 없다. 근본주의와 자유주의 모두를 포용하고자 만든 단체라고 말하지만, 복음 전파를 위해

WCC 7차 총회 때 이뤄진 초혼제

서라면 누구와도 사역할 수 있다는 혼합주의다. 그들이 말하는 복음은 사회 복음이다. 그들은 "오직 예수"가 아니다. 과연 예수님께서 거짓 진리와 섞인 거짓 복음을 전하는 것을 기뻐하실까? 그리고 그 거짓 진리에도 과연 구원이 있을까? 그렇게 WEA 또한 WCC와 같은 흐름이고 NCCK(한국기독교 교회협의회)도 마찬가지이다. 그래서 WEA, WCC, 교황청은 2007년 "공동 선교 문서"를 발표하면서 복음 전파에 대한 하나의 행동 규범을 갖는다고 공식적으로 선언했다. 이렇게 이미 WCC를 통해 교회 안에서 통합을 이루어 가고 거기에 더해 타 종교와의 연합을 추구하며 종교통합의 초석을 만들어갔다.

1985년 교황 요한 바오로 2세는 모로코에 있는 한 무슬림 학교에서 기독교의 하나님과 이슬람의 하나님은 같은 하나님이라면서 서로의 갈등을 해소하고 미래를 그려나가자고 연설했고 이 연설에 대한 답변이 2007년 돌아오게 되는데 그들은 "우리와 당신들 사이의 공통 표어"라는 제목으로 교황과 기독교 지도자들에게 "공개서신"을 보낸다. 우리의 알라와 당신들의 하나님 둘 다 하나님 사랑과 이웃사랑을 이야기하니 같은 하나님이며 평화와 조화의 기반이 될 수 있다는 것이다. 당신들과 우리 둘 다 아브라함의 후손이라는 것이다.

성경은 이에 대해 뭐라고 하는가?

"나는 [주]니라. 나 외에는 다른 이가 없으며 나 외에는 신이 없느니라" 표준 킹제임스 (이사야 45:5).

명확하게 말할 수 있다. 이것은 배도이다. 이슬람이 어떤 곳인가? 그들은 삼위일체 하나님을 인정하지 않으며 예수님의 신성과 십자가를 부인하고 그들의 신앙을 따르지 않는 자는 투쟁의 대상이며 지옥 형벌의 대상으로 여긴다. 실상이 이럴진대 심지어 한국의 대형교회 목사들도 이슬람의 지도자들이 보낸 서신들에 대한 답장으로 하나님 사랑과 이웃사랑이라는 공통 표어가 "우리들의 공동기반"이 되어 좀 더 협력의 길로 가기를 소망한다는 긍정의 답변과 함께 서명하여 답장하였다. 여기에 또 하나의 큰 종교이자 같은 아브라함의 후손이라고 여기는 유대교 또한 종교통합에 있어서 합류하게 된다.

제3성전 건립에 관한 유튜브 영상에서 한 유대교 고위 랍비는, 이슬람의 마흐디와 자신들의 메시아가 동일한 인물이라며, 제3성전은 절대 한 종교만을 위한 것이 아니라 모두를 위한 성전이 될 것이며 이미 종교통합을 이루었다고 발언했다. 실제로 교황과 이슬람의 대이맘(이

아부다비에 지어진 건물 '아브라함 패밀리 하우스'

슬람 지도자)은 2019년 '인간 형제애 위원회'를 만들고 종교 간 대화의
장을 만들었고 같은 해에 여기에 유대교 지도자들이 합류하게 되며
그들은 UAE의 아부다비에 "아브라함 패밀리 하우스"라는 이름의 건물
을 짓기 시작했다.

이 건물은 유대교의 회당(시나고그)과, 이슬람의 모스크, 가톨릭의
성당이 한곳에 모여있는 곳이다.
사실 이스라엘과 이슬람권은 서로 많은 전쟁을 벌여왔다. 그런 그들
이 어떻게 이렇게 서로 화해하게 된 것이고 나아가 종교통합에까지
함께하게 된 것일까? 그것은 바로 2020년 9월 미국 트럼프의 중재로
이루어진 '아브라함 협정'이 있었기 때문이다. 트럼프와 그의 유대인
사위 쿠슈너의 중재로 2020년 9월 15일 이스라엘이 바레인 · 아랍에미
리트(UAE)와 정식 외교 관계를 수립한 협정을 맺었다. 협정의 명칭은
유대교 · 이슬람교 · 기독교가 공통의 조상으로 여기는 '아브라함'의
이름에서 따온 것이다.

그리고 그들은 아브라함 협정 코인을 만들었는데 홈페이지 정보 글에는, 이 코인의 수익금은 제3성전을 위해 쓰일 것이라고 홍보하고 있고 코인에 말씀 한 구절이 들어가 있다.

　이사야 2장 4절이다.

　"그리고 그분께서 민족들 가운데서 심판하실 것이요, 많은 백성들을 꾸짖으시리라. 그리고 그들은 자신들의 칼들을 두들겨서 보습들을 만들 것이요, 자신들의 창들을 두들겨서 가지 치는 낫들을 만들 것이라. 민족이 민족을 대적하여 칼을 들어 올리지 아니할 것이요, 그들은 더 이상 전쟁을 배우지도 아니하리라." 개역개정 (이사야 2:4).

Abraham Accord -
Historic Peace treaty $150.00
between Israel and UEA - $175.00
Presale

[-] 1 [+]

Add to Cart　　　Buy it now

"And He shall judge among the nations...and they shall beat their swords into ploughs, and their spears into pruning hooks: nation shall not lift up sword against nation, neither shall they learn war any more." - (Isaiah 2:4)

On September 15th 2020, President Donald J. Trump will host the signing of the "Abraham Accord," a groundbreaking Middle East peace treaty effectively normalizing relations between Israel and the United Arab Emirates. In signing the accord, the United Arab Emirates (UAE) joined Egypt and Jordan as the only Arab nations to make peace with Israel. It may open a new era. Fellow Gulf nations Bahrain and Oman signalled their support, while Saudi Arabia did not oppose it.

이사야 2장 4절이 적혀있는 아브라함 협정 코인 판매사이트

　문맥상 그는 예수님을 상징하고 이 말씀은 재림 때의 예수님이 오셔서 다스리시는 평화의 때를 말하고 있다. 그런데 왜 이런 구절이 이스라엘과 이슬람권의 평화협정 조약 코인에 들어가 있는 것일까? 그리고

이 구절이 들어가 있는 또 하나의 장소가 있는데 그곳은 바로 미국 뉴욕의 UN 본부 앞에 있다.

그리고 UN 본부에서 얼마 떨어지지 않은 곳에 동상이 하나 세워져 있는데, 한 손에는 칼을, 한 손에는 망치를 들고 있다.

그 동상의 이름은 'BEATING SWORDS TO PLOWSHARES'이다. 즉 칼을 쳐서 보습을 만들라는 뜻인데 이사야 2장 4절에 있는 말이다.

결국, 그들이 이 평화협정을 통하여 말하는 것은 예수님이 오셔서 있을 평화를 자신들이 주겠다는 것이고 자신들이 예수님이고 하나님 이라는 뜻이다.

그리고 이 동상이 세워진 위치는 트럼프 타워 바로 뒤이다.

트럼프는 예수회가 세운 학교의 출신이며 로스차일드가에서 90년 대부터 아이콘으로 밀어주던 인물이고 '뱀'이라는 시를 인용하여 공개 석상에서 자신이 뱀이라는 사실을 선포했던 자이다. 그는 백신에 대해 말할 때 WRAP SPEED 프로젝트를 추진해서 백신이 빠르게 출시될 수 있었고 코로나 극복에 도움을 주었다고 말했다. 백신에 대해서는 뒤에서 살펴볼 것이다.

그는 하나님께 회개해 본 적이 없다고 스스로 말한 자이고, 용서를 구할 필요 없는 삶을 살고자 노력한다고 말하는 자이다. 자기가 용서를 구할 필요가 없는 삶을 사는데 왜 회개해야 하냐고 반문한다.

그는 개신교이며 장로교라고 말하고 있지만, 그가 과연 예수님을 믿는 신앙일까? 결국, 그와 그의 딸 이방카 트럼프는 사위인 쿠슈너 를 따라서 '유대교'로 개종했다. 그가 개종한 종교는 '카발라 유대교'이 다. 그가 대통령으로 있을 때 그의 주변에서 중보 기도하던 사람들이 누구인가? 신사도계열의 목회자들이었다. 그러므로 친 기독교적인 인물이라고 착각하지 말자. 그는 친 가톨릭이며 친 유대교이다. 그는 실은 하나님과 상관이 없다. 사탄과 친밀한 자이다.

아브라함 협정 코인 왼쪽 – 앞면, 오른쪽 – 뒷면

이 아브라함 협정 코인에는 칼이 새겨져 있는데 그 칼 안에 그들이 진행할 어젠다에 대해서 그림으로 기록해 놓고 있다. AI를 상징하는 기술들과 백신, 5G 기술, 그리고 맨 위에 토성이 그려져 있다. 토성은 SATURN, 사탄을 상징하는 행성이다. 그리고 맨 밑에 트럼프의 사인이 들어가 있다. 그들이 누구를 위해 일하는지 분명하게 드러내고 있다.

아브라함 패밀리 하우스가 제3성전이라는 이야기는 아니다. 하지만 분명한 건 이러한 평화협정이 있었기 때문에 기독교와 유대교와 이슬람의 종교통합이 이루어질 수 있었고 결국 2022년 제7차 세계 50개국의 전통, 종교의 지도자들 108명이 참석한 제7차 세계전통, 종교지도자 대회의 폐막에서 교황은 인간 형제애 위원회의 문서를 공식적으로 채택하면서 하나의 세계종교가 탄생하게 되었다.

뱀의 모습을 형상화한 바티칸의 건축물

마리아를 숭배하는 교황의 모습

이름은 공식적으로 크리슬람이 아니지만 결국 크리슬람의 뿌리가
발전되어 아브라함 패밀리 하우스를 짓기에까지 이르며, 2023년 3월에

는 완공된 아브라함 패밀리 하우스가 일반인들에게도 공개되며 많은 관광객과 종교인들이 그곳을 방문하고 있다. 여기에서 기독교의 대표는 교황이다. WCC, WEA 등을 통해 기독교의 통합을 이룬 음녀는 결국, 모든 종교를 통합했고 세계 단일 종교 안에서도 수장 격으로 나서고 있다. 이것이 바로 계시록 17장의 "종교적 음녀"인 것이다.

이 음녀는 비밀이다. 왜냐하면, 겉으로 교묘하게 속이기 때문이다. 로마가톨릭은 큰 바벨론이며 땅의 창녀들과 가증한 것들의 어미다. 마리아 숭배는 세미라미스와 담무스 숭배의 고대 신앙에서 지금까지 흘러온 것이다. 이 음녀는 자주색 옷과 주홍색 옷을 차려입고 금과 보석들과 진주로 꾸몄다. 금잔에 성도들의 피를 가득 담아 마신 것이다. 가톨릭은 셀 수 없는 성도들을 죽였다. 하나님께서 사랑하시는 신실한 성도들의 목을 베고 불로 태웠다.

로마가톨릭은 계속해서 유아세례만이 구원을 받는다고 주장해왔다. 가톨릭의 비성경적인 요소를 빼버리고자 했었던 종교개혁자들 또한 크게 다르지 않았다. 그들 역시 유아 때 세례를 받았다고는 하지만, 정말 거듭난 후 믿음의 고백으로 또한 자신의 의지로 그리스도인으로 살기 위한 결단과 회개와 함께 다시 세례를 받는 재세례파를 수없이 죽였다. 오히려 태어날 때부터 구별돼야 한다는 '유아세례'야말로 아무런 성경적 근거가 없다. 그것은 유대인들의 '메시아 신국' 사상에서 나온 율법적인 구약의 할례를 본 따 만든 "행위"일 뿐 구원과는 아무런 관련이 없다. 어거스틴은 유아세례만이 하나님의 선택을 받는다고 주장했고 로마가 이를 받아들였으며 시간이 흐르고 종교개혁에 성공했지만 결국 그들은 유아세례를 버리지 않았다.

그들은 국가와 교회의 공존을 주장하며 믿음을 종교화하였고 정치적 장악을 이루었으며 유아세례를 거부하고 자신의 의지로 믿음의 고백에 의한 재세례를 받으며 초대교회로 돌아가 제자도를 추구하는 아나밥티스트(재세례파)를 급진주의자들로 몰아세워 불에 태우거나 발에 차꼬를 채워 물에 빠트리는 입에 담을 수 없는 고통스러운 방법으로 죽였다. 그 음녀는 가톨릭과 기독교의 이름으로 그 금잔에 성도들의 피를 가득 채워 마신 것이다.

● **두 번째는 18장에 나오는 '상업적 음녀'이다.**

이것은 첫 번째 짐승 정부의 행정적이며 상업적인 '도시'인 큰 성을 의미한다. 'J. 알렌'은 바벨론이 존재했던 시날 땅에 건설될 것으로 본다. 지금의 이라크에 존재하는 지역이다. 이것은 가시적인 도시이기 때문에 18장에는 한 시간에 멸망하는 도시로 표현된다. 우리는 이 도시가 어디인지 아직 알 수 없다. 중동지방 어디인가 건설될 것으로 예견할 수 있다. 사우디아라비아의 황태자인 '빈살만'은 스스로도 영화 '매트릭스'에 등장하는 '네오'의 역할을 생각하며 '네옴시티'를 만들려고 하는 것같이 보인다. 바벨론 도시는 '스마트 시티'의 형식으로 단기간에 건설될 것이다. 재미있게도 '네옴시티'를 살펴보면 시내산으로 추정되는 '라오스산'에 마천루의 높은 건물을 세워 성경의 기록을 묻어 버리려는 악한 의도가 있어 보인다. 앞으로 어떻게 진행될지 흥미진진하다. 어쨌든 성경의 기록대로 진행하는 중이다. 하늘에 계신 분은 그들을 비웃고 계신다.

"어찌하여 이교도들이 분개하고 백성들이 헛된 것을 꾀하는가? 땅의 왕들이 나서고 치리자들이 함께 의논하나니, 주와 그분의 기름 부음 받은 자를 대적하며 말하기를, "우리가 그들의 결박들을 산산이 부수고 그들의 끈들을 우리에게서 던져버리자" 하는도다. 하늘들에 앉아 계시는 분께서 비웃으시리라. 주께서 그들을 웃음거리로 삼으시리라." 표준 킹제임스 (시편 2:1~4).

왕들, 상인들, 장군들

첫째, **왕**들은 정치적 지도자들뿐 아니라 실제 왕족같이 군림하는 '가문'들까지 의미한다.

유럽의 왕족들도 실제 어마어마한 부를 소유하고 있고 뒤에서 정치적인 세력들을 등에 업고 조종하는 것으로 알려져 있다.

둘째, **상인**들은 세상의 부를 거머쥐고 있는 '로스차일드 가문', '록펠러 가문', 들과 연관되어있는 '중앙은행', '블랙록', 같은 기업 및 다국적 기업과 현대의 '빅테크'들을 의미한다.

셋째, **장군**들은 군사적 대국의 인물들 및 '군수 산업체'의 영향력 있는 인물들을 의미한다.

이들은 소위 말하는 '엘리트'들을 의미한다. 이들은 세상의 거의 모든 부와 정치적 힘을 소유했기에, 'DEEP STATE' 불려도 무방하겠다. 이들 세력은 '코로나 펜데믹'을 통해서 세계를 통제하려는 세력으로 드러났고, 이들은 'GREAT RESET' '4차산업혁명' 등을 내걸고 엄청난 속도로 인류의 삶을, 소설 '1984'와 같은 '짐승의 통제' 사회로 밀어 넣고 있다.

이들은 도대체 누구이고 정체가 무엇이길래 이러한 일들을 자행하는 것인가? 이들의 정체와 뿌리, 현재 세상에 일어나고 있는 일들까지 어떻게 흘러왔는지의 내용은 아주 방대하기에 2권에서 아주 상세하게 다룰 것이다.

이들은 계시록 2장 9절, 3장 9절에 말씀하신 "자신들이 유대인이라고 말하지만, 아니며 사탄의 회당에 속하게 하겠노라"라고 말씀하신 자들이다. 이들은 유대인으로 불리지만 혈통적으로는 유대인이 아니다. 하나님께서 인정하시는 이스라엘, 즉 유대인은 아브라함과 이삭과 야곱의 "씨"이다. 하지만 그들은 아브라함과 이삭과 야곱의 씨가 아니다. 더 정확히 말하면 그들은 네필림의 "씨"이다. 이것이 유대교의 신비 종교 '카발리즘'이다.

그들은 고대 바벨론부터, 아니 어쩌면 그 이전부터 시작된 사탄 숭배자들의 혈통이 가나안의 일곱 족속과 그 이후 바벨론과 페르시아, 그리스, 로마, 카르타고, 베네치아, 메로빙거 왕조, 카자르 공화국, 프랑크 왕조, 윈저왕조 등과 시온 수도회, 템플기사단, 성전기사단 등을 통해 이어져 왔고 예수회, 프리메이슨, 일루미나티 13 가문 등으로 발전하여 정치, 사회, 문화, 종교, 경제를 장악하였고 영국 황실, 가톨릭 등을 장악하고 각 나라의 통치권자들을 거의 자신들의 손안에

넣기에 이르렀다.

미국은 그들이 세계 단일 국가를 만들기 위해 세운 나라이며, 세계 1,2차 전쟁을 통해 자신들의 계획을 이루어 갔다. 앞으로 일어날 세계 3차대전 또한 그들은 이미 오래전부터 계획하고 있었으며 "시온 의정서"에 모든 계획이 기록되어 있고 세상은 시온 의정서에 기록된 그대로 흘러와서 세계 3차대전을 통해 그들이 말한 빛(루시퍼)이 나타날 세계 단일 국가를 눈앞에 두고 있다.

그들은 어떻게 이렇게 살아남았고 모든 것을 계획해 성공을 거둘 수 있었을까? 그 이유는 그들이 실제로 사탄을 섬기고 뱀을 숭배하며 72 마신들에게(사탄과 타락한 천사들) 세상의 신비 지식을 받기 때문이다. 이것이 유대교 비밀종교인 '카발라'이다. 그리고 그들이 세상의 부와 명예를 얻기 위한 신비한 지식을 받을 수 있는 이유는, 그들이 살아있는 사람, 특별히 어린 아이를 제물로 바치는 인신 제사 때문이다. 그 대가로 남들이 알지 못하는 비밀과 미래를 보고, 그에 맞는 기술들과 지식들을 사탄과 그 밑의 72 마신으로부터 직접 받는다.

고대 바벨론부터 지금까지 그들은 대놓고 또는 암암리에 인신 제사를 드려왔다. 니므롯이 그랬고 가나안 7족속들 또한 몰렉과 바알 및 자신들의 신들에게 인신 제사를 드렸으며, 여호수아에 의해 살육당하며 살아남은 그 후손들은 퍼져나간 땅에서 그렇게 또 인신 제사를 드렸다. 그래서 역사 기록을 찾아보면 세계 곳곳에서와, 예수님 시대 이후 홀로코스트가 된 이후 유대인들이 지나간 곳에서는 늘 소아성애와 납치, 살인, 강간이 즐비했고 그런 행위들이 걸려서 배척당하고 추방당한 기록들이 넘쳐난다. 옛날에만 그랬을까?

24년 1월 11일, 미국의 유대교 회당에서 비밀통로들이 발견되었고 그 지역 어린이집과 연결되어 있었으며 그 안에 피 묻은 매트리스와 아기 옷, 유모차 등이 발견되었다(참고사이트 확인). 이것이 현실이다. 그들은 진짜 유대인이 아니다.

그렇게 그들의 신비 종교의 의식인 인신 제사를 통해 사탄으로부터 직접 지혜와 신비 지식을 받은 그들은 가는 곳마다 살아남고 부를 축적하며 자신들의 빛인 루시퍼가 나타날 왕국을 만들기 위해 세상을 장악해 나갔고 지금은 거의 완벽하게 세상을 장악한 상태이다. 지금 세상의 정치, 사회, 문화, 경제, 종교 할 것 없이 모든 분야에 그들의 손아귀가 미치지 않은 곳은 없다.

그리고 마침내 때가 되었다고 판단한 것인지 그들은 NEW WORLD ORDER, 즉 신세계 질서를 외치며 "구시대적인 것은 모두 RESET 해야 한다, GREAT RESET이 필요하다"라고 선언하기에 이르렀다. 또한, 글을 쓰고 있는 현재 2024년, 과거를 돌아보면서 '코로나 펜데믹'이야말로 그들이 말한 'GREAT RESET'가 제대로 된 시발점이었고 계획된 '플랜데믹'이었으며, 펜데믹을 통해 맞게 된 '백신'이 '인구감축'과 '트랜스 휴머니즘'으로 가기 위한 전략이었고, 현재 상용화되고 있는 'AI'와 'CBDC', '디지털 ID' 등 모든 것이 세계 경제 포럼의 제4차 산업혁명이란 이름으로 진행되어가는, 고대로부터 흘러온 사탄숭배자 엘리트들의 '신세계 질서 수립'의 계획이란 것을 알게 되었다.

펜데믹과 m-RNA백신의 문제

우리가 지난 3년간 느꼈듯 코로나 펜데믹은 우리 삶의 많은 부분을 바꿀 만큼 전 세계적인 큰 펜데믹이었다.

하지만 참 신기하게도 "코로나 펜데믹이 일어나기 6주 전"인 2019년

10월 18일 세계경제포럼 측과 빌&멀린다(빌게이츠 부부) 재단은 존스 홉킨스 보건센터에서 펜데믹 모의 훈련인 "이벤트 201"을 진행했다. 전 세계적인 펜데믹 상황을 대비한 훈련이었는데 이런 "가상의 상황"이 주어졌다.

"펜데믹은 인수 공통 '신종 코로나바이러스'에서 시작됐다. 박쥐에서 돼지를 거쳐 사람에게 왔다. 증상은 대수롭지 않으나 전파 속도는 훨씬 빠르다. 브라질 돼지 축사에서 발원해 저소득층 밀집 지역을 거치면서 세계로 급속히 확산된다. 1년 안엔 백신이 나올 가능성은 없다. 감염자가 기하급수적으로 늘어나고, 공포에 휩싸인 세계 경제는 위축된다. 세계 총생산(GDP)이 11% 감소한다. 가짜정보가 난무해 감염병 퇴치에 애를 먹는다. 18개월이 지나 수천만 명이 희생되고서야 사태는 종료된다."

그리고 6주 뒤 중국 우한에서 신종 코로나바이러스가 발생하여 우리가 겪었던 펜데믹이 벌어진 것이다. 이들은 예언가인가? 아니면 기획자인가?

놀라운 사실은 1989년 랄프 에프르슨의 "NEW WORLD ORDER"라는 책에서는 신세계 정부의 사기 펜데믹 진행계획이 단계별로 자세히 설명되어 있고 특히 일반적인 감기 증상을 가짜 검사 도구를 사용하여 과장된 거짓 양성을 만들어 펜데믹을 발생시키고 락다운을 비롯한 격리 통제 시스템을 가동시키고 5G 전자기파를 사용하여 인체의 면역 체계를 파괴시킨 후에 저들이 제공하는 정체불명의 가짜 백신을 접종하도록 유도 시킨 후 만약 백신 접종에 대한 다수의 저항이 있을 때는 무기화된 바이러스를 방출할 것이라고 언급되어 있다. 게다가 정확히 "COVID-19"라는 명칭까지 언급하고 있다. 랄프 에프르슨은 평생을 프리메이슨을 파헤치고 음모론의 실체를 연구한 사람으로 알려져 있으며 이 책은 30년 훨씬 더 이전에 쓰인 책이다. 우리가 겪어온 일들과 너무나 유사하지 않은가?

펜데믹 기간 우리는 PCR 테스트를 통해 많은 확진을 받아왔다. 이 PCR 테스트 즉 '유전자 증폭 중합 효소 연쇄반응 검사법'은 소량의 DNA를 채취하여 바이러스를 확인하기 위해 양을 늘리는 단계를 거친다. 적절한 온도까지 높였다가 내리고를 반복하는데 올리고 내리는 단계를 1 싸이클 = CT1이 되는 원리다. 문제는 한 싸이클이 증폭될 때마다 DNA의 양이 두 배씩 증가한다는 것이다. 10회만 돌려도 원래 있던 양의 1,000배가 되어버린다.

그래서 이 PCR 테스트를 발견하여 노벨상을 수상한 캐리 멀리스 박사는 증폭 횟수를 늘리면 누구에게나 어느 것이든 찾아내어 양성 판정을 내릴 수 있고, CT 값이 40회 이상 넘어가는 것은 명백한 의료사기라고 인터뷰한 바 있다. 그렇다면 우리가 펜데믹 기간에 받은 PCR 테스트의 CT 값은 몇이었을까? 한국에서 사용된 진단 키트의 대부분 CT 값은 최소 28회 이상이었고 대부분이 35-45회 사이로 밝혀졌다.

2021년 4월 과학잡지 European Journal of Clinical Microbiology & Infectious Diseases에 발표된 논문에 따르면, PCR 테스트 CT 값이 17 미만일 때 100%의 정확성을 가지며, 25 미만일 때, 약 80%의 정확성을 보이며, 34를 초과하면 정확성은 0%로 떨어진다고 밝힌 바 있다. 그래서 "코로나 19 종식 범시민대책위"는 식약처를 대상으로 청주지방법원에 소송을 제기한 바도 있다.

우리는 이러한 PCR 테스트로 수없이 많은 양성 환자를 만났고 심지어 증상이 없는데도 "무증상 확진자"란 이름으로 격리되고 자유를 억압당했었다.

서주현 명지병원 응급의학과 교수는 그의 저서 〈코로나 19, 걸리면 진짜 안돼?〉 라는 책에서 "1년이 넘는 기간 동안 사망은커녕 감기 증상도 안 보이는 '확진자' 확산을 막기 위해 모든 노력을 해온 것 같다. 학교는 휴교, 학원은 휴강, 행사는 취소, 음식점과 관광업은 파탄, 공장과 홈쇼핑도 폐쇄. 그럼에도 불구하고 확진자는 계속 나오고 있다. 그 확진자가 스쳐 지나간 곳에 있었다는 이유만으로 미움받고 경계의 대상이 되기도 한다. 자진 신고하는 사람은 고마운 사람이 아니라 싸돌아다닌 천하의 죽일 인간이 되어가는 형국"이라고 서술하기도 했다.

이렇게 랄프 에프르슨이 쓴 NEW WORLD OLDER 책의 내용처럼 가짜 검사 도구를 이용한 과장된 거짓 양성자로 인하여 '사회적 거리두기'라는 이름으로 락다운이 실행되었다. 인원 제한, 시간제한, 장소제한 등 많은 제약이 따랐고 우리의 자유는 억압당했다. 책 "코로나 미스터리"의 저자 김상수 원장은 정부가 코로나바이러스의 감염경로라고 이야기했던 비말 감염의 비말은, 크기 5um이상 100um이하로 입자가 커서 우리의 호흡기로 들어온다고 해도 하부 호흡기인 폐까지 도달하기 전에 코, 목, 기도의 점막에 흡착되어 하부 호흡기까지 전달할 수 없다고 그의 책에서 분명하게 밝히고 있다.
하지만 정부는 확진자가 늘어나자 비말 감염에서 공기 중 감염으로도 감염될 수 있다고 말을 바꾸었다. 그래서 마스크 의무화 같은 통제를 더욱 강화했는데 이제는 밝혀진 사실이지만 마스크는 정말 바이러스를 막는 아무런 효과가 없다. 효과가 없을뿐더러 오히려 코로나 이전에는 장시간 마스크를 쓰지 말라고 권유할 정도로 건강에 좋지 않다는 것이 분명했다.

'코로나 백신 안전성 확보의 의료인연합의 공동대표' 김상수 원장은 그의 책에서 정부에서 추천했던 KF94의 필터는 0.4 마이크로미터, 코로나바이러스의 크기는 0.125 마이크로미터로 코로나바이러스가 훨씬 작아 마스크를 써도 바이러스를 막을 수 없고 오히려 막을 수 없는 바이러스를 막겠다고 쓰는 마스크의 부작용은 산소의 공급량 부족으로 '저산소증'을 유발하고 마스크로 인해 우리가 내뱉는 이산화탄소를 배출하지 못하고 다시 들이마셔 "고탄산혈증"의 위험성이 높으며 이런 부작용은 어린이나 노약자, 기저 질환자의 생명을 위협할 수 있을 만큼의 부작용이라고 분명하게 밝히고 있다.

마스크가 정말로 바이러스를 막아줄 수 있었다면 사회적 거리 두기는 할 필요가 없었을 것이다. 마스크가 막아주니까! 사회적 거리 두기가 정말 효과가 있었다면 마스크는 쓸 필요가 없었을 것이다. 거리를 두고 있으니까!

하지만 우리가 이미 겪어왔듯이 확진자가 폭증해 왔던 것이 사실이다. 하지만 더 놀라운 사실은 이미 "2010년 5월" 발표된 "미래의 기술과 국제 발전을 위한 시나리오"라고 불리는 '록펠러 재단'의 문서에는 전 세계적인 펜데믹과 마스크 의무화, 모든 장소에서의 체온 체크, 강제적인 격리, 국가의 권위적 시민 통제, 공산주의 사회국가인 중국의 통제 시스템 같은 우리가 겪은 일들이 이미 기록되어 있었다.

그들은 어떻게 이 모든 일이 일어날 줄 10년 전에 알고 있었을까?

다시 한번 묻고 싶다. 그들은 예언자인가? 기획자인가?

또한, 로스차일드 가문의 Richard a Rothschild라는 사람은 어떻게 2019년도 말에 COVID-19 펜데믹이 일어날 줄 알고 2015년에 미리 "코비드-19 생체 검사 도구 특허"를 낼 수 있었을까?

아스트라제네카는 어떻게 펜데믹이 일어나기도 전인 2018년 COVID-19 백신 포장지를 만들어 놓고 있었을까?

모더나 CEO 스테판 반셀은 어떻게 WEF(세계경제포럼)에서 2019년, 2020년에 펜데믹이 일어날 것이란 사전 정보를 가지고 있었다고 인정하는 인터뷰를 했을까?

이러한 객관적 증거들을 보고도 펜데믹이 기획되었다는 것을 의심하는 것은 비합리적인가? 언제까지 진실을 외면하며 이 모든 사실을 음모론이라고만 주장할 것인가?

미국의 행정정보공개 제도로 입수해 2021년 6월 일부 공개한 코로나 상황에서 가장 많이 언급된 미국의 질병 전문가이자 미국 국립 보건원 국립알레르기 전염병 연구소의 소장 "앤서니 파우치의 이메일"에는 충격적인 내용이 들어있었다.

펜데믹 초기이던 2020년 3~4월에 주고받은 이메일에는 대중들에게 마스크의 중요성을 강조하며 마스크를 두 개씩 쓰라고 할 정도로 마스크를 강조했던 사람이 지인들에게는 마스크는 바이러스를 막는 효과가 없으므로 쓰는 것을 추천하지 않는다고 보낸 메일이 발견되었다.

앤서니 파우치의 이메일에는, 마스크에 관한 것만이 아니라 코로나바이러스가 우한의 실험실에서 유출되었을 가능성을 이미 알고 있었다는 정황과 페이스북의 마크 저커버그와의 빅테크를 이용한 펜데믹 공포감 조장에 대해 논의한 정황증거, 코로나바이러스를 생화학 무기로 만드는 방법 등이 적혀있었고, 앤서니 파우치는 NIH(미국 국립보건원)를 이용하여 에코 헬스 얼라이언스(전염병의 피해로부터 인간, 동물, 환경을 보호하기 위해 설립된 미국의 시민단체)의 PETER DASZAK 회장을 통해 우한 연구소에 금전적인 지원을 계속해 왔다는 것이 드러났다.

미국에서는 "The Real Anthony Fauci"라는 책이 베스트셀러가 되었고 그 안에는 앤서니 파우치의 과거의 범법 행위들과 빌 게이츠와의 유착관계 등 앤서니 파우치의 악행에 대해 자세히 적혀있고 〈플랜데믹〉이라는 책에서도 특정 엘리트들이 코로나19 사태를 기획했다고 밝히면서 제약회사들과 WHO, CDC 등 엘리트들과의 유착관계를 낱낱이 조사한 것을 서술했다.

앤서니 파우치의 이메일에 자주 등장하는 인물이 있다. 바로 "빌 게이츠"다. 빌 게이츠의 아버지는 '전미 낙태협회' 회장을 지냈고 더 많은 사람이 손쉽게 낙태를 할 수 있도록 노력한 인물이다. 악한 집안에서 태어난 악한 사업가일 뿐이다. 그는 마이크로소프트를 키우면서 많은 불법을 했고 이미지가 나빠지자 그의 전 아내와 '빌&멜린다 재단'을 만들어서 이미지를 바꾸기 위해서 많은 일을 벌였지만, 이마저도 사실은 엄청난 수익을 낳는 '투자'였다. 백신에 대한 투자를 통해서 16배의 막대한 수익을 챙겼다.

게이츠 재단의 실체는 인도나 아프리카 지역에서 인도주의적 무료 백신 접종을 한다는 명목하에 백신 생체실험을 한 것으로 알려져 있으며, 2010년 WHO에 100억 달러를 기부하는데 2014년 WHO로부터는 케냐의 여성들에게 파상풍 백신으로 인한 화학적 불임을 초래한 혐의로 기소되기도 하였다.

또한, 몬산토(현재는 몬산토 바이엘) 라는 이름의 생화학 제조업체에 수백만 달러를 투자했고 이들은 현재 유전자 변형 작물(GMO)의 세계 90% 이상의 점유율을 차지하고 있다. 이 부분은 뒤에 다룰 이야기지만 인구감축과 기후 위기를 가장한 식량에 대한 통제와 연관되어 있다.

사실 빌 게이츠는 다들 아시다시피 의학계와는 아무 상관이 없는 컴퓨터 회사의 회장이다. 그런데 그는 어느샌가 백신과 인구통제의 세계 최고의 권위자가 되었다. 이미 2015년 전 세계적인 펜데믹을 예언했고 백신으로 인구를 감축할 수 있다고 당당하게 말하는 인물이 '빌 게이츠'이다.

실제로 프랑스의 한 영화감독은 펜데믹을 둘러싼 극명한 정보의 부재와 보건 위기 관리자들이 드러내는 불가해하고 부조리한 태도에 대한 답을 구하기 위해 2020년 〈HOLD-UP〉이라는 영화를 제작했으나 개봉 5일 만에 상영 금지 처분을 받게 되었다.

이 〈HOLD-UP〉이라는 다큐멘터리 영화는 총 10가지 주제를 각 분야의 전문가적인 관점에서 다루고 있다.

(1) 보건정책의 모순(병을 줄 것인가, 건강을 줄 것인가?)
(2) 코로나 사망률 0.19%
(3) 조작된 PCR 검사
(4) 무서운 건 바이러스가 아닌 정부
(5) WHO, 건강기구인가? 질병 기구인가?
(6) 부풀려진 코로나 환자, 사망자 수
(7) 효과적이고 싸서 제거된 치료제

(8) 란셋(영국의 권위 있는 과학 저널) 게이트

(9) 펜데믹의 예언자 혹은 계획자들

(10) THE GREAT RESET

이 다큐멘터리에서는 전 화이자 부사장, 정신과 전문의, 일간지 편집장, 보건 인류학자, 수학자 등 각 분야의 전문가들이 하나같이 입을 모아 정부와 글로벌 리스트들과 그들이 소유한 제약사 및 인물들과의 유착관계에 대한 증거들을 제시하는데 그들이 도달한 결론은, "이 코로나 펜데믹은 글로벌 리스트 세력들이 전 세계를 대상으로 한 GREAT RESET의 시작이고 오래전부터 계획되어 왔다는 것"이다.

과거를 돌이켜보았을 때 그들이 코로나 초기부터 계속해서 해왔던 말은 "백신"을 맞아야 한다는 것이었다. 전 세계 인구가 수요자이니 엄청난 부를 얻을 수 있었을 것이다. 위에 언급한 〈The Real Anthony Fauci〉, 〈플랜데믹〉, 〈HOLD UP〉 모두 제약회사들과 엘리트들이 펜데믹을 통해 얼마나 많은 부를 축적했는지와 서로 얽혀있는 유착관계에 대하여 자세하고 낱낱이 밝히고 있다. 꼭 읽어 보시기를 추천한다. 사람들 사이에서 전 세계적인 "백신 카르텔"이라는 말이 괜히 나오는 것이 아님을 충분히 설명하고 있다.

실제로 WHO, CDC, 각국의 정부들과 산하 의료기관들은 백신의 안전성이 충분하게 확인되지도 않았는데도 불구하고 펜데믹의 공포감을 조성하여 앞다투어 백신을 수급하고 접종하는 것을 서둘렀다. 결과는 어떠했는가?

다른 나라도 마찬가지이나 우리나라만 예를 들어보자.

백신이 수급된 2021년, 1.18일 신년 브리핑에서 정부는 모든 책임은 정부가 지겠다며 백신을 믿고 접종해 달라고 하였다. 그리고 2월 말, 백신 접종이 시작되었다. 그리고 결과는 우리가 겪었다시피 처참하고 참혹했다.

너무나 많은 부작용과 심지어 사망자까지 속출하기 시작했다. 백신을 접종하기 시작하고 몇 달 지나지 않아서 청와대 국민 청원에는 백신으로 인한 부작용과 사망자들의 국민 청원으로 들끓었다. 아무런 기저질환도 없었던 아버지 또는 어머니가 백신을 맞고 죽음에 이르고 누군가의 여자친구는 다리를 절단해야 했고 누군가는 백혈병이 걸렸으며 팔다리가 마비되고 의식불명에 빠지고 전신경련이 멈추지 않는 수없이 많은 사례를 확인할 수 있었다.

그런데 언론에서는 어떻게 이야기했는가? 코로나 사망자로 몰아갈 뿐이었다. 인과관계가 없다는 이야기를 반복하면서 그 누구도 위로받고 보상받지 못했다. 지금에 이르러서야 몇 차례 사례들이 인정받아 보상이 이루어지는 실정이다. 오죽하면 코로나 백신 피해자 모임이라는 카페가 생겨나고 현재까지도 피해자들의 시위가 계속되겠는가?
그럼에도 불구하고 4차에 이르기까지, 집단면역이라는 의학적으로 말이 안 되는 정책과 백신 패스라는 정부의 강압적인 통제와 차별을 강제하면서까지 그들은 "백신"을 맞히길 원했다. 그들은 왜 그렇게까지 백신을 맞히려 했을까?

정말 '플랜데믹'이나 'HOLD UP'에서 밝히고 있는 것처럼 전 세계적인 백신 카르텔로 엘리트들이 돈을 벌기 위해서만 이러한 일들을 벌였을까? 단순히 돈을 벌기 위해서 전 세계의 거의 모든 나라의 권력자들과 제약회사들과 엘리트들이 합심하고 이런 일들을 벌인 것일까? 숨겨져 있는 더 깊은 의도는 없었을까? 그리고 백신에는 도대체 무엇이 들어있길래 사람들이 이렇게 부작용을 겪고 사망자가 속출하기에 이르렀을까?

코로나 백신은 m-RNA를 기반으로 한 백신이다. 이제껏 한 번도 인간을 대상으로 투여된 적이 없고 어떤 부작용이 있는지 검증되지 않았다. 백신을 접종할 때만 해도 반신반의하며 잘 몰랐지만, 현재 과학자들과 의사들은 백신에 대해 많은 것들을 밝혀냈다.

의료계의 진실을 폭로하여 많은 핍박을 받아 온 미국의 저명한 자연요법 과학자인 로버트 영 박사는 4개의 백신을 조사하여 발견한 성분들을 표로 만들어 발표하였는데 그 안에는 알루미늄, 그래핀 옥사이드, 바나듐, 트피마노소마 기생충 같은, 백신에 들어가면 안 되는 물질들이 함유되어있는 것을 발견하였다.

우리나라에도 '코로나 진실규명 의사회'라는 진실을 외치는 의사분들이 결성한 단체가 있다. 일명 '코진의'라고 불리는데 그곳의 이영미 산부인과 전문의는 현미경으로 백신의 성분들을 확대, 조사한 결과 '정체불명의 미확인 생명체들'이 존재한다고 밝히기도 했다. 이 부분에 대해서는 조금 뒤에 다루어 볼 것이다. 밝혀진 사실 중 가장 충격적인 부분 중 하나는 코로나 백신이 남자의 정자, 여자의 난자를 공격하고 있다는 것이다. 결론부터 말하면 그들은 "다음 세대"를 원하지 않는다.

한국 의학한림원 코로나19 백신 안전성 위원회는 국내 코로나바이러스 감염증-19 (이하 코로나19) 백신 접종과 월경이 잦아지는 이상 자궁출혈 사이에 인과성이 인정된다는 연구 결과를 발표했다. 종류에 상관없이 백신 접종 후 4개월 만에 19만 명의 이상 자궁 출혈이 보고되었다고 발표했다.

미국 CDC ACIP(Advisory Committee on Immunization Practices) 미팅에서 독성학과 생물학 분야에서 30년 이상의 경험이 있고, 백신 개발에 참여한 적이 있는 린제이(Janci Chunn Lindsay) 박사는 여러 측면에서 코로나 백신 접종을 중단해야 한다고 발언했다. 가장 중요한 이유는 코로나 백신이 싱시틴(Syncytin) 단백질과 교차 반응하여 정자, 난자 및 태반의 생식 능력 저하와 생식 및 임신 결과 손상을 초래할 것이라고 말했다.

코로나 백신 접종은 코로나바이러스의 스파이크 단백질에 대한 항체를 생산할 목표를 갖고 있다. 그러나 스파이크 단백질은 인간의 태반 형성에 필수적인 싱시틴(Syncytin) 단백질과 유사성으로 면역세포가 태반을 공격할 수 있다. 그렇다면 예방 접종을 받은 여성에게 무기한 불임을 초래할 수 있다.

바이러스 학자인 겔라하(Bill Gallaher) 박사는 2020년 2월 7일 97쪽짜리 논문을 통해 스파이크 단백질을 타깃으로 하는 백신으로 면역세포가 생식 기관을 파괴할 수 있는 문제를 상세히 다루었다.

2020년 12월 1일, 전 화이자 호흡기 연구책임자인 이든(Michael Yeadon) 박사와 폐 전문의이고 전 공중 보건 부서장인 워다그(Wolfgang Wodarg) 박사도 유럽 의학청에 화이자 코로나 백신 약물 승인 절차를 즉각적으로 중단할 것을 요구했다. 코로나 백신 접종은 코로나의 스파이크 단백질에 대한 항체를 생성하게 된다. 린제이 박사와 겔라하

박사와 마찬가지로 스파이크 단백질이 태반 형성에 필수적인 싱시틴(Syncytin) 상동 단백질이 함유되어 자가면역반응을 유발하여 무기한 지속되는 불임이 발생할 수 있다고 제시했다.

또한, 한국에서도 코진의(코로나 진실규명 의사회) 이영미 산부인과 전문의는, 코로나 백신 4종 모두에 남자의 정액을 섞어본 결과 백신이 정자와 만났을 때 그 정자들은 거의 모두 다 죽어 나간다는 것을 발견하였다.

화이자의 m-RNA 코로나 백신이 임신부에게 미치는 영향을 분석하기 위한 임상시험에서 코로나 백신을 접종한 임신부 50명 중 44%인 22명이 유산을 겪은 것으로 나타났다. 그러나 화이자 측은 이같은 결과에 대해 '백신과 인과관계 없음'으로 처리했으며, 이 임상 결과를 통보받은 미식품의약국(FDA)도 이를 조사하거나 즉각적으로 언론에 공표하지 않은 것으로 드러났다. 이같은 사실은 독립언론인 '데일리 클라우트'(Daily Clout)가 FDA가 공개한 화이자 백신 부작용 보고서를 분석해 보도하면서 알려졌다.

지금 유튜브를 보면 '유산 브이로그', '계류 유산' 은 영상들이 굉장히 많이 올라온다. 이것이 백신 안에 들어있는 성분과 무관할까?

나오미 울프 박사는 화이자 백신 문서를 폭로하면서 서유럽과 북미 전역에서 출생률이 13~20% 감소했고 백신 안에 들어있는 나노 지질 입자들이 모유에도 들어가 발육부진 및 상처를 입히고 때로는 아기를 죽이기도 한다고 밝힌다. 또한, 어머니가 주사되었을 때 자궁에 있는 남자아이들의 고환에서 남성성의 기본적인 공장을 분해했다는 것을 밝히며 그들은 괴물들이며, 인간의 번식을 방해하는 데 초점을 맞추고 있다는 결론을 피할 방법은 없다고 밝히고 있다.

또 하나 충격적인 부분이 있다. 그것은 바로 그들은 '인구를 감축'하기를 원한다는 것이다.

동경 과학기술대 명예교수 무라카미 야스후미 교수는, 화이자와 모더나 백신을 연구하던 중 아주 충격적인 사실을 발견하는데, 그것은 백신 안에 'SV40'이라는 바이러스가 포함되어 있다는 사실이었다.

SV40은 유인원 바이러스로 암을 일으키는 바이러스로 유명하다. 발암뿐만 아니라 유전자의 변형을 일으키는 바이러스로써 SV40의 이런 위험성은 여러 논문에서 이미 밝혀졌으며, 이것은 백신에 절대 들어가면 안 되는 것인데 도대체 화이자는 이것을 왜 넣은 거냐고 반드시 조사가 필요하다고 역설했다.

모더나, 또한 자신들의 백신이 선천적 기형과 암을 유발할 수 있다는 사실을 나중에서야 인정했다. 그리고 많은 의사가 이야기하기를 현재 터보 암이 20, 30, 40대 위주로 급격하게 증가하고 있으며 특히 혈액암에 관한 청구는 522% 증가했다고 밝힌 의사도 있다.

유엔뉴스 2023년 6.23일 기사에 아래의 내용이 등장한다.

"터보암은 존재하지 않았던 것이고, 갑자기 어디에나 있습니다. 그래서 그것은 한 곳에 있는 것에서 모든 곳에 있는 것으로 한꺼번에 이동합니다."

유명한 병리학자 라이언 콘 박사는 "너무나 많은 의사가" 자신이 보고 있는 것과 같은, 전례 없는 발견을 보고하며 접근했습니다. 즉, 암이 '산불처럼' 발생하거나 다시 발생하거나 이전에는 볼 수 없었던 속도로 젊은 집단에서 발생하는 것입니다.

"슈도우리딘 주사, 그것이 만드는 스파이크, 변화하는 패턴 모두가 작은 해병대와 수지상 세포와 대식세포를 병영으로 돌아가서 취하게 하고 잠을 자게 하고 있습니다. 이제 당신은(암을 퇴치하기 위한) 방어시스템이 없습니다."

암의 성장패턴과 움직임 또한 "완전히 성격이 맞지 않습니다."

이것은 "터보암"이라는 용어로 대중화된 현상입니다.

유튜브를 운영하는 암을 치료하는 의사는, 자신의 유튜브 채널에서 백신 접종 이후 암 발병률이 많이 올라간 것은 사실이라고 밝히면서, 동료 의사들끼리도 이거 백신 때문이 아니냐며 자기들끼리도 이야기하고 특히 혈액암 관련해서는 증가한 것이 사실이라고 밝히고 있다.

그뿐만 아니라 코로나 백신의 큰 부작용으로 심근염, 심낭염, 뇌출혈, 혈전 등이 밝혀졌고 세상은 지금 수없이 많은 '의문사'를 경험하고 있다. 길을 가다가 심장마비로 쓰러지고, 건강했던 운동선수들이 경기 중 심장을 부여잡고 쓰러지는 일이 빈번해지고 있다. 정말 너무 많이 일어나고 있다.

캐나다에서는 의사들이 백신을 의무적으로 맞았고 그 이후 180명의 의사가 사망했지만 제대로 된 부검은 이루어지지 않았다.

외국의 장의사 허쉬만은 2021.11월부터 유족들이 하도 물어봐서 혈전 사례들을 기록하기 시작했는데 고객의 14%만 혈전이 안 나오고 86%에게서 혈전이 발견되었다고 밝히고 있다. 그러면서 발견된 혈전들은 모두 섬유화 물질이라고 밝히며 장의사 생활 중 이렇게 혈전이 무더기로 계속 발견되는 사례는 없었다고 밝히고 있다.

2022년 9월 25일 미국 아이다호의 의회에서 군의관 테레사 롱 중령은 이러한 연설을 했다. 보험회사들에 따르면 미국에 재난이 일어난다면 사망률은 10% 증가한다고 말하곤 하는데 미국의 보험회사 데이터에 따르면 백신 접종 이후 18-44세의 사망률이 40%나 증가했다고 밝히며 40%는 충격적인 수치이고 대재난 수준이라고 밝혔다. 또한, 군의관으로서 지금껏 군인들의 건강이 이렇게 악화된 것을 본 적이 없다며 뇌졸중, 심막염, 심근염, 불규칙한 심박동, 부정맥, 갑상선 기능이상, 인지 기능장애, 면역결핍, 혈전, 불면증, 생리불순, 유산 및 각종 암 등등 수없이 많은 증상이 나타나고 있는데, 자신의 전문적 소견으로 말하자면 이것은 인류를 통제하고 감축시키기 위한 생물학 무기라고 확신 있게 말하고 있다.

네이처 저널 학술지 백신에 실린 새로운 연구 논문에는, COVID-19 백신을 맞고 심근염에 걸려 사망한 사람들의 심장 세포에서 백신 m-RNA가 발견되었음을 밝히고 있다. 믿을 수 없는 이야기 같지만, 엘리트들은 오랜 시간 공공연하게 인구가 너무 많아 줄여야 한다고 이야기하고 다녔다. 세계 정치를 쥐락펴락했던 헨리 키신저는 1974년, 인구감축을 주장하는 국가안보 공문을 작성한 바 있다.
'나는 CNN으로 세계를 움직인다.'라고 선언한 CNN 창립자 테드 터너는 '남아도는 인간들이 너무 많아 자원을 낭비하니 인구를 줄여야 한다.'라고 인터뷰 한 바 있다.

빌 게이츠는, 2010년 보건정책을 잘 활용하면 백신으로 인구의 10~15%를 줄일 수 있다고 강연하기도 했다. UN은 2030 어젠다를 발표하며 2030년까지 지속 가능한 해결책에 성공해야 하는데 사실 인구가 너무 많아서 지속 가능한 미래는 성공하기가 어렵다며 인구

문제가 가장 큰 문제라고 말하고 있다.

찰스 영국왕은, 코로나가 황금 같은 기회라며 지속 가능한 미래를 위해 펜데믹을 잘 이용해야 한다고 발언했다.

조지 소로스는, 코로나 덕분에 인류 통제의 수단들이 정당화되었다고 발언했다. 조지 소로스는 IMF를 일으킨 장본인이다.

세계경제포럼의 회장 클라우드 슈밥은, 코로나 펜데믹을 기회로 사회를 다시 리셋시켜야 한다고 했다.

트루도 캐나다 총리는, 그레이트 리셋을 이뤄낼 황금 같은 기회이며 경제 구조를 바꿀 수 있다고 발언했다.

그들은 정말로 사탄을 숭배하는 우생학자들로서, 자신들만이 선택받은 인간들이며 다른 인간들은 가축 인간으로 여기는 엘리트들이다. 그리고 그들은 자신들의 왕국을 건설하기 위한 모든 기반을 오랜 시간 다져왔고 이제는 실현을 앞두고 있다.

그들은 다음 세대가 태어나지 않아도 된다. 그들은 지금도 자기들의 혈족끼리만 결혼한다. 자신들이 세상의 부를 독점하고 있기 때문이다. 자신들의 혈족 외에는 미개한 인간들로 여기는 우생학자들이고 그들 외의 다른 인간은 이 지구의 필요 없는, 쓸데없이 식량만 축내는 가축 인간들이라고 여기는 것이 그들이다. 그러니 가축 인간들이 어떻게 된다 한들 그들은 상관없다. 또한, 그들은 인공적으로 아기를 만들 수 있다. 실제로 줄기세포를 이용한 인공 배아의 실험은 성공했고, 3D 프린트 기술로 인공 장기들을 만들 수 있으며, 인공 자궁에 대한 실험은 세계 선진국들에 의해 활발하게 진행 중이고 지금 기술로도 충분히 가능하다고 밝혀졌다. 심지어 게놈 편집을 통하여 원하는 유전자를 조합해서 키, 몸무게, 힘, 피부색 등 자신들이 원하는 인간을 만들어 낼 수 있는 기술들이 이미 개발되었다.

이것은 고대로부터 흘러온 우생학자인 엘리트들이 자신들의 이상을 실현한 것이다. 쓸모없는 인간은 없애고 DNA를 조합하여 좋은 인종의 인간을 배양해서 자신들이 지배하는 자신들의 유토피아를 만들고자 하고 있다. 그리고 그 왕은 적 그리스도, 짐승이 될 것인데 그것이 계시록에 말씀하고 있는 짐승의 정부인 것이다.

트랜스 휴머니즘

어떻게 인간을 지배할 수 있을까? 그들은 인간마저 '트랜스 휴머니즘'화로 만들어서 자신들이 통제하고 지배하는 세상을 원하고 있다. 이것이 4차산업혁명의 진짜 숨겨진 의도이다. 세계경제포럼이 추구하고 UN이 2030년까지 만들려고 하는 세상이다.

세계경제포럼의 회장 클라우드 슈밥의 발언을 보자.

"4차산업혁명은 당신이 하고 있는 일이 바뀌는 것이 아닙니다. 바로 당신 자체가 바뀌죠. 유전자 편집을 통해서요"
- 2016년 Radio Télévision Suisse와의 인터뷰에서

"(사회자의 칩 이식이 언제쯤 이루어질 것이냐는 질문에) 앞으로 10년 안에 확실히 됩니다. 그리고 먼저 우리는 그것들을 우리의 옷에 이식할 것입니다. 그리고 나서 우리는 그것들을 우리의 뇌나 피부에 이식할

것이라고 상상할 수 있습니다. 그리고 결국에는 아마도 우리의 뇌와 디지털 세계 사이에 직접적인 의사소통이 있을 것입니다.

"유럽과 아메리카의 지난 500년 역사를 되돌아볼 때 위대한 교훈을 얻었다. 긴급 위기 사태는 공권력을 막강하게 해준다는 것이다. 이것은 늘 사실이었고 코로나 사태 또한 달라질 이유가 없다."

또한, 클라우드 슈밥의 오른팔로 볼 수 있으며 WEF의 자문위원을 맡고 있는 예루살렘 히브리대 교수이자 세계경제포럼의 수석 고문인 유발 하라리는 2018년과 2020년 WEF에서 이러한 발언을 했다.

"오늘날 인간 엘리트층은 디지털 독재정권 이상의 급진적 업적을 남길 수 있습니다. 생물체를 해킹함으로 엘리트층은 생명의 미래를 재설계할 수 있게 됩니다. 과거 무수한 독재자와 정권들이 이것을 하길 염원했으나 당시 생물학 기술은 턱없이 부족했죠. 이것을 위한 컴퓨터 기술과 데이터 모두 부족했어요. 수백만 명의 사람을 해킹하는 기술 말이죠. 하지만 오늘날 특정 기업들과 정부는 모든 인류를 해킹할 수 있게 되었습니다."

"우리가 생명을 해킹하고 설계하는 데에 성공한다면 이건 인류역사상 최대의 혁명일뿐만 아니라 지구상 생명체 출현 이래 40억 년 역사상 가장 위대한 업적이 됩니다. 기존 자연도태 진화를 이제는 과학이 지능설계 진화로 대체했습니다. 구름 위에 있는 어떤 '신'에게 설계를 맡기는 게 아니라 우리가 직접 지능설계를 하는 겁니다. 하늘의 구름이 아닌 우리의 '클라우드'로요. IBM 클라우드, 마이크로소프트 클라우드는 오늘날 진화의 새로운 원동력이에요."

"인간이 정신, 영혼 그리고 내가 자유의지를 가지고 있다는 것, 아무도 내 안에서 무슨 일이 일어나고 있는지 알지 못하기 때문에 선거에서든 슈퍼마켓에서든 내가 무엇을 선택하든 내 자유의지라는 것은 이제 끝났습니다. 흔히 좋은 위기가 헛되이 되는 것을 절대 용납해서는 안 된다고 말합니다. 왜냐하면, 그 위기 또한 좋은 개혁을 할 기회이기 때문입니다. 평상시에는 사람들이 절대 동의하지 않을 것이지만 위기 상황에서는 당신은 기회가 없을 것입니다. 그러니 그걸 하는 것이죠."

이 발언들은 공공연하게 공개 석상과 인터뷰에서 대놓고 말한 것들이다. 특히 유발 하라리의 발언 중에는 아주 의미심장한 발언이 있다.

"우리 감시자들은 100년 후를 되돌아보고 코로나바이러스 전염병이 새로운 감시 체제가 자리 잡은 순간임을 확인할 수 있을 것입니다. 특히 피부밑을 감시할 때 그것은 아마도 21세기의 가장 중요한 발전일 것입니다."

코로나바이러스 전염병을 통해 피부밑을 감시할 수 있게 되었고 그걸 통해 새로운 감시 체제가 자리 잡게 되었다고 말하고 있다. '피부밑' 직역하면 몸 속이다. 코로나바이러스를 통해 몸속을 감시할 수 있게 되었다는 뜻이다. 그리고 과학자들과 의사들은 백신을 통해 우리 몸 안에 최첨단 나노 테크 무선 통신 기술이 가능한 물질들, 즉 하이드로젤, 산화 그래핀, 루시퍼 레이즈, 마이크로 칩 등이 들어가 있다는 것을 밝혀냈다.

'하이드로젤'이라는 성분은 충분한 함수율과(수분) 세포외기질(세포 밖에 있지만, 세포와 밀접한 구조망)과 유사한 구조로 되어있어서 신체

적합성을 가진 물질이다. 이 '하이드로젤'이라는 성분으로 미국국방부 소속 국방과학연구소 일명 DARPA는 빌&멜린다 게이츠와 프로퓨사라는 바이오센서 기업과 함께 하이드로젤로 만들어진 나노 기술을 개발하였다.

이 바이오 센서 기술은 무선 네트워크와 연결해 인체에 대한 정보를 당국에 보낼 뿐 아니라 당국의 정보도 수신할 수 있는 바이오 기술로 만들어졌다. 즉 '인체의 정보를 쌍방향으로 읽고 전송할 수 있는 기술'인 것이다. 이 기술을 실현하게 하는 물질들이 백신을 통해 우리 몸 안으로 들어왔다는 것이다.

또한, 스페인의 리카르도 델가도와 연구자인 Corona2Inspect의 저자 믹 앤더슨 (Mik Anderson)은, "백신 안에서 컴퓨터 CPU처럼 생긴 물체들이 보이고, 이상한 마더보드 형태의 회로판이 보이고, 온갖 다양한 사각형 모양의 전자 부품 회로판들을 발견하였고, 백신 안에 발견된 십자 모양을 한 회로들이 나노 양자점 라우터라는 것인데, 화이자 약병 안에서나 백신 접종자들의 혈액에서나 같은 것들이 검출되었으며, 이것은 모두 나노 바이오 전자 공학 분야에서 활발히 사용되고 있고 또 공개되어있는 여러 나노 장치들의 구성 요소와 매우 유사하다"라고 주장했다.

한국에서도 위에서 언급한 이영미 산부인과 전문의가 현미경으로 관찰하였을 때 디스크 모양의 물체를 발견했는데 나중에 밝혀진바 그것은 그래핀으로 둘러싸인 양자점이었으며 세포 안으로 침투하여 면역체계와 DNA를 파괴하거나 변형을 일으킨다는 것이 밝혀졌다.

바이오 공학 기술에 (DNA 템플릿) 의해 사전에 정의된 패턴에 따라

자가조립하도록 설정된 이 나노입자 양자점들은 세포 안으로 들어가 사전에 정의된 패턴에 따라 특정 부위에서 전자기파와 열에 의해 활성화되면서 자가조립하게 되는데 그러면서 인체에 수신호기, 즉 네트워크망이 깔리게 되는 것이다.

이 모든 것들과 함께 들어있는 루시퍼레이즈라는 성분이 발광 효과를 내며 DNA의 모든 정보를 수집하고 실시간으로 추적하며 송수신하게 된다. 루시퍼레이즈는 생체발광 효소이기 때문에 세포 내에서 빛을 낸다. 이것은 우리가 백신을 맞았는지 안 맞았는지 확인할 수 있는 척도로 사용되기도 한다. 한 예로 백신 여권을 발급받아야만 여행이 가능했던 때 미국에서 어떤 사람이 가짜 백신 여권으로 조지아에서 미국으로 들어오려다가 몸을 스캔하는 과정에서 발광 효과가 없다는 이유로 붙잡히는 일이 있었다. 그것으로 그가 미접종자라는 것을 확인할 수 있었다.

백신 안의 나노 테크 무선 통신 기술이 어떻게 '트랜스 휴머니즘'화로 만드는지 아주 간단한 정보들만 실었다. 이를 증명하는 논문들과 밝혀진 자료들은 누구라도 찾을 마음만 있으면 쉽게 찾을 수 있다. 단지 이제는 믿음의 문제인 것이다.

누군가 이러한 질문이 있을 수 있다. "그럼 거의 모든 사람이 다 백신을 맞았는데 어떤 사람은 죽고 어떤 사람은 왜 살아있고 멀쩡하냐?" 사실 이 부분에 대해서는 명확하게 답을 내릴 수 없다. 하지만 밝혀진 진실들은 짚고 넘어가려고 하는데 먼저 백신 안의 성분들이 모두 다 똑같지 않다는 점이다. 실제로 일본 후생성에서 발표한 자료에는 특정 LOT 번호에 따라 부작용과 사망자 수가 다르다는 결과를 발표했고 특정 LOT에서 금속 물질이 발견되어 전량 폐기했다.

또한 Jane Luby 박사는 백신 안에 m-RNA의 함유량이 다르다고 밝힌 바 있다. 그리고 백신을 맞은 사람들이 전부 트랜스펙션, 즉 형질전환이 일어나는 것이 아니다. 즉 m-RNA가 우리 몸에 완전히 복제되어 합쳐지지 않았다는 것이다. 어떤 사람들은 면역력이 좋고 건강해서 트랜스펙션이 완벽하게 이뤄지기도 하고 어떤 사람들은 그래핀이나 만들어진 m-RNA의 독성을 이기지 못해 부작용으로 사망하기도 하고 부작용을 겪기도 한다. 밝혀진 바에 의하면 40% 정도의 사람이 트랜스펙션이 일어났고 60%는 아직 완전히 일어나지 않았다고 밝혀졌다. 하지만 서서히 일어날 것이고 100%에 도달할 때까지 그들은 계속해서 백신을 맞추려고 할 것이다.

그 증거로 현재 계속해서 다음번 펜데믹에 대한 말들이 흘러나오고 있다.

'질병 X'에 대한 이야기가 계속 나오고 있으며 그들은 아직 있지도 않은 '질병 X'에 대한 백신을 지금부터 만들고 있고 그것은 인수공통전염병일 것으로 예측하면서 코로나 펜데믹의 20배 더 많은 사망자를 낼 수도 있다고 경고하며 공포감을 미리 조성하고 있다. 아마도 그것은 새로운 펜데믹을 통해 또다시 백신을 맞추기 위함일 것이 분명해 보인다. 위에 언급했던 것처럼 100%에 도달할 때까지.

그리고 동시에 진행되고 있는 부분은 WHO의 전 세계적인 펜데믹 조약이다. 이 조약은 펜데믹을 겪으며 전 세계적인 패닉을 겪었기 때문에 다음번 펜데믹이 일어날 때를 대비하여 전 세계적인 '구속력 있는 조약'이 필요하다는 것이다.

글로벌 펜데믹 조약은 2021년 12월 WHO 회원국이 펜데믹 예방 · 대비·대응을 강화하기 위한 기준을 마련하기로 하면서 작성하기 시작했다. 예비 문서에서는 감염병에 대한 전 세계적인 감시를 강화하고, 펜데믹 상황에서 백신, 약물, 진단 기술을 공유해 평등한 방역 정책을 만드는 데 중점을 뒀다. 말은 좋아 보이지만 이 개정안에 서약하게 되면 회원국들의 주권, 통제권, 법적 권한을 WHO에 넘겨주게 된다. WHO는 국가 주권을 제치고 국제 보건 비상사태를 선포할 권한을 얻는다. 글로벌 펜데믹을 빌미로 특정 조치들을 의무화할 수 있다.

헌법보다 더 권한이 있는 펜데믹 조약은 국제 보건 비상사태를 선포할 시 각국 국민으로부터 개인 주권, 신체 자유, 심지어 접종 선택의 자유마저 박탈한다는 뜻이다.

2022년 5월 글로벌 펜데믹 협정을 위해 전 세계 192개국 대표단이 참석하여 투표했지만 부결되었다. 하지만 WHO는 2024년 5월을 협정 체결 시한으로 정해놓았고 그때 다시 표결에 부치겠다는 단서를 달았으며 이제 곧 5월이 온다. 이것은 비공개로 진행되고, 언론이나 학계, 의회 등에 크게 보도되거나 논의되지 않았다.

정부가 정하면 우리는 우리의 자유를 그냥 내놓아야 하는가? 아이러니한 사실은 대한민국은 2024년 WHO의 집행 이사국으로 선임되었고 임기는 5월부터 시작한다는 것이다.

다음번 펜데믹을 준비하고 있고 동시에 펜데믹 조약을 완성 시키려는 이 상황들은 절대로 우연이 아니다. 그들은 기획했고 실행에 옮기고 있다. 더 많은 백신을 사람들에게 주입해 인간을 디지털화시켜 완전한 통제를 이루길 원하고 있다. 지금 세상의 모든 시스템이 지금 AI를 기반으로 한 디지털화가 되어가는 것은 절대 우연이 아니다. 이것이 바로 4차산업혁명인 것이다.

그레이트 리셋

　지금 전 세계적으로 CBDC가 활발하게 진행 중이고 상용화에 이르고 있다. 그 선두 주자는 중국인데 중국은 2020년 디지털 위안화를 기반으로 한 CBDC를 활발하게 진행하면서 26개 도시에서 시범운영을 하며 월급, 대중교통 등 모든 거래가 CBDC를 통해 이루어지게끔 추진 중이며 국가 간 거래도 CBDC로 가능하게끔 시스템을 구축했다. 실제로 2022년 베이징 올림픽은 CBDC로 국가 간 거래가 가능한 것을 보여준 성공 사례였고 올림픽 기간 중 매일 20억 위안의(3,800억) 거래가 이루어졌다고 뉴스에 보도된 바 있다.

　이 디지털화폐의 가장 무서운 점은, 프로그래밍이 가능하다는 것이다. 말 그대로 "디지털화폐"이기 때문이다. 그 말은 국가가 중앙은행을 통해 국민 각 개인에게 디지털화폐를 발행할 때 특정한 의도를 가지고 프로그래밍해서 지급할 수도 있다는 것이다.

　우리나라에서도 이런 것들을 테스트한 적이 있다. 바로 펜데믹 기간에 재난지원금이란 형태로 말이다. 특정 지역에서만 쓸 수 있다든가, 특정 건물은 이용할 수 없다던가(백화점 등) 프로그래밍 된 돈을 지급하여 사용한 전력이 있다. 지역 PAY 또한 마찬가지의 개념이다.

　CBDC가 보편화 되면 모든 돈이 이러한 프로그래밍 된 디지털화폐로 지급될 것이고 정부의 말을 잘 듣는 사람들은 아무 어려움 없이 디지털화폐를 이용하게 되며 정부의 어젠다나 정책에 반하는 사람들은 제제와 통제를 당하게 될 것이다. 그렇게까지 하겠냐고 할 수도 있지만 실제로 엘리트들이 전 세계를 공산주의 전체주의 사회로 만들기 위한 실험장이 된 중국에서는 이러한 일들이 진행되고 있다.

중국은 엄청난 양의 CCTV를 통해 빅브라더 시스템을 구축했고 사회 신용 제도라는 시스템을 도입하여 국민 각 개인에게 신용점수를 매겼다. 그리곤 사회 신용점수가 낮은 사람들에게는 공항이나 고속철도 등을 이용하지 못하게 하는 사회적 제약을 두었다. 들려오는 소식은, 중국의 중앙은행에서 디지털화폐에 유통기한을 부여해서 지정된 기한 내에 돈을 사용하지 않으면 돈이 사라지도록 만들었다고 한다. 특별히 펜데믹 기간 정부에서 백신을 독려할 때 맞지 않은 사람들의 신용점수가 계속해서 하락했고 그들은 통장에 돈이 있음에도 불구하고 입금, 출금이 막혔으며 신용점수를 유지하기 위하여 그들은 2-3일에 한 번씩 코를 쑤시는 코로나 검사를 받아야만 했고 그마저도 받지 못해 신용점수가 하락한 사람들은 FEMA캠프에 수감되어 수용소 생활을 해야하는 지경까지 이르렀다.

이러한 내용들은 공산주의 중국의 검열에 의해 미디어에 보도되고 있지 않다. 중국은 엄청난 양의 CCTV, 공안들이 쓰는 스마트안경 안에 안면 인식 기술을 탑재하여 사람들의 정보를 실시간으로 수집했기에 각 개인에 대한 정보를 알고 저런 통제가 가능했던 것이고 이 시스템은 디지털 ID와 연관되어 있다.

빌 게이츠는 2020년 ID2020이라는 특허를 받았다. 이것은 신체 활동 데이터를 기반으로 한 암호화폐 시스템이다. 여러 환경으로 인하여 전 세계 11억 명 정도가 신분이 없어 제대로 된 도움을 받지 못하고 있다고 밝히며 무료로 디지털 ID를 제공해 신원을 증명하고 인도적 차원의 도움을 주겠다는 취지이다. UN의 2030 어젠다와 협력하여 2030년까지 전 세계 모든 이들에게 디지털 ID를 부여하겠다는 것이 그들의 계획이다.

말은 좋아 보인다. 하지만 기억해야 하는 것은, 항상 사탄은 광명한 빛의 천사로 가장해서 우리에게 접근한다는 사실이다. 빌 게이츠가 어떤 인물인지는 위에서 언급한 바 있다. 우생학자이며 사탄주의자이고 인구감축을 떠드는 자이다. 그가 특허 낸 ID 2020의 특허 번호는 "060606"이다. 또한 "신체 활동 데이터"를 기반으로 한 암호화폐이다. 신체 활동 데이터라고 포장했지만 결국 우리 몸의 정보를 빼간다는 소리이다.

신체 활동 데이터를 사용하여 우리의 몸의 정보를 보여주는 것들은 지금 현재에도 웨어러블이라는 형태로 많이 접하고 있다. 스마트워치가 좋은 예일 것이다. 특히 젊은 층에서 스마트워치는 거의 필수적으로 차고 있는 아이템이라고 봐도 무방할 정도로 우리에게 친숙하다.

그 외에도 계속해서 발전되고 있는 웨어러블 기기들은 패션뿐 아니라 의학계, 스포츠계 등 많은 분야에서 우리에게 익숙하게 다가오고 있는데 이것은 사물인터넷 즉 인터넷을 기반으로 한 데이터 교환, 전송 시스템으로 인체의 정보를 읽어서 건강을 알려주고 또는 신체 활동을 보조하며 우리에게 여러 분야에서 편리함을 주고 있다는 건 사실이다. 빌 게이츠는 스마트폰을 대체하는 기술로 스마트 타투를 예견하기도 했다. 실제로 스마트 타투 기술은 여러 분야에서 상용화되어 있다. 실제로 신체에 디지털 칩을 삽입하는 일들은 해외에서 어느 정도 상용화되기도 했고 일론 머스크의 뉴럴링크를 통해서 이제는 뇌에 칩을 심는 작업이 이루어지고 있다.

인간의 뇌에 이식한 컴퓨터 칩을 통해 말이나 행동을 제어하는 기술이 '뇌 컴퓨터 인터페이스'(Brain-Computer Interface, BCI)다. 뉴럴링크가 추진하고 있고 실제로 2023년 5월 사람에 대한 임상 실험을 승인받았고 2024년 1월 29일 처음으로 사람에게 뇌에 칩을 이식하는 수술에 성공하였다. 수술 후 잘 회복하고 있다는 메시지와 함께 말이다.

지금 AI가 엄청난 속도로 발전하고 상용화되고 있는 것은 우연이 아니다. 점점 더 편리함을 추구하며 모든 것이 디지털화되어가고 있고 인간의 일들을 대체하고 있다. 인력의 필요성이 줄고 있다. 이것이 시사하는 바를 다시 한번 생각해보길 권면하는 바이다.

그들은 인공 자궁을 통해 게놈 편집을 통하여 자신들이 원하는 조건의 인간을 '배양'해낼 수 있다. 그리고 이 모든 상황과 함께 엘리트들이 했던 발언들을 돌아보고 그들의 사상을 다시 한번 생각해보자. 백신 안에 SV40 바이러스가 들어있다는 것은 과연 어떤 의미일까? 백신이 남자와 여자의 생식 기관을 공격한다는 연구 결과들은 과연 무엇을 의미할까? 백신 안의 쌍방향 인터페이스 나노 테크놀로지 무선 통신 기술들이 가능한 나노입자들과 마이크로 칩, 산화 그래핀, 루시퍼레이즈가 들어가 있는 것이 과연 우연일까? 아니면 또 한 번 음모론이라고 할 것인가?

이제는 우리가 분별해야 할 때이다. 이와 관련된 자료는 정말 많다. 그리고 각 분야의 많은 전문가가 그것을 뒷받침할 객관적 근거로 주장하고 있다. 받아들이는 것은 결국 우리 각자의 몫이다. 그래서 꼭 권면하고 싶다. 정말로 진지하고, 신중하게 주님께 기도로 지혜를 구하고 이 모든 내용을 심사숙고하며 직접 확인해보고 성령님께서 조명해 주시는 은혜로 깨어나길 축복한다.

UN 2030 어젠다

이 모든 것에 보조를 맞추어 함께 진행되고 있는 것이 바로 UN 2030 의제이다. UN은 2016년 클라우드 슈밥이 4차산업혁명을 들고나오기 1년 전 2015년 지속 가능한 발전 의제라는 주제 아래 2030년까지 지켜야 할 국제사회의 약속으로 17가지 목표와 169가지 세부 목표를 세웠다. 이 주제들을 보면 너무도 미래지향적이고 누구나 동의할 법한 내용이 많다.

하지만 이 주제들로 흘러가고 있는 상황들과 앞으로 흘러갈 상황들을 보면 구시대의 모든 것을 타파하고 새로운 세계를 만들어가는 NEW WORLD OLDER 즉 신세계 질서가, 전체주의 단일정부를 향해 달려가고 있는 듯 보인다. 또한, 지속가능한 발전 의제를 주장하며 그들이 이야기하는 현 세계의 문제점은 바로 기후 위기이다. 화석연료, 산림 파괴, 산업공정, 농업 활동으로 인하여 온실가스의 상승으로 지구 온난화 및 이상 기후가 발생하고 있다는 것이다.

기후 위기를 막기 위해 탄소 중립을 외치면서 그들은 농업 활동에 필요한 소들이 탄소를 많이 배출한다는 이유로 그에 상응하는 조치를 하여 소에게 마스크를 씌우기도 하고 소의 트림, 방귀가 자동차 1대 분량의 온실가스를 만든다며 소에게서 나오는 메탄가스를 감소시키는 사료 첨가제를 개발하여 먹이고 있다. 그러면서 육류의 소비를 줄이고 '대체육'을 이용하자면서 대체육을 먹는 것이 탄소 중립의 개인적 실천이라면서 홍보하고 있다. 과연 이 대체육은 우리 건강에 어떠할까?

먼저 '대체육'이란, 비동물성 재료로 모양과 식감을 고기와 유사하게 만든 식재료이다. 대부분의 대체육은 콩 단백질 또는 밀가루 글루텐 등의 식물성 재료로 만들어져 식물성 고기라고도 불리는데, 균단백질

(mycoprotein)을 활용한 비식물성의 대체육도 있다. 3D프린팅으로 찍어
내는 고기이다. 대체육 사용이 활발한 미국을 예로 들면, 가장 대표적
인 회사가 비욘드 미트와 임파서블 푸드를 들 수 있다. 실제로 네이버
에 '미국 대체육'이라고 검색하면 비욘드 미트가 가장 많이 뜬다.

실제로 먹으면 육즙 가득한 고기 맛이 난다. 어떻게 이렇게 만들
수 있을까? 그들은 강력한 풍미 증강제를 쓰는데 이 풍미 증강제 중
일부는 인간 배아 신장 세포인 HEK239 세포를 기반으로 한다. 낙태된
아이의 세포로 만드는 것이다. 미국 FDA도 이를 부인하지 않는다.
그리고 임파서블 푸드의 생산시설의 근거리에는 계획된 부모라는 낙
태 클리닉 서비스를 진행하는 단체가 있다. 참고로 비욘드 미트와
임파서블 푸드 모두 빌 게이츠가 적극적으로 투자하고 있다. 앞서
언급한 낙태를 지향한 이들 가문의 의도와 연계성이 없는지 강력하게
묻고 싶다.

또한, 국내외 할 것 없이 기후 위기에 대처하기 위한 미래 식량으로
곤충을 뽑고 있다. 우리나라도 곤충산업을 미래 신성장산업으로 육성
하기 위해 소재 연구개발, 산업기반 구축, 규제 개선 등 다양한 방면에
서 지원하기로 했다. 특히 원료 생산 후 가공 · 유통 · 판매와 제품
개발까지 체계적으로 돕는 곤충산업 거점 단지를 2025년까지 예천군
을 포함해 전국 3곳으로 확대해 조성한다고 밝힌 바 있다.

물론 식용 곤충도 있다. 곤충류의 껍데기에 해당하는 물질이 키틴이
며 키틴을 연한 산성액에 녹이면 키토산이 된다. 키틴이나 키토산은
인체 내에서 만들어지는 것은 아니다. 키틴과 키토산을 합쳐서 키틴질
이라고 부른다. 딥스테이트 과학자들은 키틴질의 독성이 없다고 말하

지만 많은 양의 키틴질이 인체에 들어오면 치명적인 독이 될 수 있다. 비타민 A, D, E, K, 아연, 칼슘, 마그네슘 같은 특정한 미네랄의 흡수를 방해하며 알레르기뿐만 아니라 사이토카인을 생성하고 알츠하이머, 천식, 비정상적인 면역 반응과 폐를 다치게 할 수 있다.

EU는 붉은 고기가 암을 일으킨다며 육류 대신 곤충을 먹어야 한다고 홍보하기도 했는데 워싱턴 건강 측정 및 평가 연구소는 '붉은 고기와 암의 연관성에 대한 증거를 발견하지 못했다'라며 정면으로 반박했다. 그들은 정말로 우리가 자연 그대로의 음식이 아니라 식량 공장에서 찍어내는 가짜 음식을 먹으며 살기를 원하는 것 같다. 그러면서 빌 게이츠는 미국의 농장들을 닥치는 대로 사들이며 미국 최대의 농장 소유주가 되었다. 엘리트들의 주장과는 다르게 왜 그는 모든 농장들을 사들이고 있는 것인가? 식량을 통제하기 위함이 아닐까?

하지만 아이러니한 사실은 이 모든 것을 추진하는 그들의 어젠다가 기후 위기로 인한 것인데 전 세계 기후환경 전문가 1,609명은 기후 위기는 없다는 내용을 골자로 하는 '세계 기후선언'에 공동서명 했음을 발표한 바 있다는 것이다. 전문가들은 없다고 하는데 왜 엘리트들은 있다고 하는 것인가? 전문가들의 의견은 왜 묵살 당하는 것인가?
더욱이 지난번 일어난 우크라이나와 러시아의 전쟁으로 인한 흑해 곡물 협정 파기로 인해 세계의 곡물값은 천정부지로 올라갔다. 또한, 이스라엘과 하마스와의 전쟁으로 인해 유가와 금은을 포함한 모든 자원과 달러 역시 동시에 폭등하고 있다.

이 전쟁들은 우연히 일어난 것인가? 아니다. 전쟁마저 엘리트들의 계획에 따라 일어난 일이고 그들은 이 전쟁을 통하여 세계의 혼란을 일으키고 식량난과 경제위기를 일으키며 세계 3차대전을 계획하고 있다. 세계 3차 대전을 통해 전 세계의 하나의 단일정부를 세우기 위한 그들의 계획은 하나하나 진행되어가고 있다.

우크라이나의 대통령 젤렌스키는 코미디언 출신이며 아슈케나지 유대계이다. 그리고 그는 세계 경제를 좌지우지하는 조지 소로스의 숨겨진 사촌으로 알려져 있다. 푸틴 또한 엘리트 세력들에 속한 유대계 인물일 뿐이다. 세간에서는 푸틴이 딥스테이트를 제거하기 위한 정의의 인물처럼 비추어지기도 한다. 그러나 이 전쟁은 유대계와 다른 유대계의 싸움이다. 트럼프도 마찬가지다. 트럼프의 측근인 한 랍비는 러시아와 우크라이나전쟁은 우크라이나에 대한 보복전이라고 표현했다. 그들이 나치와 협력하여 유대인들을 죽인 것에 대한 보복이라는 것이다. 그래서 유대계의 '젤렌스키'가 뽑힌 것으로 보인다.

'시온 의정서'에는 그들의 전략이 담겨있는데 거기에는 반대 세력 내에서도 우리 지도자들을 앉혀놓아 서로 반대하는 것 같지만 결국 우리의 법을 따르게끔 하라는 내용이 담겨있다. 이것이 그들의 정반합, 즉 서로 반대하는 것처럼 보이지만 결국 합쳐져서 하나의 목표를 향해 달리는 그들의 전략이고 세상의 모든 정치세력에는 그들의 하수인들이 앉아 있을 뿐이다. 자세히 살펴보면 그들은 서로 싸우는 것처럼 보이지만 그걸 통해 점점 더 세계경제포럼이나 UN의 2030 어젠다를 따라가며 분열되고 혼란을 야기하는 일들을 만들어낸다. 좌파 우파 할 것 없이 모두가 다 한통속이라고 보아야 한다.

전쟁도 마찬가지이다. 기후 위기도 마찬가지이다. 결국, 그들의 어젠다를 실현하기 위함이고 그 정점이 바로 UN과 세계경제포럼이다.

그들은 자신들의 어젠다를 실현하기 위해 자신들의 어젠다를 주입시키는 프로그램으로 전 세계의 엘리트들을 키워내고 각 나라의 정부에 침투시킨다.

이것이 음모론이 아님은, 세계경제포럼의 회장 클라우드 슈밥이 직접 인터뷰했던 내용이기 때문이다. 인터뷰 내용을 그대로 실어 본다.
"다보스(세계경제포럼)는 오랜 기간 젊은 리더들을 키워왔습니다. 독일의 메르켈이나 푸틴도 영 글로벌리더 출신이에요. 캐나다의 트루도나 아르헨티나 대통령도 우리 사람이에요. 이들은 정부에 침투합니다. 어제는 트루도 내각 사람들을 만났는데 내각의 50% 이상을 우리 사람들이 장악했습니다. 프랑스도 마찬가지입니다. 마크롱도 우리가 키웠어요. 젊은 리더들이 우리 프로그램에 오는 게 중요해요. 전 세계 450개 도시의 주요 정치인, 기업인들은 우리가 장악했습니다."

이것이 실제 벌어지고 있는 일들이며 그들이 어떠한 어젠다를 가지고 있느냐가 전 세계의 흐름을 결정한다. 그리고 그들은 앞에서 이야기했던 것처럼 고대로부터 혈통을 이어 온 사탄주의자들이며, 자신들만이 엘리트이고 나머지 인간들은 가축 인간으로 여기는 자칭 유대인이자 우생학자들이다. 그들은 유대교 신비 종교인 카발라를 섬기며 그들의 신은 뱀이다. 즉 사탄이다. 광명한 빛의 천사로 등장해서 다스릴 그의 나라를 이 땅에 실현하기 위해 오랜 기간 준비해왔고 이제 신세계 질서라는 이름으로 GREAT RESET을 진행 중인 것이다. 전 세계의 주요 지도자들은 다 그들의 꼭두각시일 뿐이다.

그런 그들이 최종적으로 원하는 단계는 아마도 스마트 시티인 것으로 보인다. 스마트 시티는 모든 것이 AI 인공지능을 기반으로 한 디지털로 연결된 초연결사회, 4차산업혁명의 완성판이자, 그들이 인간마저 트랜스 휴머니즘화 시켜서 감시하고 통제하고 지배하는 세계일 것이다. 디지털 ID도, CBDC도, AI 인공지능의 급격한 발전도 모두 이 스마트 시티 안에 사람들을 모아서 통제하기 위함이다.

실제로 스마트 시티는 전 세계적으로 도입되고 있다. 앞으로 모든 나라의 모든 도시가 스마트 시티를 도입하게 될 것이다. 우리나라도 예외가 아니다. 현재 부산과 세종시가 시범사업으로 운영 중이다.

스마트 시티는 첨단 정보통신 기술을 이용해 다양한 유형의 전자적 데이터를 수집하고 이 도시는 모든 생활권을 15분 거리에 두어 편리하면서도 도시에서 벌어지는 모든 현상과 움직임, 시민들의 행동들을 전부 데이터화 한 뒤, 인공지능으로 분석하고 이를 통해 시민들의 삶의 질과 행복을 증진해줄 것이라고 홍보하고 있다.

이 스마트 시티에 가장 적극적이고 선두 주자로 나서고 있는 나라는 중국이다. 엄청난 양의 CCTV로 모든 것이 감시되며 안면 인식 시스템으로 이루어지고 있다. 이 도시에서 다른 도시로 넘어가기 위해서도 안면 인식이 필수적이다. 그리고 대부분의 거래가 디지털화폐로 시행되고 있다. 사회 신용 제도의 블랙리스트에 오른 사람은 돈이 있음에도 불구하고 출, 입금이 막혀 은행 이용이 불가했다는 사실을 앞서 확인한 바 있다. CBDC가 완전히 정착하게 되면 모든 거래가 디지털로 바뀔 것이다.

어떠한 이유로 인하여(반정부 인사, 미접종자, 기타 이유) 정부의 블랙리스트에 오른 사람들이라면 이 스마트 시티에서는 거의 살아갈 수 없다. 그렇다는 건 모두가 정부의 지침을 따라야 한다는 것이고 그 지침을 정하는 곳은 엘리트들의 집합소인 세계경제포럼이며 그들은 그들 외에 인간들을 가축 인간으로 여기는 우생학자 사탄숭배자들이다.

그러면서 그들은 '공유경제'에 대하여 스마트 시티와 함께 계속 홍보하였다. 특히 스마트 시티에서는 이 공유경제 체제가 기본으로 사용될 것으로 보인다. 정부에게 무엇이든지 빌리라는 것이고 그것은 지금 중국의 상황들과 글로벌 리스트들이 했던 발언들을 살펴보았을 때 정부의 지침에 따르지 않으면 아무것도 할 수 없게 된다는 것을 의미하는 것으로 보인다.

2030년까지 모든 사람에게 디지털 ID를 부여하고 스마트 시티 안에서 기본소득을 통한 공유경제 시스템을 가동하여 정부에 의존하지 않으면 아무것도 할 수 없게 만드는 시스템으로 만들려고 하는 것 아닌가 하는 의심이 든다.

그래서 세계경제포럼은 이런 발언을 했던 것일까?

"당신은 아무것도 소유하지 않을 것입니다. 그리고 행복할 것입니다. 우리 세상이 2030년쯤이면 이렇게 변할 것입니다."

이것이 지금 세상이고 현실이다. 계시록에 기록된 왕들과 상인들과 장군들은 이 일련의 모든 일을 계획했고 실행에 옮겼다. 이뿐만이 아니라 여기에 다 할애하지 못한 수없이 많은 악행을 그들은 아무 거리낌 없이 해왔고 하고 있고 그들이 심판받기 전까지 행할 것이다. 그러니 하나님께서 그들의 악행들에 대한 값으로 그들을 완전히 멸망시키시는 것이다.

우리는 하나님께서 코로나 펜데믹을 왜 허락하셨는지 잘 알아야 한다.

필자가 이해한 코로나 펜데믹은 종말론적인 사건이었다. 우리의 대적들은 오랫동안 준비해온 계획을 실행하였고, 다양한 실험들을 진행하였다. 놀랍게도 한국 사람들은 글로벌세력의 계획에 순응적이었다. 이것은 일종의 통제시스템 구축을 위한 사전실험 같은 것이었지만 한국 사람들은 그것에 순응하는 것이 시민 정신을 보여주는 한국인의 질서의식을 고양하는 것으로 생각하는 것 같았다. 문재인 정부는 백신 도입을 미루며 저울질하였지만, 사람들은 백신을 달라고 아우성쳤다. 그리고 시작된 접종은 놀라울 정도의 접종률을 보여주었다.

더욱이 문제는 교회에서 심각했다. 한국교회는 세상 사람들에게 선한 영향력을 끼치고 좋은 모습으로 보이기를 위해서, 또한 하루빨리 예배를 드리는 것에 집중하기 위한 명분으로 교역자들부터 솔선수범하여 백신을 접종했고 성도들에게도 백신 접종을 강하게 독려했다. 많은 사람이 예배에 참석하기 위해서 백신을 맞았다. 강제는 아니라고 항변하겠지만 거의 반강제인 분위기였다. 왜냐하면, 불이익을 주었기 때문이다. 어쨌든, 백신에 대한 문제들이 발생했다. 부작용 문제는 심각했지만, 정부와 미디어는 백신 접종만이 펜데믹을 종료할 수 있는 유일한 방법인 것처럼 얘기했고 수많은 사람이 직장에서 해고되지 않기 위해, 4인 이상이 식사하기 위해 저마다의 이유를 외치며 자발적으로 또는 비자발적으로 주사를 맞았다.

그런데 문제는 백신 안에 들어있던 수많은 이상한 물질들이 문제였다. 양심적인 몇몇 의사들은 현미경으로 관찰하며 성분들을 분석했고, 소수였지만 글로벌 의료인들이 동참하여 연구 결과들을 내놓았다. 결과는 경악스러웠다. 그리고 현재 그로 인한 수많은 부작용으로 많은 사람이 죽고, 고통을 겪고 있다. 초과사망과 터보암의 폭발적 증가와 정자 난자의 파괴, 심장병, 정신질환까지 괴이한 현상들이 늘어나는 중이다. 2024년 후반과 2025년 말까지 이 현상들이 얼마나 강력하게 증가할지 아무도 알 수 없지만, 부정적인 결과가 나올 것으로 예상할 수 있다.

우리는 이 백신 사건이 글로벌 사탄세력의 작품임을 증언하였다. 생명을 제거하고 신세계 질서를 세우려는 악한 자들의 하나님을 대적하여 일어난 일임을 알 수 있다. 그들은 이 세대의 사람들에게 다음 펜데믹을 통해서 '백신'을 주입하려고 할 것이다.

주님은 다양한 루트를 통해서 m-RNA 백신이 악한 의도로 만들어진 것이었음을 알려주셨다. 그러나 교인들 대부분이 거부하였다. 분별하지 못했다. 무엇이 우리의 눈을 가린 것일까?

사사기의 마지막 부분은 이스라엘 백성들에게 '왕이 없었다'라고 기록한다. 그 시대의 타락과 현대교회의 타락한 모습은 교차점이 있다. '왕'이신 예수 그리스도의 다시 오심을 갈망하지 않는 현대교회의 모습이 뼈아프게 다가온다. 당신은 주 예수님의 재림을 간절히 기다리면서 살아가고 있는가?

6장
결론

"내가 너에게 조언하노니, 네가 부유하게 되도록 불 속에서
정련된 금을 나에게서 사라. 그리고 네가 옷 입게 되고 너의
벌거벗음의 수치가 나타나지 않도록 흰 의상을 나에게서
사라. 그리고 네가 볼 수 있도록 안약을 너의 두 눈에 바르라.
　내가 사랑하는 자들마다 내가 꾸짖고 징계하느니라.
그러므로 열심을 내고 회개하라. 보라, 내가 문 앞에 서서
　두드리노라. 누구든 나의 음성을 듣고 문을 열면 나는
그에게로 들어갈 것이요, 그와 함께 만찬을 먹고 그도 나와
함께 만찬을 먹으리라. 이기는 자에게는 나의 보좌에 나와
함께 앉는 것을 내가 승인하겠으니, 곧 나 역시 이겨서 내가
나의 아버지와 함께 그분의 보좌에 앉게 된 것과 같으니라.
귀 있는 자, 그는 성령께서 교회들에게 말씀하시는 것을
들을지어다."

표준 킹제임스 (계시록 3:18-22).
라오디게아 교회에게 하시는 말씀

삼손, 라오디게아 교회와 대환란

삼손은 사사기의 중요한 인물이다. 삼손은 히브리서에 '믿음의 사람'으로 기록된다. 그는 '연약한 자였으나 성령의 능력으로 강하게 되어' 블레셋을 물리치고 이스라엘의 사사로 20년을 살았다. 그는 나실인이며 구별되어야 마땅한 자였다.

삼손은 블레셋 사람과의 내기에서 '수수께끼'를 낸다. "먹는 자에게서 먹는 것이 나오고 강한 자에게서 단 것이 나온다"(삿 14:14). 당연히 블레셋인들은 이 문제를 풀 수 없었다. 하나님은 삼손의 잘못된 발걸음을 막기 위해 여러 가지 경고를 보내셨다. 삼손의 수수께끼는 삼손의 이야기를 해석하는 데 있어 키포인트이다.

삼손은 나실인의 서약을 기억했을 것이다. 그러나 아무렇지 않게 무시하고 서약을 어기며 살았다. 그는 블레셋의 땅에 들어가지 말았어야 했다. 그는 그곳에서 한 소녀를 보게 된다. 그녀에게 마음을 **빼앗겼**고 곧 말을 걸게 되었다. 그의 정욕이었다. 가지 말아야 할 곳을 가게 되면 보지 말아야 할 것을 보게 되고 보지 말아야 할 것을 보게 되면 관계하지 말아야 할 사람을 만나게 된다.

하나님은 포도원에서 사자를 통해서 그에게 경고하셨지만, 그는 아무 상관하지 않고 사자를 죽임으로 두 가지의 나실인 서약을 어기게 된다. 그리고 자신의 부모에게도 말하지 않고 사자의 사체에서 나온 꿀을 먹게 함으로써 그들도 부정한자가 되게 한다.

마노아와 그의 아내는 얼마나 고통스럽고 절망스러웠을까? 나실인의 정체성을 염두에 두지 않는 아들의 삶을 보며 그들의 소망은 희미해져 갔을 것이다. 그러나 하나님은 살아계신다. 모든 소망이 꺼져 보이는 상황에서도 그분은 계획하시고 실행하신다. 아직 끝난 것이 아니다.

삼손은 하지 말아야 할 결혼을 통해 큰 아픔과 분노를 경험했고, 블레셋 사람들에게 복수할 때도 하나님의 관점에서가 아니라, 본인의 사사로운 감정에 따라 복수했지만, 여호와는 그를 통해 블레셋에 대한 이스라엘의 복수를 도모하신다.

삼손이 여우 삼백 마리의 꼬리를 서로 묶어서 블레셋의 밭을 태우자, 천 명의 블레셋인들은 삼천 명의 유다 지파 사람들을 위협해서 삼손을 결박하려고 했고, 그는 에담 바위에 은신해 있었다. 그 좁은 바위는 상징적으로 그리스도를 의미했다고 볼 수 있다. 아무도 없이 혼자만 들어갈 수 있었던 좁은 바위 속 은신처, 이것은 반석이신 그리스도를 떠올리게 한다. 그 은밀한 피난처에서 그는 여호와 하나님을 생각하며 엎드렸을 것이다. 유다 지파의 어리석은 제안에 순순히 결박당하고 넘겨졌지만, 성령의 능력으로 밧줄을 끊어버리고 나귀의 턱뼈로 천명을 살육한다. 그리고 너무도 목이 말라서 부르짖는데 이것은 삼손의 기도였다. 삼손은 자기 마음대로 행동했지만, 하나님은 그를 통해 이스라엘의 원수에게 복수하는 계기로 삼으셨고 여전히 그의 타락은 진행 중이었다.

'에담 바위'와 '레히'의 위기 속에서 비로소 그는 여호와의 이름을 부르며 기도했다. 인간은 정녕 위기나 고난이 아니면 기도할 수 없는가? 우리는 등 따습고 배부르면 주님을 찾지 않는 경향이 있다. 주님은 어쩔 수 없이 우리를 만나고 사랑을 공급해주시기 위해 역경의 터널로 집어넣으신다. 그리고 어둠 속에서 부르짖기를 기다리신다. 주님은 우리의 손을 잡아주시고 그분이 누구신지 알게 해주신다. 우리는 삶의 다양한 사건들을 통해서 하나님을 경험한다. 이것이 체험적 신앙인 것이다. 삼손은 이 경험들을 통해서 주님을 알았어야 했다.

목마름이 해결되자 또 자신의 정욕을 위해서 가사에 내려가 창녀에게 들어간다. 또 한 번의 위기에서 주님은 그를 건져 주시지만 결국 그 유명한 '들릴라'를 사랑하게 된다. 그는 끝없는 정욕의 목마름을 해결하기 위해 새로운 대상에게 마음과 몸을 내준다. 드디어 그녀에게 완전히 묶여 버렸다. 그러나 아직은 그에게 하나님의 언약이 살아있었다. 왜냐하면, 최후의 보루인 '머리카락'이 남아 있었기 때문이다. 나실인의 서약이 다 무너지고 단 한 가지만 남았을지라도 하나님은 그에게 아직도 기회를 주고 계셨다.

드디어 삼손은 그의 힘의 원천이 머리카락에 있다는 것을 말하게 되고 그 머리카락이 잘리게 된다. 그리고 즉시 그의 힘이 사라지게 된다. 그렇지만 그의 힘은 머리카락에 있던 것이 아니라 하나님과의 나실인 서약에 있었다. "삭도를 머리에 대지 말라"라는 모든 언약이 무너지자 하나님의 임재는 떠나갔고 그의 힘도 사라진 것이었다. 그의 힘은 여호와께 속한 것이었다. 결국, 그는 눈이 뽑혀 끌려갔고 다행히 목숨은 붙어있게 되었으나 블레셋 사람들의 놀림거리가 되어 '맷돌'을 돌리는 신세로 전락하고 말았다.

그는 '맷돌'을 돌리며 어떤 생각을 했을까? 눈물을 흘리며 후회하고 구원에 이르는 진실한 '회개'를 했을 것으로 짐작할 수 있다. 이에 성경은 이렇게 기록한다.

"하지만 그의 머리가 밀린 뒤에 그의 머리에서 머리카락이 다시 자라기 시작하였더라." 표준 킹제임스 (사사기 16:22).

그의 머리털이 자라는 것은 하나님과의 관계회복이 시작되었다는 것을 알려주는 상징적인 모습이다. 그의 존재가 새롭게 되자. 주님은 그에게 마지막 기회를 주었다. 다곤 신전에서 두 기둥을 잡고 기도한 후에 신전을 붕괴시켰고 살아있을 때보다 죽을 때 훨씬 더 많은 블레셋 원수를 진멸할 수 있었다. 그리고 그의 이야기는 사사기에 기록되었다. 하나님은 삼손이 20년 동안 이스라엘의 사사로 있었다고 하셨고 결론적으로는 히브리서에 믿음의 사람으로 등재된다. 그는 구원받고 회복된 것이다. 비록 눈이 뽑혔고 죽음을 맞이했지만, 하나님은 그 믿음을 인정해주셨다.

삼손의 눈이 뽑힌 것은, 그가 영적으로 소경이었음을 보여준다. 삼손은 하나님의 선택을 받은 나실인으로 태어났으나 그 영적인 시야는 어두웠다. 하나님과 하나님의 뜻에 무지했고 관심도 없었다. 삼손의 모습은 이스라엘의 모습이었다. 여호수아 세대의 모습은 상실되었고 하나님 신앙이 손상되었을 때 블레셋을 보내셔서 고난에 처하게 하셨고 여호와께 부르짖게 하신다. 그렇지만 그들은 여전히 세상을 사랑한다. 끊임없이 세상에서 꿀을 따려고 하는 그들의 갈망과 그런 이스라엘을 포기하지 않고 여전히 회복시키시는 하나님의 열정은 사사기의 '수수께끼'와 같다. 감히 누가 하나님의 사랑을 측량할까?

눈이 먼 삼손의 모습은 계시록 3장의 라오디게아 교회를 연상시킨다. 라오디게아교회의 모습은 어느 시대에나 찾아볼 수 있지만, 특히 마지막 때의 현대교회에서 찾아보기 쉬운 교회의 유형이라 생각된다. 그 지역 특성상 실제로 부유한 교회였다. 처음에는 뜨거움이 넘쳤던 교회였지만 시간이 흐르자 차가운 자들이 교회에 많아지다 보니 섞여서 미지근한 교회가 되고 말았다. 마치 라오디게아 외부에서 운반되어

오던 냉수와 온천수가 이동하면서 미지근한 물이 된 것처럼 말이다. 믿음이 뜨거우면, 주님은 그 신앙을 기뻐하시고 주의 뜻을 이루실 수 있다. 그리고 믿음이 차가우면, 주님이 그를 위해 은혜의 역사를 시작하실 수 있다. 하지만 믿음이 미지근하면 주님은 그들에게 아무것도 해주실 수가 없다. 토해낼 수밖에 없는 역겨운 존재가 되는 것이다.

물질적으로 부유했고 교회의 다양한 프로그램이 훌륭하다 할지라도 영적으로 미지근하면 주님께 역겨운 교회가 되고 마는 것이다. 공동체의 간증이 미지근해지자 주님은 개인들에게 말씀하신다.

"볼지어다. 내가 문밖에 서서 두드리노니…" (계시록 3:20).

주님의 왕국과 의에 무관심한 교회는 맛을 잃은 소금과 같다. 주님은 "열심을 내라. 회개하라. 안약을 사서 바르고 흰옷을 사서 입으라"라고 말씀하신다. 교회에서 이루어지는 어떠한 행위도 '예수 그리스도의 의'에 기초한 것이 아니라면 다 불태워 사라질 것이다. 주님은 라오디게아 교회를 사랑하셨기 때문에 회개를 명하셨다.

천년왕국에서 행정 중심국가는 '회복된 이스라엘'이다. 그리고 양으로 살아남은 열국이 왕국으로 들어간다. 신음하던 땅과 하늘과 피조물들이 회복되기 시작한다. 마치 6일간의 창조를 마치고 7일째 안식하신 것처럼 회복의 천년이 시작된다. 다윗의 장막은 그리스도의 장막을 의미한다. 7년 환란의 끝자락에서 천년왕국의 시작으로 들어가면서 이스라엘의 진정한 회복이 일어나는 것이다. 다윗은, 다윗의 후손 예수 그리스도를 의미하는 상징적인 표현이다. 다윗 역시 신랑 예수님의 친구로 천년왕국에 참여할 것이다. 그리스도의 보좌가 펼쳐지고 장막이 펼쳐진다. 이스라엘은 이제 영적으로 회복된 것이다. 여호와의 영광을 인정하는 것이 세상에 가득하게 되고, 사자들이 어린양과 뛰놀고 장난쳐도 물지 않는다. 어린아이가 독사굴에 손을 넣어도 물지 않는 이사야의 예언이 성취되는 것이다. 세상 나라가 주와 그리스도의 나라가 된다.

천년왕국 끝에 사탄은 풀려나고 곡과 마곡의 전쟁이 벌어지지만, 하늘에서 불이 내려와 소멸시키고 하늘과 땅이 새롭게 된다. 그리고 하늘에서 '새 예루살렘 성'이 내려온다. 드디어 온 인류가 늘 꿈꾸어왔던 참 유토피아가 펼쳐지는 것이다. 예수님의 신부들은 주님과 함께 영원토록 통치하게 된다. 완전히 새로운 땅과 하늘이 되는 것이다. 어떠한 세계가 펼쳐질지 우리는 상상도 할 수 없다. 그 놀랍고도 영원한 세계에서 우리는 주님과 함께 왕노릇하는 것이다. 만약 우리의 이름이 생명책에 기록되어 있지 않다면 '새 예루살렘 성'의 시민권도 없는 것이다.

무엇을 회개할 것인가?

펜데믹 이후 2023년은 우리가 느끼기에 다소 조용히 지나갔다고 생각할지 모르나 2024년은 여러모로 불안감을 감추기 어렵다. 전쟁들은 확전의 기로에 서 있고, 3차대전의 불안감이 전 세계를 감싸고 있으며 식량과 물가는 치솟고 있다. 이미 유럽에서는 식량 위기에 대한 시뮬레이션을 돌리고 있다.

24년 말에 있을 미국 대선은 어떻게 치러질 것인가? 트럼프와 바이든에 대한 사법적 리스크로 인하여 미국민들의 민심은 심하게 요동치고 있다. 대한민국의 정치인들에게는 소망이 없다. 현 정부도 전 정부와 차이가 없어 보인다. 두 번의 대통령을 거치며 나라의 빚은 상상을 초월하고 국가 경제는 무너지고 있다. 어떤 당이 세력을 얻든 결국 그들의 정책들은 짐승의 정부를 지지하게 될 것이다. 미국은 내전과 같은 일들이 일어날 가능성이 크고 대만은 중국과, 대한민국은 북한과 전쟁이 일어날 가능성이 커지고 있다.

만약 러시아와 중국이 'EMP탄'을 터트리거나 '사이버 어택'을 시도하며 인터넷망과 전력망이 다운되고 수돗물까지 나오지 않는다면? '북한'의 'SLBM'이 태평양을 건너서 미국으로 발사된다면? 아니 '북한'과 '중국'이 동시에 전쟁을 일으킨다면? 미국의 핵우산은 동맹국들에게 어떠한 제공도 보장될 수 없을 것이다. 더더군다나 미국 본토에 재앙적인 자연재해나 '내전' 같은 것이 일어난다면 대한민국을 위해서 무엇을 해줄 수 있겠는가?

그리고 트럼프가 재선된다면 나토가 해체되면서 자연스럽게 제3차 세계대전으로 확전될 가능성이 농후하다. 이미 유럽의 국가들은 전쟁 준비에 돌입한 것으로 보인다. 독일은 독자적으로 핵무장을 하려고 시도할 것이다. 대한민국은 핵이 없으므로 세계 어느 곳보다도 더 위험하다. 북한의 핵을 맞으면 미국의 핵잠수함이 핵미사일로 복수한다는 것인데 그것이 보호의 개념은 아니다. 그리고 트럼프는 주한미군의 방위비를 급격히 올릴 것이고 여의치 않으면 철수시키려 할 것이다.

정치, 사회, 경제, 어디를 둘러봐도 소망이 보이지 않는다. 문제는 바로 교회다. 교회가 바르게 서 있다면 주님의 보호하심을 기대할 수 있겠지만 그러기에는 영적으로 많은 문제를 내포하고 있다. 어디서부터 손을 대야 할지 모를 정도로 총체적 난국이다. 미국 공화당의

2023년 상암경기장에서 열린 빌리 그래함 50주년 기념대회

'영김' 의원은 이렇게 말했다. "미국의 민주당은 사탄을 위해 일하는 당이며 공화당은 그것을 방관하는 당이다." 이것이 미국의 흐름이라면

대한민국도 마찬가지의 흐름이다. 중국을 지지하는 당이 대한민국에서 실권을 잡은 것을 보면 더욱 빠르게 공산화되어 갈 것으로 보인다. 이것이 프리메이슨의 '정반합'이다. 대한민국은 국회의원선거를 통해서 거대 야당을 다시 등장시켰고 차별금지법을 포함한 반성경적인 악법들이 줄줄이 교회와 성도들을 옥죄어 올 것이다. 우리는 심은 대로 거두게 된다.

2023년은 우리가 정신을 차리고 회개하기에 너무나 좋은 시간이었다. 그런데 상암경기장에서 프리메이슨으로 알려진 '빌리 그레함'을 기념하는 50주년 집회가 있었다. 대형교단들과 유명한 목회자들이 모여서 그의 아들이 대한민국을 방문해서 집회를 인도해 준 것에 대해서 감사의 인사를 드리는 장면을 목격하고 절망감을 느꼈다. 강남의 큰 교회 목사는 청년들을 데리고 '모세의 지팡이'를 만들어서 흔들면서 퍼포먼스를 했다. 그런다고 회복이 되고 부흥이 오는 것이 아니다. 오히려 주님의 진노를 불러올 뿐이다.

성경은 우리에게 죽은 자를 기념하지 말라고 분명히 말씀하신다. 그런데 사람을 기념하는 예배가 너무 많다. 그래서 '추도예배'도 엄밀히 말해 성경적이지 않은 것이다. 한국교회는 예배가 너무 변질하였다. 장례예배, 일천번제 예배, 기념 예배 등등. 마치 정화수를 떠놓고 우리 조상들이 알지 못하는 귀신에게 '비나이나'를 반복하며 자녀들이 복을 받게 해달라고 빌 듯, 반복해서 소원을 아뢴다. 이제는 애완동물을 위한 장례예배도 드리는 형국이다.

부활절 토끼는 다산을 상징한다. 부활과 아무런 상관없는 '계란'을 삶으면서 혼합종교의 모습을 띤 부활절을 기념하고 있다. 성령님의 분별하심에 인도를 받으며 혼합 종교적 우상숭배를 끊어내야 한다. 이것이 우리 신앙의 '점'과 '흠'이다.

크리스마스는 예수님의 탄생일도 아니다. '트리'는 바알 숭배를 상징하는 것이며 '송구영신 예배'라는 이름도 역시 샤머니즘과 뒤섞인 모습인 것이다. '말씀 뽑기' 행사를 진행하면서 점을 치듯이 새해의 복을 비는 모습에서 돌이켜야 한다. 우리는 매일매일 하나님의 말씀을 묵상하고 순종하면서 계속해서 신령한 복을 넘치도록 받으며 살아간다.

그런데 2024년 가을에, '빌리 그레함'과 '존 스토트'로부터 시작된

'로잔대회'를 준비한다고 분주하다. 사회구원으로의 변질된 복음과 디지털시대를 대비하는 움직임을 보이고 있다. 하나님께서 어떤 마음이실지 생각은 해봤을까? 하나님의 분노가 느껴지지 않는가? 타종교와 대화한다면서 종교통합의 다리를 놓고 있는 상황들에 대해서 주님이 어떤 마음이실지 기도해 보았는지? 하나님의 은혜이신 예수 그리스도의 놀라운 사랑 그 하나만을 갈망하면서 회개집회를 했더라면 아버지의 마음을 풀어드렸을지 모르겠다.

한국의 교회는 으리으리한 예배당을 건축하고 앞다투어 하나님께 봉헌한다고 했다. 그렇지만 사람이 진짜 성전인 것이다. 하나님은 건물과 프로그램을 기뻐하지 않으신다. 우리는 높아진 교권주의를 내려놓아야 한다. 모든 성도는 동일한 지체이며 제사장이다.

주님은 하나님의 계명을 지키는 자들을 사랑하신다. 사람이 하나님의 관심 대상이다. 고난과 환란도 마다하지 않고 주님을 사랑하고 이웃을 사랑하는 계명을 지키는 자를 하나님은 너무 사랑하신다. 그들이 바로 하나님의 눈동자이다. 그런데 스타 목회자들과 찬양 인도자들 그리고 화려한 은사를 뽐내는 젊고 잘생긴 전도자들은 교인들의 선망의 대상이 된다. 성도들은 대형교회를 다니면서 교회를 자랑하고 목사를 자랑하고 제자훈련을 자랑한다. 유명한 대형교회가 주는 안락함과 자긍심을 내려놓지 못하고 그 안에 머물면 본인도 위대한 성도라고 착각하기 쉽다.

한국교회의 많은 부모가 예배보다 '학원공부'를 더 우선시한다. 대학에 가기 위해서 고3 때나, 재수할 때, 교회 예배를 드리지 말고 공부만 하라고 가르친 탓에 그들이 대학에 들어가면 당연하게도 이미 떠난 하나님께 돌아오지 않는다. 무엇 때문에 대학에 가는 것이고 무엇 때문에 사람들이 선호하는 대학에 가려고 하는 것인가? 믿는 부모들은 무엇을 위해서 그렇게 하는 것인가? 아이들의 행복 때문인가? 본인들의 행복 때문인가? 무엇이 예배를 등한시하게 만든 것인가?

대낮에 카페에 앉아서 얘기하는 사람들의 말들을 우연히 듣다 보면 돈 아니면 아이들의 학원 얘기가 주로 들린다. 믿는 자들도 예외가 아니다. 주님은 그들의 삶에 어떤 부분을 차지하고 계신 걸까? 진실로 예수님은 현대교회의 주인이 맞으실까? 우리는 무엇을 자랑하면서 사는 것일까?

성도들의 자랑은 오직 예수님이어야 한다. 목사의 자랑은 교회에 충성하는 성도가 아니라, 그들의 모든 헌신이 오직 예수님에 대한 깊은 사랑에서 나올 때 그런 성도들이 바로 자랑이요 면류관인 것이다.

많은 청년이 나의 '달란트'가 무엇인지 고민한다. '달란트'는 재능이 아니라고 이미 나누었지만, 청년들은 내가 받은 재능이 무엇인지 찾기 위해 고민한다. 그리고 찾으면 하나님께 영광을 돌리기 위해서 열심히 봉사한다. 그런데 그 봉사와 사역의 숨겨진 동기가 무엇일까? 정말 예수님인가? 아니면 교회에서 빛나기 원하는 '나 자신'인가?

하나님 사랑과 이웃사랑의 의미는 '십계명'에 구체적으로 나와 있다.

성 삼위일체 하나님만을 영원토록 즐거워하며 사랑하는 것이 첫째 계명이다. 그 어떤 대상도 우리 주님의 경쟁상대가 되어서는 안 된다. 현대교회는 사역자들이 우상이 되는 경우가 참 많다. 그것은 우상숭배의 죄가 되는 것이다. 반면, 장로들과 권사들과 안수집사들이 권력자가 되어 교회 안에서 힘겨루기를 펼치기도 한다. 교회는 주님의 것이다. 우리의 헌신이 하나님을 향한 순수한 사랑에서 나온 동기인지 우리는 순간마다 점검해야 한다. 어떤 대상도 주님에 대한 사랑과 관심보다 앞설 수 없다. 물론 우리는 그렇게 해야 한다고 알고 있다. 문제는 실제로 그러한가이다. 실제로 내면의 숨겨진 다른 동기는 없다고 자신 있게 말할 수 있을까? 다른 무엇보다 나 자신이라는 존재가 바로 가장 큰 우상이 될 수 있다. 큰 교단의 똑똑한 목사들은 왜 음녀 바벨론의 뿌리가 되는 '로마가톨릭'과의 연합을 끊지 못하는가? 이것이 얼마나 하나님을 분노하게 해드리고 슬프게 해드리는 악한 우상숭배라는 것을 모르기에 성도들을 잘못 인도한 죄에 대해서 회개할 수 있기를 간절히 소망한다.

2017년 카페를 운영했을 때, 카페에서 커피를 내리다가 어떤 젊은 목사와 친구 목사의 대화 중 이런 얘기를 우연히 듣게 되었다. "마리아 무오설은 성경적 근거가 있다"라는 말이었다. 마리아를 예수님의 머리 위에 올려놓고 신적 존재로 숭배하는 것이 현실이다. 이것이 바로 에큐메니컬 운동을 하는 대형교단의 영적인 흐름일 것이다. 다리가 떨리고 슬픔이 몰려오는 내용이었다. 마음이 불타는 것 같은 고통이 몰려왔다. 목회자가 변질되면 교회는 당연히 변질된다. 한국교회의 영적 변질의 원인은 당연히 지도자의 책임이 가장 막중하다. 이러한 신앙적 변질과 신학의 변질이 교회의 타락을 가져온 것이다. 어떤 사람들은 보수적 신앙을 지키려고 한다면서도 '번영'에 대한 관점을 놓지 못한다. 어떤 사람들은 진보적이라 하면서 하나님보다 더 사랑이 넘쳐서 악을 의롭다고 하며 지옥의 실제를 부정하려 한다. 공의는 사라지고 사랑과 용서만이 넘쳐난다. 그러나 회개하지 않으면 결국은 심판에 놓이게 된다.

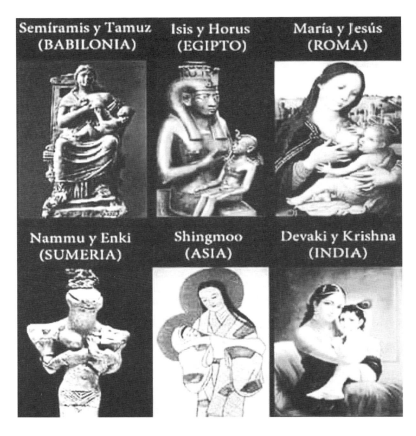

마리아와 마찬가지로 다양한 모습으로 전파된 모자사상의 태양신숭배

필자를 포함한 목회자들일지라도 하나님의 준엄한 심판 앞에서는 그 누구도 예외가 없을 것이다. 코로나 이후 주님은 지속적으로 목회자들과 성도들을 시험하고 계신다. 우리는 정신을 차리고 각성해야 한다. 우리에게 정말로 필요한 것은 바로 사랑의 회복이다. 주님만을 뜨겁게 사랑했던 우리의 '처음 사랑'에 대해서 회복해야 한다. 눈물과 감사와 사랑의 감격으로 행했던 '처음 행위'가 다시 일어나야 한다.

하나님께서는 사랑과 공의 때문에 그 아들을 보내셨다. 그분의 몸을 찢고 피 흘려 모든 물과 피를 다 쏟아 구원하신 그 놀라운 사랑을 우리는 지금도 느끼고 있는가? 그렇다면 이렇게 참담한 영적인 음행으로 빠지지는 못할 것이다. 이 사랑이 모든 것의 동기가 되어야 하나님이 기뻐하신다는 것을 말하는 것이다. 그럴 때 우리의 배에서 '생수'가 터져 나올 것이다.

그 사랑의 기름 부으심이 이웃을 향한 사랑으로 표현되는 것이 둘째 계명이다. 이것은 바로 형제 사랑을 의미한다. 둘째 계명이 우리에게 이루어질 수 있는 근거는 바로 첫째 계명에 있다. 첫째 계명에 순종할 수 없다면 둘째 계명은 이루어질 수 없다.

우리가 하나님의 사랑에 감동될 때 하나님을 사랑할 수 있고 하나님을 사랑하게 될 때 이웃을 사랑할 힘을 얻게 된다. 유대의 종교지도자들이 예수님께 책망받은 이유는 그들에게 사랑이 없었기 때문이다. 하나님에 대해서 부지런히 공부하지만, 하나님이 누구신지 모른다. 하나님과 관계도 없다. 역시 현대교회에도 종교지도자의 위치에 있으나 하나님을 모르는 사람들이 있다. 하나님에 대해서 말하지만 정작 하나님은 모른다. 예수님에 대해서 말하지만 예수님을 모른다. 생명도 없고 구원도 없다. 어떤 이들은 원래 있었으나 변질되어서 이제는 눈앞이 잘 보이지 않는다. 마치 눈먼 라오디게아 교회처럼….

2023년 말쯤에 주님께서 이런 마음을 주셨다. 예수님이 태어나셨을 때 천하에 다 호적하라는 황제의 명이 있었듯이, 예수님이 다시 오실 날이 눈앞에 가까이 이른 이때 우리의 이름이 생명책에 기록되어 있는 것에 대한 점검과 확인이 필요하다는 마음이었다. 그것은 부르심이었다. 대환란이 오기 전 마지막으로 당신의 신부들을 간절히 찾고 부르시는 신랑의 음성을 들을 수 있기를 바란다. 그날이 다가오고 있다. 그렇지만 불안해하면서 조급하게 살아갈 필요는 없다.

이 책을 보는 분 중에 아직 예수 그리스도를 믿지 않는 분이 있다면, 대환란이 오기 전에 당신의 이름이 생명책에 기록되길 간절히 소망한다. 회개하고 주 예수를 믿으라! 그러면 구원을 받을 것이다.

만약 예수님을 구주로 믿는 분들이 이 책을 본다면 순결한 신부로서 신랑 예수님의 다시 오심을 갈망하며 살고 있는지? 첫사랑의 감격으로 주님을 섬기고 있는지? 점검하고 돌이킬 기회가 되기를 간절히 바란다. 그 어떤 우상도 제거해야 음녀가 되지 않을 것이다.

우리의 더러운 죄악들을 '회개'할 수 있는 시간 - 이것은 바로 은혜이며 긍휼이다. 하나님의 인내하시는 시간이 끝나면 성령님이 '예수님의 신부'들을 데리고 사라질 것이며 이 세상은 짐승의 정부와 적그리스도 세력에 의해 어둠으로 덮일 것이다.

그러므로 지금 이 시즌에 가장 필요한 것은 바로 '회개'다. 무엇을 회개해야 할 것인가를 아는 것이 바른 회개의 시작이다. 하나님의 계명을 지키지 않은 것은 하나님을 사랑하지 않은 것이다. 무엇보다 주님의 몸 된 교회 안에 들어와 있는 바벨론 음녀의 영적 흐름을 파쇄하고 보이거나 보이지 않는 우상을 부숴야 한다. 하나님보다 높아져 있는 모든 사상을 사로잡아 복종시켜야 한다. 그리고 하나님의 계명 안에 녹아있는 하나님과의 관계에 집중해야 한다. 진실로 중요한 것은 주님과의 관계다. 관계회복을 위해 철저히 마음을 찢고 '회개'해야 한다.

주님은 '회개의 영'을 부어주고 계신다. 주님의 공중 재림 전 '마지막 부르심'을 듣고 깨어나는 한국교회가 되길 간절히 소망한다.

회개하라! 깨어나라! 주의 신부들이여!
응답하라! 주 예수님의 마지막 부르심에!

부록
성도의 간증

시작부터 계셨던 그것,
곧 우리가 들었고 우리가 우리의 눈으로 목격하였으며
우리가 눈여겨보았고 우리의 손이 만져 보았던 생명의
말씀에 관해서라. (이는 그 생명이 명백하게 나타났고
우리가 그것을 목격하였기 때문이니, 아버지와 함께 있었고
우리에게 명백하게 나타나게 된 그 영생을 너희에게
증거하며 제시하느니라). 우리는 우리가 목격하고 들은
그것을 너희에게 선언하노니, 너희 역시도 우리와 함께
교제를 나누게 하려 함이라. 그리고 참으로 우리의 교제는
아버지와 함께하는 것이며, 그분의 아들 예수 그리스도와
함께하는 것이라.

표준 킹제임스 (요한일서 1:1~3).

1) 지훈 형제

나는 믿는 집안에서 태어나 어릴 때부터 자연스럽게 교회에 다닌 모태 신앙인이다. 생각해보면 어릴 때는 교회에 가는 것이 재미있었다. 교회에 가면 예배를 드린다기보다는 좋아하는 축구를 함께 할 수 있는 친구들을 만나는 것이 좋았고, 예배가 끝나면 친구들과 함께 공을 차는 것이 좋았다. 그래서 교회에 나갔던 것 같다.

예배가 2순위였기는 했지만 그래도 나름대로 예배 시간에 잘 받아 적기도 하고 기도도 하려고 노력했던 것 같다.

내가 주님 만난 것을 이야기하려면 좀 길다. 그리고 축구 이야기를 빼놓을 수 없다. 때는 2002년, 초등학교 5학년. 온 국민이 다 알고 있듯이 월드컵이 우리나라에서 열렸던 그해 여름의 열기는 엄청났다. 새벽까지 이어진 거리 응원과 함성에 거의 온 국민이 하나가 되었다. 안 그래도 어릴 때부터 축구를 좋아했던 나는 자연스럽게 월드컵을 계기로 축구선수의 꿈을 더욱 크게 가지게 되었고 부모님을 졸라 중학교 때부터 축구부가 있는 학교로 진학하여 엘리트 축구선수의 길을 걷게 되었다.

좋아하는 축구를 좀 더 체계적으로 그리고 본격적으로 할 수 있다는 부푼 꿈을 안고 들어간 축구부는 내 예상과는 달랐다.

30~35명이 함께 모여 생활하는 합숙 생활, 선배들의 매일 반복되는 체벌과 구타, 마사지 등이 너무 힘들었고, 아침 6시에 일어나 새벽에

체력 운동을 하고 씻고 밥 먹고 수업에 들어가 수업받고 나오면, 오후에 또 훈련하고 씻고 저녁 먹고 또 훈련하는 반복된 생활은 지금 생각해도 어떻게 했을까 싶은 그런 생활이었다. 재미있을 것만 같았던 축구가 힘들게 느껴졌고 본격적으로 시작한 지 얼마 안 되어 바로 그만둘까도 생각했었다. 하지만 여기서 그만두기에는 내가 축구를 너무나 좋아하고 있었다. 마음을 다잡고 진짜 다 이겨내자! 라는 각오로 더 열심히 훈련했고 생활도 열심히 했다. 그 결과 나는 중3이 되었을 때 나름대로 괜찮은 선수가 되어있었고 전국 최상위권의 고등학교에 진학할 수 있었다.

고등학교의 생활도 크게 다르지 않았다. 오히려 힘듦은 배가 되었던 것 같다. 우리 학교는 별명이 특공대라고 불릴 정도로 혹독한 훈련으로 유명했는데 입학하고 나서 두 달째 되는 해에는 이런 생각을 했었다. "3년이 가긴 할까?"

하루하루가 너무 고되었지만 그래도 시간은 흘렀고 3년 동안 정말 많이 맞고, 혼나고, 뛰고 하면서 훈련했고 그때 배운 힘든 것들을 이겨내는 정신력은 지금까지도 나에게 큰 자산으로 남아 있는 것 같아서 돌이켜보니 감사하다.

그 시간 동안 많은 대회에서 우승했고 개인 타이틀도 얻었고 나름대로 유명세도 얻었으며, 연령별 대표팀에도 뽑혀서 나름의 탄탄대로를 걷게 되었고 대학도 좋은 팀으로 들어갔고 조금만 더 노력하면 프로를 갈 수 있겠다는 희망에 차 있었고 자신도 있었다. 내가 좋아하고 잘하는 축구로 성공하고 그에 따른 막대한 부와 명예를 얻을 수 있는, 세상 말로 성공했다는 사람들의 길을 걸을 수 있을 것만 같았다.

하지만 그 당시 내 영적 상태는 주님과는 전혀 무관했다. 합숙 생활을 하면서 주말에 집에 가지 못할 때도 많았기에 교회는 당연히 멀어졌고 개인적으로 성경을 읽거나 주님과의 교제 시간은 전혀 없었다. 외출 시간이 주어지면 무조건 pc방 아니면 노래방이었고 예수님과는 전혀 동떨어진 삶을 살았다. 그런 상태로 대학에 진학하니 그때가 20살, 성인이 되니 그때부터는 미성년자라는 타이틀 아래 강제로 묶여 있던 것들이 사라지고 가로막을 사람이 없어졌다. 그때 지금처럼 생명 되신 주님을 알았더라면 절대로 그렇게 살지는 않았을 것이다.

그 당시 내 상태를 한마디로 표현하면 "고삐 풀린 망아지"였다(부끄러운 이야기들이지만 이런 이야기들을 하는 것은 나 같은 죄인도 주님이 구원하셨다는 것을 고백하며 주님의 한량없는 사랑을 높여드리기 위함이다).

성인이 되어 접하게 된 어른들의 세상은 가히 신세계였다. 술, 담배, 클럽 등 나에게 짜릿한 쾌락을 주는 것들이 즐비했고 내가 그런 것들을 한다고 해도 막을 사람이 없었다. 나는 성인이기 때문에! 운동선수가 절제해야 한다는 이야기도 많이 들었지만, 세상이 주는 짜릿함보다 더 크지 않았고 축구에 대한 열정보다도 술과 클럽에 대한 욕망이 더 커졌다. 1년 365일 중에 적어도 280일 정도는 클럽에서 취해있었던 것 같다.

합숙 생활을 했어도 야간에 탈출해서 클럽에 갔고 몰래 들어와서 아무 일 없다는 듯이 생활하기를 반복했다. 걸리지만 않으면 되니까! 그렇게 나는 점점 세상을 탐닉하는 자가 되어갔고 나에게 하나님은 그냥 있는 분 정도의 존재였고 아예 놓지는 않았지만 거의 없다시피 한 존재였다.

그렇게 2학년이 되었을 때 하나님은 나를 부르셨다. "첫 번째 부르심 이었다." 연습 시합 도중에 상대와 공을 놓고 경합하게 되었는데 상대가 나보다 조금 더 빨랐다. 늦게라도 가서 경합해야지 하고 전속력으로 뛰어갔는데 상대가 뻥! 걷어낸 공에 그대로 눈을 강타당했다. 공을 따라가려고 한 바퀴 구르고 일어났는데 공에 맞은 오른쪽 눈이 보이지가 않았다. 너무 당황했고 눈 안쪽이 욱신거리기 시작했다. 바로 실려 나와서 근방에 있는 안과로 향했는데 의사가 눈을 들여다보는 기기로 들여다보자마자 놀라더니 빨리 큰 병원으로 가라고 했다.

당시 내가 다니는 대학병원으로 가게 되었고 저녁 7-8시로 기억한다. 의사 선생님께서 전문 장비들로 이리저리 보시더니 별말씀을 안 하시고 일단 부모님께 전화해서 지금 바로 오실 수 있냐고 물어보라고 했다.

그냥 단번에 느낄 수 있었다. "아, 심각하구나!"

나는 그 밤에 부모님께 전화할 수 없었다. 너무 놀라시고 마음 아파하시며 밤새 걱정하실 게 분명했기 때문이다. 그래서 내일 아침에 전화 드리면 안 되겠냐고 양해를 구하고 그날 응급실 배드에 앉아서 걱정으로 밤을 지새우면서 생각했다. "왜 나에게 이런 일이 일어난 거지?"

그런데 아이러니하게도 밤을 지새운 그 날 나는 하나님의 강한 부르심을 느꼈다. 왜인지는 모른다. 그냥 그런 생각이 강하게 들었다. "내가 너무 세상적으로 사니까 하나님이 날 부르시는 것 같은데…" 그날 깊은 회개의 시간을 가졌고 나 자신을 돌아보게 되었다. 이것이 하나님의 첫 번째 부르심이었던 것 같다. 결국, 치료를 받기는 했지만, 오른쪽 눈의 시력을 잃었고 나는 정신 차려야겠다고 마음먹고 경건 생활을 다시 시작하며 주님을 찾기 시작했다. 하지만 한번 맛본 세상의 짜릿함은 나를 놓아주지 않았다. 사실은 그날 주님의 부르심을 느꼈고 회개도 했고 경건 생활을 하려고 말씀을 읽고 기도하기 시작했었다. 하지만 세상의 유혹은 계속 존재했고 내 안의 죄성과 결합하여 서서히 나를 먹어들어가기 시작했다. 그리고 나는 또다시 주님의 손을 놓고 세상의 손을 잡기 시작했다.

그렇게 3,4학년을 또다시 술과 클럽 속에 살아갔다. 당연히 운동은 뒷전이었고, 몸 상태는 운동선수로서 뒤처졌으며 엔트리에서 빠지기 일쑤였다. 내가 노력하지 않은 것을 가지고 나는 눈 핑계, 감독 핑계, 환경 핑계를 대며 모든 것을 남 탓으로 몰아갔고 그러는 사이 서서히 내 안에는 알게 모르게 분노가 쌓이고 있었다.

결국, 나는 드래프트(프로선수를 뽑는)에서 탈락했고 그렇게 축구를 그만두게 되었다.

축구를 못 잊어서 다시 한번 도전해 보겠다고 동남아시아로 가서 프로선수를 다시 시작했지만 얼마 못 가 부상과 전혀 다른 환경으로 인해 결국 아예 축구를 그만두게 되었다.

그냥 다 싫었다. 다친 것도 싫고 내 눈을 다치게 한 그 사람도 망했으면 좋겠고 별 생각이 다 들었다. 나는 축구를 좋아했고 잘했고 인정받았었다. 성공의 길이 눈에 보였는데 왜 이렇게 되었을까? 여기에 서술하지는 않았지만 감독님과의 불화 및 그들의 부조리함도 많이 보았기 때문에 사람에 대한 믿음도 잃어버렸다(내 잘못이 더 컸지만…).

그렇게 쌓인 분노를 풀기 위해 내가 찾은 길은 예수님이 아니라 "술"이었다. 운동을 그만두고는 정말 술을 많이 마셨다.

눈을 다쳐 군대는 면제받았고 코치 생활을 하다가 직장인 축구팀이라는 곳을 알게 되었다. 국내 굴지의 대기업 협력업체였는데 나름대로 조건이 괜찮았다. 축구부를 뽑고 있었고 나는 거기에 테스트를 보고 합격해 들어가게 되었다.

일반 사원들과 다르게 난 출근하여 1-2시간 아주 간단한 일을 하고 퇴근 때까지 대기하고 있으면 되었는데 그마저도 일을 도와줘야 하는 날은 거의 없어서 한량처럼 시간을 보냈다. 그렇게 일하고도 엄청 큰돈은 아니지만 먹고 사는 데는 지장 없을 정도로 월급을 받았다. 그때를 생각하면 일반 사원들에게는 좀 미안하기도 하다. 지금이라면 그 남는 시간을 핸드폰으로 성경을 읽고 더 솔선수범하여 동료들을 도와주고 시대를 읽는 일에 사용했을 텐데 그땐 진짜 모바일 게임만 했던 것 같다.

일이 그 정도로 쉬우니 밤새 술을 먹고 출근해도 전혀 지장이 없었다. 나는 통상근무조였고 일반 사원들은 4조 3교대 근무시스템이었다. 나는 사교성이 좋은 편이어서 그들 모두와 친하게 지냈고 그들 중 대부분은 나의 술친구가 되어주었다. 그렇게 일주일에 4-5일은 술을 마시며 살아갔던 것 같다.

술을 마시면 즐거웠다. 그래서 분노 같은 감정을 잊을 수 있었다. 하지만 술이 깨고 일상을 살아갈 때면 늘 짜증이 나 있었고 쉽게 혈기를 내었으며 피해의식 같은 것이 있었다. 나한테 좋은 소리를 해줘도 "니가 뭔데?"란 생각이 더 컸다.

일상이 그러니 다시 즐겁기 위해 술을 찾게 되는 악순환이 반복되었다. 지금도 기억하는 그 당시 나의 화두는 '오늘은 누구랑 또 술을 먹지?'였고, 술을 같이 마실 사람이 정 없으면 국밥집에서 소주 한 병은 무조건 먹었다. 알코올중독이었던 것 같다.

이런 삶이 반복되니 이제 술을 마시는 것만으로는 뭔가 부족한 것 같았고 더 짜릿한 것이 필요했다. 정말 부끄럽고 다시는 하지 말아야 하는 짓이지만 그 당시 나는 음주운전을 정말로 밥 먹듯이 했다. 그냥 음주운전이 아니라 차들이 즐비한 골목을 100km로 달렸다. 차를 부딪을지도 모르고 사람이 갑자기 튀어나올 수도 있는데 왠지 모를 짜릿함이 있었다. "그럴지도 모르는데"라는 그 짜릿함을 느끼고 싶었다. 정말 다행히 하나님께서 보호해 주셔서 사람을 치는 사고는 없었다.

그리고 별로 화나는 일이 없는데도 운전대를 내리치면서 욕을 하면서 그렇게 달렸다. 때로는 술을 마시고 고속도로에서 120km로 달리면서 7초 동안 눈을 감았다. 진짜 왜 그런 생각을 했는지 모르겠다. 그냥 눈을 감고 싶었다. 죽을지도 모른다는 그 감정을 왠지 느끼고 싶었다. 그 짜릿함이 있으면 마음의 공허함 같은 것을 순간 잊을 수 있을 것 같았다. 실제로 그랬고 그래서 자주 그렇게 했다. 성적으로도 문란했고 이곳에 다 서술할 수 없을 만큼 여러 방면에서 타락한 삶을 살아갔으며 돌이켜보면 그 당시 내 혼은 분명히 귀신이 들려있었다. 내 영은 주님이 보호하셨기에 건드릴 수 없었겠지만, 혼과 육을 악한 영에게 완전히 내어준 삶이었다.

그때도 분명히 기억나지만, 하나님께서 타이르시며 부르시는 것을 느꼈었다. 술이 깨고 나면 그 전날 내가 했던 일들을 보면서 '난 도대체 뭘까? 왜 이럴까?'라는 생각이 있었고 '이렇게 살면 안 되는데'라며 후회도 했다. 그리고 눈을 다쳤던 그 경험은 나로 하여 하나님은 나를 징계하실 수 있는 분이란 것을, 심어주었고 무서웠다. 그래서 회개한 적도 많다. 하지만 그때뿐, 하루 이틀 지나면 다시 또 세상의 유혹과 내 안의 죄성이 결합하여 나를 죄 속으로 끌고 들어갔고 나는 또다시 세상의 쾌락을 탐닉하는 자로 돌아갔다. 정말 지독하게도 하나님께 항복하지 않고 내려놓지 않았다.

그런데 그 과정들이 반복되면서 나에게 들었던 생각이 있다.
"어떻게 이렇게까지 죄를 지을 수 있지? 죄가 죄인 줄 알면서도 짓는 나는 도대체 뭘까? 회개해봤자 어차피 또 죄를 지을 텐데 이런 내가 구원받을 수 있을까? 나는 하나님 말씀대로 살아갈 수가 없는 자구나. 나는 구원에서 탈락한 것이고 하나님은 날 버리신 거야."
그전까지는 그래도 회개할 마음이라도 있고 가끔 회개했다면, 이 마음이 들고나서부터는 완전히 나를 놔버렸고 회개조차 하지 않았다. 그냥 지옥에 가겠다는 마음으로 죄를 지었다. 지금 생각해도 주님께 정말 죄송하고 또 죄송하다.

하지만 하나님의 "두 번째 부르심"은 이때부터 시작되었다. 그렇게 죄 가운데 살던 어느 날, 그날도 어김없이 진탕 술을 마시고 선배 한 명을 옆에 태우고 소리 지르면서 차로 골목길을 밟고 있었다. 그러다가 콰쾅! 하는 소리가 났는데 선배가 악! 소리를 내며 욕을 하기 시작했다. 취해있어서 뭔지 몰랐는데 정차하고 보니 골목에 세워놓은 공사 차량의 쇠기둥이 조금 더 튀어나와 있었고 차 프레임이 걸려서 범퍼 오른쪽부터 사이드미러, 오른쪽 문짝 대부분, 뒷좌석 문 일부까지 완전히 다 뜯겨 나갔고 뜯긴 사이드미러가 창문 안으로 들어오면서 선배의 얼굴을 강타한 것이다.

다행히 그 선배는 크게 다치지 않았고 나도 다친 곳은 없었다. 다만 내 차의 오른쪽은 완전히 너덜너덜해졌다. 조금 무서웠다. 일단 그날 은 자고 선배를 보낸 뒤에 인간적인 걱정들이 몰려왔다. 차 수리비며 가족이나 여자친구한테는 뭐라고 설명하지, 상대 차주에게는 뭐라 말하지 등등 이런저런 걱정들이 몰려오는데 그 순간 나는 내가 눈을 다쳤던 그때가 떠올랐다.

그리고서 드는 생각은 "진짜 하나님이 또 날 부르고 계신건가? 나는 포기했는데? 근데 여기서 회개 안 하면 하나님이 진짜 화나셔서 나 죽이시는 거 아냐?" 이런 생각이 들었다. 굳이 그렇게 연관 지어서 생각하지 않아도 되는 부분인데 자연 그런 생각들이 들었다. 왜 그랬는 지는 나도 잘 모르겠다. 하나님의 부르심이었을 것이다.

그럼 그때 회개했는가? 안 했다. 두렵긴 했어도 "모르겠다. 세상이 좋다!'라는 마음이 더 컸기에 여전히 회개하지 않고 돌이키지 않았다. 하나님께서는 날 너무나 사랑하셔서 포기하지 못하시고 결국 "세 번째로 크게 불러주셨는데" 그 부르심은 내가 세상에서 사랑하는 그 당시 전부라 여겼던 모든 것을 빼앗아가시는 거였다.

사람은 누구나 그 누구에게도 밝히고 싶지 않은 치부가 한가지 정도는 있을 것이다. 오직 나와 주님만이 알고 있는 그 죄들과 그 죄의 결과로 얻게 된 나의 열매는 그 당시 결혼을 거의 약속하던 여자친구와 내 삶의 일부라고 여겨졌던 나의 소중한 친구들을 동시에 잃어버린 것이었다. 순전히 나의 잘못으로.
그때는 정말 하늘이 무너지는 것 같았다. 살면서 그렇게까지 마음이 무거웠던 적은 없다. 앞으로도 없을 것 같다.
지금껏 쌓아온 관계들과 나의 자존심, 자존감 이런 것들은 모두 무너졌고 나에 대한 자괴감과 절망이 나를 완전히 뒤덮었다. 차라리 죽는 것이 나을 것 같았다.

아직도 그날을 기억한다. 다음날 휴무여서 술을 정말 많이 마셨던 것 같다. 숙취가 너무 심해서 구토를 하고 자취방에 누웠는데 부엌이 보였고 순간 칼이 생각났다. 그때 '아 그냥 죽을까?' 이런 생각이 들었다. 진짜 죽고 싶었다. 근데 그럴 용기는 또 없었다. 한참을 그렇게 멍하니 있었는데 그 순간 책상 옆에 덩그러니 놓여있는 성경책 한 권이 눈에 들어왔다. 나는 절대 그 순간을 잊을 수 없다. 왜 그게 거기 있었는지도 모르고 내 눈에 들어왔는지도 모르겠다. 하지만 그때가 내가 거듭났다고 확신 되는 바로 그 순간이다.
그 성경책을 보는 순간 그간 있었던 여러 차례에 걸친 하나님의 부르심이 스쳐 지나갔고 내가 얼마나 지독하게 하나님을 외면했는지가 느껴졌으며 지금 일어난 이 사건이 눈을 다쳤을 때처럼, 차가 반파되었을 때처럼 하나님께서 나를 강하게 부르시고 계시다는 것을 내 영혼이 강하게 느낄 수 있었다.

홀린 듯이 그 성경책을 들고 와서 내 앞에 두고 무릎을 꿇고 엎드려 기도했다. "하나님, 저한테 도대체 왜 그러십니까? 저는 주님을 놓았는데, 내가 스스로 주님 말씀대로 살아가는 걸 포기했는데 왜 저를 강하게 부르시는 겁니까? 진짜 절 사랑하셔서 놓지 않으시고 부르고 계신 겁니까?" 그 순간 하나님은 분명히 임재하셨다. 부인할 수 없을 만큼 그 순간 내 곁에 계셨다. 분명하게 나를 부르고 계시고 나를 사랑하신다는 확신을 주셨다. 그 사랑이 나를 감싸 안으셨고 나를 불쌍히 여기셨다. 그렇게 정말 한참을 울면서 회개했다.

"주님 정말 죄송합니다. 너무 죄송하고 또 죄송합니다. 제가 주님을 정말 많이 거절했고 외면했습니다. 용서해주세요. 이렇게까지 저를 불러주시고 사랑해 주시니 제가 주님께 완전히 항복하고 다 내어놓겠습니다. 주님을 위해 한번 살아 보겠습니다."

그렇다면 그날 이후로 내 삶이 완전히 확 바뀌었는가? 그것은 아니었다. 하지만 분명히 내 안에 변화가 일어나고 있다는 것을 내 영혼은 느끼고 있었다. 그 이후로도 죄를 이겨내기 위해 노력했지만 넘어질 때도 많았다. 꾸준하게 저질렀던 죄의 습성은 내 육신에 그대로 남아 있었고 나는 정말 처절하게 죄와 싸워야 했다. 하지만 그날 이후로는 넘어질 때면 바로 회개하려고 했다. 그리고 더 깊은 죄로 들어가지 않기 위해 자신을 치기 시작했다. 예전에는 내가 알고도 그냥 죄를 지은 것이었다고 한다면, 지금은 정말 죄와 싸우다가 내가 연약해서 넘어진 것이었다.

넘어질 때면 항상 생각했다. "이보다 더 깊은 죄 속에 살 때도 주님은 날 부르셔서 건져내 주셨다. 주님은 날 버리지 않는다. 회개하자. 그리고 더 싸우자." 그리고 주님이 내 마음 아시지 않냐고, 내가 노력하고 있는 것을 주님이 다 아시지 않냐고 아뢰며, 그래도 죄송하고 더 노력해 보겠다고 뻔뻔하게 그냥 바로 엎드렸다. 그럴 때마다 주님은 용서하셨고 어떻게 이겨나가야 할지 조금씩 조금씩 내게 맞춰 알려주셨다.

일단은 성경을 정말 가까이했다. 성경을 읽으면서 예전에는 읽어도 보이지 않았던, 만날 수 없었던 주님을 더욱 많이 만날 수 있었다. 주님은 분명히 사랑이셨다. 그렇게 주님을 만나고 보니 주님을 더욱 알고 싶어졌다. 조직신학, 성경에 관련된 책들을 사서 읽고 다른 사람들의 간증을 읽기도 하며 기도 시간을 늘리면서 주님을 더 많이 만나기 시작했고 그럴수록 예전에 즐기던 세상 것들이 조금씩 줄기 시작했다.

이전에는 몰랐던 내 안의 새로운 세상이 열렸고 도저히 지킬 수 없을 것만 같던 주님의 말씀은, 내가 정말 나 자신을 쳐서라도 지키고 싶은 사랑하는 주님과의 약속이었다. 물론 너무 연약하여 그 이후로도 수없이 넘어졌고 낙심도 했지만, 주님은 "다시 해보자!"라고 위로하시며 나를 일으켜주셨다. 정말 주님 말씀대로 살고 싶었다. 하지만 내가 주님 말씀대로 살아가기에는 이 지역에서 내가 뿌려놓은 죄의 씨앗들이 너무나 많았다. 주님 말씀대로 살아가고 싶은데 4조 3교대의 나의 술친구들은 여지없이 나를 찾았고 나는 이따금 유혹에 무너져 술과 함께 나를 내어주기도 했다.
결단이 필요했다. 하지만 그 당시 그곳은 나에게 너무나 꿀 직장이었고 많지는 않았지만, 보수도 그런대로 괜찮았다. 이것을 포기하고 서울로 올라가야 하는 시점이 왔다. 솔직히 아까웠다. 이대로 여기 있으면 나름 회사 내에서 입지도 괜찮고 좋아하는 축구도 즐기면서 그냥저냥 편하게 먹고 살 수 있는 상황이었다.

하지만 주님의 말씀을 지키기에는 너무 어려운 환경이었다. 나는 거기서 그 유혹들을 다 견디며 믿음 생활을 해나갈 자신이 없었다. 그래서 기도하다가 결국 결단하고 회사를 그만두고 서울로 올라오게 되었다. 그때부터 지금까지 늘 가난하게 살아오고 있지만, 이 결단을 하게 하신 하나님께 정말로 감사드린다. 그곳을 떠나지 않았다면 나는 다시 세상으로 들어갔을 것이다.

서울로 올라올 당시, 기독교 카페 커뮤니티를 많이 접하게 되었는데 거기서 알게 된 어느 분에게 본인이 카페를 운영하시는데 그리 멀지 않은 곳에 계시는 듯하니 한번 만나서 교제를 하자고 하셔서 날을 잡고 만나게 되었다.

그렇게 지금의 목사님 부부를 처음 만나 뵙게 되었고 내가 살아온 삶을, 목사님 부부가 살아온 삶을 짧게 나누었다. 목사님은 주님께 마음을 받아 교회 개척을 한 지 얼마 안 되었다고 하셨고, 마침 나도 서울로 올라오며 '혼자는 힘들고 공동체가 필요하다'라고 생각하고 있던 터라 예배에 참석하겠다고 말씀드렸다. 그리고 그 주부터 예배에 참석하기 시작해 지금 이 글을 쓰고 있는 거의 3년이란 시간 동안 함께 믿음 생활을 하게 되었다.

사실 고등학교 때부터 우리 가족은 아버지 지인의 권유로 교회에 나가서 따로 성경공부를 시작했다. 그분은 그 당시 지금 교회가 이미 배도의 길에 들어섰다고 여겼고 성경을 올바르게 알아야 한다고 하시면서 성경공부에 대한 열정으로 가득 찬 분이셨다. 실제로 지금까지도

20년 넘게 성경에 대한 역사, 고고학, 철학, 종교 등 다양한 분야를 공부하셨고, 벌써 그 당시에 프리메이슨, 일루미나티, 300인 위원회 등 딥스테이트 세력들에 대해서 해박하셔서 우리에게 가르쳐 주셨다. 나는 운동하느라 자주 참여하지는 못했지만, 아버지를 통해 그분의 메시지들을 자주 접했고 자료들을 정리한 책들을 읽어보라고 주신 적도 많아서 그것을 통해 나름대로 성경에 대한 지식과 세상에 대해 알고 있었다.

하지만 내가 지식으로 알고 있던 그 모든 것들은 내 영적인 건강에 아무런 도움도 되지 못했다. 왜냐하면, 생명 되신 인격적인 예수 그리스도가 없었기 때문이다. 그분은 말씀하셨다. 성경을 올바른 관점으로 보고 바로 알면 하나님 말씀대로 살아갈 수 있다고! 맞는 말이었다. 그래서 그 말대로 공부도 해봤고 노력도 해봤다. 하지만 번번이 나는 내 죄성을 이기지 못했고 하나님을 외면하는 단계까지 간 것이었다.

그렇지만 이제는 왜 그런지 명확히 알고 있다. 지식은 알면 좋은 것이다. 하지만 그 지식이 구원해주지는 않는다. 말씀을 많이 알고 깊게 안다고 구원받는 것이 아니다.

'영생'은 "하나님 아버지와 그 아들 예수 그리스도를 아는 것" 개역 개정 (요 17:3)이다. 결국, 구원은 예수님을 통해 받는 것이다. 오직 예수다. 그분을 만나고 그분을 경험하고 그분과 사랑의 언약 관계에 들어가는 것이 구원이다. 예수님이 날 너무나 사랑하신다는 것을 보이신 것이 그 십자가를 통한 피의 구속이다!

나 같은 죄인을 위해 십자가에서 피 흘려 대신 죽어주시고 부활하셔서 그 피로 나를 사신 그분께서 지금도 날 사랑하고 계시고 나를 부르실 때 그분을 인정하고 만나고 경험하며 그분을 나의 "주"로 모시는 것이 구원이다.

그분이 말씀하신 성경을 안다는 것은 지식으로 아는 것이었다. 인격적인 예수님의 그 사랑을 경험함으로 아는 앎이 아니었다. 목사님이 책에 서술하신 것처럼 성령으로 거듭나서 인격적인 예수 그리스도를 알게 되면 얻게 되는 가장 큰 특징은 주님과의 친밀함이다. 그 친밀함이야말로 사랑이리라! 그리고 그 사랑을 받았기 때문에 우리가 서로 사랑할 수 있는 것이리라!

인격적인 예수 그리스도를 만나고 그 사랑을 경험하고 그분과 사랑의 교제 속에 살면 당연히 서로 사랑하라는 주님의 명령을 지키게 되는 것이다. 자연스럽게!

하지만 시간이 지나고 나서 그분의 열매를 보니 그분에게는 사랑이 없었다. 아무리 지식이 많다 한들 사랑이 없는 열매가 정말 하나님의 영이신 성령의 열매일까? 무슨 말을 하면 "그건 네가 성경을 몰라서 그래!"라는 답변이 대부분이었고 자신이 공부한 성경 지식을 가르치는 것이 대부분이었다. 되게 지식이 많아 보였고 실제로 많았지만 예수 그리스도의 사랑은 전혀 보이지 않았다. 안 그런 척하셨지만 이미 말투와 말 그 자체에서 상대에 대한 존중은 없었고 상대의 말을 끊고 자신이 할 말만 하셨다. 왜 그렇게 말을 끊냐고 반문하면 이미 자신이 다 아는 내용이고 무슨 말을 할지 다 알기 때문에 들을 필요가 없다는 것이었다. 그리고 그분은 이렇게 말씀하셨다.

"구원은 믿음으로 받는 게 맞다. 하지만 구원받은 이후에 하나님의 말씀대로 사는 건 스스로 하는 것이다."

나도 정말 이게 맞는 줄 알고 하나님 말씀대로 살아가기 위해 정말 "노력"했었다. 하지만 수많은 실패와 인격적인 주님을 만나고 나서야 명확하게 알게 되었다. 그것이 바로 "자기의"라는 것을! 나는 절대로 예수님 없이는 죄와 싸울 수도 없는 죄에 찌든 처절한 죄인이란 것과 이런 나를 사랑하신 예수님 때문에 내가 죄와 싸울 의지와 힘을 얻게 된다는 것을! 그리고 예수님 때문에 이길 수 있다는 것을!

나는 서울로 올라와 정착하게 된 지금의 목사님을 보면서 참 여러 가지를 배웠다. 하나님을 사랑하는 삶이란 이런 거구나, 서로 사랑하는 공동체란 이런 거구나 등등, 항상 주님을 갈망하셨고 주님의 임재를 바라셨으며 사역이나 봉사를 강요하지 않으셨다. 그냥 주님을 바라보자고 하셨고 늘 울며 기도하셨다. 3년 동안 같이 믿음 생활을 하면서 크고 작은 어려운 일들도 많았다. 그럴 때마다 항상 기도하자고 말씀하셨고 주님이 풀어주시는 것들을 느끼며 서로를 사랑함이 더욱 단단해질 수 있었다.

목사님이 하셨던 말씀 중에 기억에 남는 말이 있다.

우주를 통틀어서 하나님이 제일 불쌍하시다는 것이다. 무슨 말인가 하고 들어봤는데 하나님이 제일 많이 배신당하시고 제일 많이 외면당하시지 않냐고 그래서 하나님이 제일 불쌍하시다는 것이다. 그래서 우리 같은 죄인이 주님을 사랑한다는 것 하나만으로 우리를 이렇게 사랑해 주시는 것이 아닐까? 라고 하셨다.

당신께서 얼마나 우리를 사랑하시는지 그 마음을 알아드리기 때문에!

그냥 그거 하나만으로도 주님이 너무 기뻐하시는 것 아닐까?

정말로 하나님은 우리와 서로 사랑을 나누시기를 원하신다. 그리고 그 사랑은 분명히 하나님의 자녀 모두를 향하고 있다. 우리가 뭘 잘하고 깨끗하고, 정결하고, 흠과 점이 없어서가 아니다. 육신을 벗고 주님을 만나기 전까지 처절한 영적 전쟁에서 그 누가 자유로울 수 있으며 누가 자신이 죄 없다고 말할 수 있을까? 여전히 우리는 연약하고 때론 넘어지며 주님을 슬프시게 하지만 주님은 우리를 놓지 않으시고 그저 주님을 바라보고 신뢰하며 믿어가길 원하시는 것 같다.

그 죄의 모습을 가지고 와서 회개하고 주님께 가르침을 받고 감사해하고 주님으로 인해 기뻐하면서 찬양하고 주님을 사랑하고 그렇게 매일 매일 사랑의 교제를 나누시길 원하신다. 그 최고의 본이 바로 예수님이셨고 매일 그렇게 예수님과 일치되어 가는 삶을 살아가는 것이 성화의 모습일 것이다. 그 근본은 바로 "사랑"이다.

내가 누구를 판단할 권한도 없고 그래서도 안 되지만 그냥 단 하나, 마음의 소원이 있다면, 여러분이 이 글을 읽게 된다면 자신이 하나님을 만난 그날을 다시 한번 더 떠올려 보기를 간절히 바란다. 그래서 주님이 나 같은 죄인을 얼마나 사랑하셨고 구원하셨는지 그 첫사랑의 기억을 꼭 떠올려 보기를 바란다.

혹시 내가 첫사랑을 잃어버리고 살아간 것은 아닌지, 주님의 마음을 너무 몰랐던 것은 아닌지 돌아보며 마음에 감동을 주시는 대로 주 앞에 엎드려 온전히 사랑하는 주님과 달콤한 교제의 시간을 가지셨으면 좋겠다.

2) 태경 형제

나는 모태신앙은 아니지만 아주 어렸을 때부터 어머니를 따라 교회에 다녔다. 믿음은 전혀 없었다. 단지 또래 친구들과 어울려 노는 것이 좋았다. 나는 아주 게을렀다. 주일 아침 교회에 가기 위해 교구 버스를 타러 나가야 하는 시간에 친구 둘이 교회에 가자고 집으로 찾아와도 나의 의지는 게으름을 꺾진 못했다. 그만큼 나는 예배에 갈망이 없었고, 많은 봉사와는 상관없이 주님과의 교제는 전혀 없었다. 초, 중, 고 모두 마찬가지였다.

그렇게 똑같은 삶이 반복되고 있던 어느 수련회 기도회 시간이었다. 아마 고 2,3 때였던 것으로 기억한다. 그때 처음으로 주님을 영접했다. 주님의 임재를 경험했고, 동시에 믿음이 없는 아빠가 너무 불쌍해서 주님께 목이 쉬어가며 기도했던 기억이 너무나도 선명히 나의 뇌리에 박혀있다.

그 이후의 나의 삶은 미미하게나마 변했고 삶에서 주님을 묵상하기 시작했다. 하지만 말씀을 읽기는 했지만 가까이하지는 못했다. 그런 삶이 되풀이되다 보니 성령님의 비침을 받고서 더 자라지 못했다.

그런 가운데 이런저런 일들로 교회 분위기가 많이 어수선했던 때가 있었다. 그때 나는 교회를 떠나게 되었다. 명확한 이유도 없이 어수선한 분위기가 싫어 교회를 옮기고자 했다. 그래서 이 교회, 저 교회를 물색하고 다녔다. 하지만 가고 싶은 교회가 없었다. 그런 시간이 조금씩 반복되다 보니 시간은 길어져 약 5년 정도 길 잃은 어린양이 되었다.

그 5년 동안 딱히 큰 어려움이 있지는 않았다. 지금 생각해보니 그것이 더 무섭게 느껴진다. 주님이 내버려 두신 것만 같았기 때문이다. 하지만 주님은 나를 버려두지 않으셨다. 그리고 나에게 하나의 결단의 시간이 찾아왔다. 주님께서 돌아오라고 하시는 부르심이었다.

3개월 정도 연애했던 여자친구가 있었다. 비록 아주 짧은 기간이었지만, 감정을 쌓아가기에는 너무도 충분한 시간이었다. 하지만 3개월의 짧은 연애를 끝으로 헤어지게 되었다. 당시 나는 병원에서 야간전담

근무를 하고 있었다. 근무 중 환자가 적은 새벽 시간이었다. 헤어지고 얼마 안 된 때라 유튜브를 틀어놓고는 멍하니 허공을 응시하고 있었다. 그렇게 몇 분일지 몇 시간일지 모르는 시간이 흐르고 있었는데, 그때 내 귀에 정확히는 귀 뒤에서 들리는 음성이 있었다. "내가 너를 사랑한다." 처음엔 흠칫 놀랐다. 뭐지 싶었다. 하지만 곧바로 또 한 번의 음성이 들렸다. "내가 너를 사랑한다." 그때 단번에 알았다. 주님이시구나!! 그러자 또 곧바로 들리는 음성 "내가 너를 사랑한다." 그 자리에서 나는 통곡하며 회개하며 울었다. 그때가 내가 주님을 다시 만난 날이다. 주님의 사랑이 내 마음에 흘러들어왔고, 동시에 그런 확신이 들었다. 나와 교제하게 하셨던 이 여자친구는 나를 주님께로 돌아오게 하려고 만나게 하신 거구나. 그래서인지 구속되어있던 그녀를 향한 마음이 한순간에 자유롭게 되는 경험을 했다. 그리고 후일에 그녀에게 나의 거듭남과 복음을 당당히 전하게 되었다.

다른 많은 성도의 간증처럼 눈에 보이는 주님의 일하심이나, 엄청나게 큰 고난 속에서 주님을 만난 것은 아니다. 하지만 난 분명히 주님을 만났고, 주님의 음성을 들었고, 주님의 사랑을 느꼈고, 그로써 눈물로 회개하고 주님께 돌아올 수 있었다. 주님이 누군가를 택하셔서 자녀로 삼고자 하신다면 길가에 핀 꽃을 보고도 그분을 영접하게 하실 것이라 믿는다.

그러면서 지금의 목사님과 만나게 되었는데 그 과정은 위에 설명한 대로이다. 건설현장에서 딱 1주일 함께 일했는데, 번호를 교환하게 되었고, 커피가 매개체가 되어 주님이 연결시켜 주셨고, 위에서 서술한 주님을 다시 만난 직후에 한쪽 다리를 절면서 당시 목사님께서 운영하셨던 카페에 방문하면서 지금까지 주님이 부어주시는 사랑 안에서 공동체로서 합력하여 선을 이루고 있다.

또한, 지훈 형제가 공동체에 함께하게 되면서 몇 달간 오피스텔에서 생활했던 적이 있다. 그때 말씀 읽기와 기도를 정말 많이 했다. 그 기간 나는 꿈을 꾸었다. 그 내용은 이렇다.

22살까지 신앙 생활하던 교회에서 나보다 한 살 많은 누나가 죽어있었다. 그리고 같이 신앙 생활하던 많은 사람이 그 모습에 슬퍼하고 있었다. 그 모습을 바라보다가 꿈에서 깨어났는데, 깨어나자마자 머릿속에서 성경의 구절이 떠올랐다.

'이사야 12장 4-5절'이었다.

"그날에 너희가 또 말하기를 여호와께 감사하라. 그의 이름을 부르며 그의 행하심을 만국 중에 선포하며 그의 이름이 높다 하라. 여호와를 찬송할 것은 극히 아름다운 일을 하셨음이니 이를 온 땅에 알게 할지어다" 개역개정 (이사야 12:4~5).

그리고 성경 구절이 주님께서 주신 것이 맞는지 점검하면서 성경을 읽는데 내 눈에 확 조명해주시는 말씀이 '회개하라, 천국이 가까이 왔느니라'였다. 꿈이 다시 생각났다. 그 누나의 영혼이 영적으로 죽어 있는 것이 아닌가 싶었다. 그 사실을 알기까지는 오래 걸리지 않았다. 주님이 다른 사람을 통해 금방 전해 듣게 하신 것이다. 내가 주님을 떠났다가 돌아온 것처럼 주님을 떠나 있는 다른 영혼에게 회개하라는 메시지를 전하라고 하시는 듯했다.

하지만 주님이 주시는 마음인지 점검하지 않았고, 주님께 답을 구하지 않았다. 그리고 나 스스로 이것이 주님의 뜻이려니 하며 함께 신앙생활했던 친구 중 예전만큼 신앙 생활하기 어려워하는 친구들에게 첫사랑을 회복하자고 권면했다. 하지만 역시나 그때마다 그들의 영에는 주님의 인도함이 없어 보였다. 그래서 내 뜻대로 하지 않게 해달라고 기도했다. 그렇게 1년 가까이 주님의 부르심에 귀를 기울이며 기도했다.

그러던 어느 날 주님께서 공동체를 떠나라는 마음을 주셨다. 먼저 이 이야기에 앞서서 주님께서 이 공동체에 붙잡아두신 사건인 지훈 형제 이야기를 안 할 수 없다.

신앙생활을 다시 시작한 지 얼마 안 되었을 때였다. 개인적으로 공동체에 조금 다가가기 어려운 부분들이 있었다. 그렇지만 나는 주님 안에서 성도 간의 교제를 갈급하고 있었다. 그래서 공동체에 속해있지 않은 다른 지체에게 이 고민을 이야기했더니 교회를 옮겨보는 건 어떻겠냐고 조언을 해줬다. 나는 그 속에서 갈등했다. 목사님을 만나게 하신 하나님의 일하심을 보면서 또 목사님의 예수님을 향한 사랑을 느끼면서 이 공동체를 붙여주셨다는 마음과 교제에 대한 갈급한 마음이 있었고 그 두 마음을 두고 갈등 중에 교회를 옮겨야 하나? 하는 쪽으로 마음이 조금 기울고 있었다(이제 막 다시 신앙생활을 시작해 분별이 많이 부족할 때였다). 그런데 그렇게 고민하던 그 주에 지훈 형제가 교회에 오게 되었다. 나는 그냥 한번 온 사람으로 생각했다. 그런데 그 주부터 교회에 나오게 되었고, 친화력이 좋은 지훈 형제를 통해 공동체와 급격히 친해지기 시작했다. 그러면서 이런 생각이 들었다. '내 마음을 누구보다 깊이 아시는 주님께서 이 공동체에 남아 있길 원하셨고 그렇게 지체를 붙여주셨구나'(추가로 지훈 형제의 부족한 부분은 나의 장점으로 채워지고, 나의 부족한 부분은 지훈 형제의 장점으로 보완되어 서로 더욱 주님을 닮아가도록 하게 하시는 것이 너무 신기하고 일부로 그렇게 붙여주셨다는 생각마저 들었다).

이렇게 주님께서 붙여주신 공동체인데 왜 갑자기 지금 와서 떠나라고 하시는 건지 나로서는 이해할 수 없었다. 그래서 주님께 기도드렸다. 주님이 주시는 사인(sign)이 맞는지 점검이 필요했다. 그렇지만 기도하면 할수록 공동체를 떠나라는 확신이 계속 들었다. 그리고 결정적으로 기도 중에 '본토 친척 아비 집을 떠나라'라는 말씀을 조명해주셨다. 그래서 '아, 떠나라고 하시는 게 맞는구나!'라는 생각이 들어서 '떠나겠습니다. 주님 순종하겠습니다.'라고 기도드렸다. 인간적으로는 아쉬운 마음을 떨칠 수 없었다. 그리고 기도회가 끝난 어느 날 이에 관해서 말하고자 하는데 내 입이 떨어지지 않았다. 그래서 '주님 다음에 목사님에게 말하고 앞으로 어떻게 할지 나누겠습니다.'라고 기도드렸다.

그런데 그 말씀을 나누려고 마음먹은 아침에 그 떠나라고 하시는 말씀은 '국토순례'를 떠나라는 뜻으로 주님께서 내 마음에 부담을 주셨다. 그래서 내 뜻을 나누기로 한 날에 나누지 않고 이것을 가지고 계속 기도했다. 무언가 내가 알 수 있을 만한 사인을 달라고 기도드렸다. 며칠 후 아버지와 어떤 문제를 가지고 의견이 달라서 살짝 논쟁이 있었던 적이 있었다. 목소리가 높아진 상황에서 느닷없이 아버지는 본인이 예전에 다녀오셨던 국토대장정에 관한 이야기를 꺼내셨다. 그 순간 '아, 주님께서 원하시는 것이 국토순례가 맞구나!'하며 내게 보내시는 사인으로 받았다. 그렇게 확신하여 공동체와 이것을 나눴다.

내 이야기를 듣고 난 후 이 부분에 대해 공동체 지체들도 기도했다. 그 후에 나에게 이런 마음들을 주셨다.

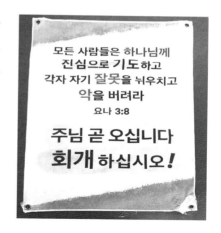

첫 번째, '회개에 대한 선포'의 마음을 주셨다.

약 1년간 내 마음에 심겨주신 것, 꿈, 그리고 말씀을 따라 이 여정을 함으로써 주님께 순종해야겠다 하고 마음을 먹고 기도를 드리고 나서 요나서를 읽었는데 그때 조명해주신 구절이 3장 8절 말씀이다.

"사람이나 짐승이나 다 굵은 삼베를 걸칠 것이며 모든 사람들은 하나님께 진심으로 기도하고 각자 자기 잘못을 뉘우치고 악을 버려라." 현대인의 성경 (요나서 3:8).

나는 한때 교회학교, 성가대, 찬양팀, 교회안내 등등 여러 봉사를 하면서 예수님이 아닌 교회가 나의 섬김의 대상이 되었던 적이 있었다. 그리고 백신을 1차 맞았다. 하지만 주님께서 이 부분에 대해서 철저히 회개시키신 적이 있었다.

그러면서 이 요나서 3장 8절을 조명해주시는 주님께서 '너가 회개한 부분들을 다른 사람들과 나누며 그들에게 회개를 선포하라'라고 말씀하시는 듯했다. 그리고 지체들 또한 같이 기도해주면서 지혜를 구하며 받은 마음은 그 말씀을 등에 메고 다니면 좋을 것 같다고 해줘서 그렇게 등에 메고 출발하게 되었다. 이 메시지를 등에 메고 다니면서, 교제를 허락하시는 분들과 교제하게 되었다.

두 번째, '에바브로디도'이다.

'위로'의 마음을 주시면서, 다니면서 내가 누군가를 위로해주고, 또 나도 위로를 받게 하셨다. 실제로 여정을 거치며 많은 분이 제 안에 계신 예수님을 바라보면서 많은 위로를 받고, 나 또한 그분들 안에 계신 예수님을 바라보며 정말 많이 위로를 받았다.

세 번째, 마음은 '겸손'이다.

이 마음은 처음에는 두려움이었다. 사람들이 바울과 바나바가 신이 되어 내려온 것으로 보고 헤르메스와 제우스로 떠받드는 그때, 옷을 찢는 바울의 사도행전 14장 14절 말씀을 조명해 주셨는데 처음에는 내가 교만해져서 넘어질 것을 두려워하라고 주신 말씀으로 받아들여졌고 실제로도 그런 마음이었다. 그 이후 출발 직전 한 번 더 묵상할 때는 추가하여 바울처럼 그런 교만들을 옷을 찢는 것처럼 찢고 겸손해지라고 말씀하셨다.

여정의 중반 정도까지는 주님의 은혜가 계속 이어졌다. 정말 너무나 감사했다. 그런데 어느 순간 나의 온전치 못한 부분과 죄 된 부분들로 인해 주님의 은혜를 덜 느끼게 되었고, 그 속에서 정죄에 빠졌다. '그런 큰 은혜들을 겪고서도 왜 넘어지는 거지? 하면서 사탄의 속삭임에 같이 동조하는 내 모습을 보았다. 이 사탄에게서 받는 정죄감을 벗고자 계속 회개하며 성경을 읽었다. 그때 조명해 주시는 말씀이 바울의 '육체의 가시'와 '네 은혜가 네게 족하다'였다. 이 말씀을 읽을 때 주시는 마음은 '교만의 억제제, 나의 죄 된 부분도 사용하셔서 오히려 교만을 억제하고 더 엎드리게 하시는 너무나 놀라운 주님의 섭리'였다. 내가 지은 죄이지만, 하나님께 기어서라도 나아가니 그 죄를 역전시켜주시는 듯했다. 교만은 멸망의 선봉장이다. 늘 겸손해야 한다.

그렇게 은혜와 연단 속에 40일간의 국토대장정을 마쳤다. 그때만 해도 나에게 주신 주님의 여러 뜻이 나에게만 국한되어 주신 것으로 생각했다. 하지만 동일한 마음을 목사님에게도 주셨고, 국토대장정을 시작으로 목사님은 책을 쓰는 것으로서 같은 방향의 사역을 시작하게 하셨다. 하지만 좀처럼 진전되지 않고 느슨해져 흐지부지되어  가고 있을 때 주님께서는 요한 형제를 붙여주셨고, 책 편집을 배웠던 요한 형제의 책 편찬 제안이 있었으며, 이미 마음을 받아서 쓰고 있었다는 말이 계기가 되어 주님은 책 집필에 힘을 내게 하셨다.

내가 다시 주님을 만나게 된 것과 국토대장정을 가게 된 과정, 책을 쓰게 된 과정, 그 어느 것 하나 주님의 손길이 아닌 것은 없었다. 분명한 주님의 인도하심이 있었다.

나 자신에게 고백해본다. "겸손하자! 마지막 때를 안다고 구원받는 것이 아니다. 때를 안다고 교만하지 말자. 주님 곧 오실 때 모든 교만은 심판받을 것이기 때문이다."

또한, 이 책을 읽으시는 어떤 분들에게는 '에바브로디도'와 같이 누군가에게 위로가 되길 원한다. 예수님이 곧 오실 것이다. 회개하고 돌아와 그 어떤 것도 아닌 '오직 예수'를 붙잡으시길 바란다. 온전한 주님 사랑 안에서, 주님 오시는 그날까지 평안한 그 사랑 안에서 소망 없는 세상이 아닌, 하늘의 것을 소망하시길 기대한다.

"마라나타, 아멘 주 예수여, 어서 오시옵소서!" (계시록 22:20).

3) 요한 & 정금 부부

저와 아내는 2010년 1월 선교단체에서 처음 알게 되어 함께 사역하고 동역자의 관계로 지낸 것을 시작으로 3년의 교제를 하고 주님의 은혜로 2014년 결혼하였습니다. 결혼 이후의 삶이 순탄하고 행복할 것이라는 믿음이 있었습니다.

결혼 1년 차인 저희 부부에게 작은 소망이 생겼습니다. 신혼이기에 더 간절했던 것 같지만 함께 있는 시간보다 따로따로 직장에 있는 시간이 더 길다 보니 함께 사업을 한다면 더 큰 유익이 있겠다는 생각이었습니다.

그렇게 준비했던 사업을 호기롭게 시작했지만 1년 6개월 만에 많은 빚을 지고 문을 닫아야 했습니다. 그 사이에 첫째 아이가 태어나서 아내 홀로 자녀를 양육해야 하는 상황이 저에게는 큰 심적 압박으로 다가왔습니다. 저희 가정에 첫 번째 고난이 찾아왔지만, 함께 기도하며 이 상황을 이겨내자고 다짐하였습니다.

빨리 빚을 갚고 싶은 마음에 무리해서 직장 세 곳을 다녔습니다. 그렇게 1년간 일을 하고 빚을 반 정도 갚으니, 심적으로 여유가 조금은 생겼습니다. 이제는 한 직장에 집중하고자 세 곳의 직장 생활을 끝내고 새로운 직장으로 취직했습니다. 그렇게 두 달 정도 지나면서 제법 적응이 되던 즈음 두 번째 고난이 찾아왔습니다. 한 달 정도 기침이 멎지 않아 병원에 찾아가 검사를 받아보니 림프종이라는 암이 몸에서 발견되었습니다.

병을 극복하는 모든 과정을 다 풀어낼 순 없지만 감사한 마음으로 고백할 수 있는 것은, 이 상황을 극복하는 모든 과정 가운데 하나님의 계획하심과 언제나 가장 좋은 것으로 우리를 인도하신 주님의 은혜를 발견할 수 있었고 그 가운데 저희 부부는 영과 육이 더욱 연단될 수 있었습니다.

　그렇게 모든 일상이 회복되었다고 생각했습니다. 차츰 시간이 지나면서 제 육체도 많이 회복되었다고 생각했습니다. 항암 치료 시작 전에도, 회복 이후에도 병원에서는 자녀계획은 이제 어려울 것이라 했습니다. 당시에는 크게 마음에 두진 않았지만 첫째 딸이 네 살이 되던 해부터 유독 동생이 있었으면 좋겠다는 말을 자주 하기에 난감한 마음에 아내와 논의 후 재검사를 받아보기로 했습니다. 주님께서 허락하신다면 가능케 하실 것이라는 믿음으로 기도를 드리고 검사를 받은 결과 아이를 가질 수 있다는 결과를 들었습니다. 그렇게 정말 특별한 방법으로 주님께서 둘째 딸을 저희 가정에 보내셨습니다.

　두 아이가 자라면서 저희 부부에게는 새로운 목표가 생겼습니다. 과거 빚에 시달렸던 고통을 겪지 않고 안정적으로 자녀들을 키우기 위해서는 많은 재정을 벌고자 했던 목표였습니다. 돈을 벌기 위한 많은 방법 중 저는 주식과 코인이라는 분야를 선택하여 관련 공부를 시작했고 아내도 부동산 및 기타 사업과 관련된 공부를 하기 시작했습니다. 그렇게 몇 달이 지나고 투자를 한 분야에서 수익의 결실을 보고 있던 어느 날 너무도 갑작스레 아내가 진지한 대화를 요청하였습니다.

　"지금이 마지막 때라는 것에 대해 어떻게 생각해? 곧 주님이 오실 것 같아." "우리가 마지막 때에 살고 있다는 건 동의하지만 그렇게 급하게 오시진 않을 것 같은데?"

① 정금 자매

부르심
2021년 10월 책을 구매하러 서점을 찾았습니다.

베스트셀러 코너에 가보니 순위에 드는 다수의 책이 '돈 많이 버는 법(주식, 코인, 부동산)'임을 보고 '이것이 세상의 흐름이구나' 격하게 공감하였습니다. 지금의 시대는 부자가 존경받고 돈을 많이 벌어 성공한 자들이 자신의 노하우를 공개하는 강의가 즐비하며 나이를 불문한 모든 사람의 마음을 사로잡고 있었습니다. 정직하게 살아서는 집 마련조차 힘들고 넉넉한 자본금이 있어야 돈을 벌 수 있는 이 시대를 살면서 저희도 이왕이면 그리스도인이면서 잘 먹고, 잘 사는 것이 믿지 않는 사람들에게 좋은 본이 되며 그것이 하나님의 복이라 여기며 돈을 사랑하며 살았습니다,

그러던 중 하나님께서 저희에게 강력하게 경고하시는 말씀을 주셨습니다.

"너는 이것을 알라. 말세에 고통하는 때가 이르러 사람들이 자기를 사랑하며 돈을 사랑하며 자랑하며 교만하며 비방하며 부모를 거역하며 감사하지 아니하며 거룩하지 아니하며 무정하며 원통함을 풀지 아니하며 모함하며 절제하지 못하며 사나우며 선한 것을 좋아하지 아니하며 배신하며 조급하며 자만하며 쾌락을 사랑하기를 하나님 사랑하는 것보다 더하며 경건의 모양은 있으나 경건의 능력은 부인하니 이같은 자들에게서 네가 돌아서라" 개역개정 (딤후3:1~5).

'하나님 사랑하는 것보다 더하며 경건의 모양은 있으나 경건의 능력을 부인하니'

우리 가정의 현재 모습임을 깨닫게 해주심에 감사함으로 우리의 최우선 순위를 하나님께 드리기로 결단하고 매일 드리는 가정예배를 시작하였습니다. 또한, 구별된 삶을 드리고자 주님보다 더 사랑했던

모든 우상을 버리자고 결단하였고 저희 부부는 욕심으로 돈을 벌고자 했던 모든 행위를 멈췄습니다. 그것이 끊어진 것조차 주님의 은혜가 아니고서는 설명할 방법이 없습니다.

저희 가정은 백신 접종을 반대했던 터라 주일에도 비대면 예배만 가능했기에 현장 예배의 사모함과 갈급함으로 그것을 채우기에 좋은 방법을 알아보는 과정에서 깊게 접한 내용이 있었습니다.

교회의 배도(종교통합운동, WCC.)가 일어나고 있으며 유례없는 초대 륙적인 펜데믹(코로나)의 실체, 동시다발적으로 일어나는 잦은 지진과 자연재해, 일월성신의 징조 등등을 통해 지금이 정말 성경에서 말하는 마지막 때인 요한계시록의 시대. 즉, 세상의 끝에 와있으며 예수님의 재림이 얼마 남지 않았음을 깨닫게 해주셨습니다. 그래서 성경에 나오는 마지막 때에 대한 많은 말씀을 묵상하며 지금이 노아의 방주 문이 닫히기 직전, 소돔과 고모라 심판 직전인 상황에 대해 계속 말씀 해주셔서 오직 예수 그리스도만 바라보아야 하는 때임을 깨닫고 주님께 바짝 엎드리게 되었습니다.

그리고 11월, 우리 가정의 작은 변화가 생기기 시작하였습니다. 아이에게 말씀을 가르치기 시작했고 말씀과 기도와 예배가 회복되었으며 오직 예수로만 살아가기 위해 날마다 성령 충만함을 위해 기도하며 예수님과 동행하기 위해 힘쓰며 살아가게 되었습니다.

12월, 배도의 무리에서 나오라는 마음을 강력하게 주셔서 남편을 통해 속해있던 교회의 목회자분께 WCC 가입 여부를 여쭙는 과정에서 "해당 교회는 가입이 되어있고, 그것이 집사님 가정이 신앙생활을 함에 있어 마음을 어렵게 하는 부분이라면 잡을 수가 없겠습니다"라는 답변을 받은 후 기도 가운데 나오라는 마음을 주셨습니다.

이후에는 저희 첫째 딸에게도 변화가 있었습니다. 아침저녁으로 말씀을 공급받도록 도운 것뿐인데 아이에게 복음이 들어가니 전도자라는 단어조차 들려준 적이 없었음에도 고백하기를 "죄인인 나를 구원해주시고 하나님의 자녀가 되었으니 당연히 전도자로 살 것이다"라며 어린이집에서도 복음을 많이 전했는데 오히려 교회 권사의 직분을 받으신 한 선생님께서 그만하라는 얘기를 들을 만큼 핍박(?)을 당하며 예수님을 전하는 것에 진심인 아이가 되었습니다.

그리고 예수님의 복음 전파와 바울의 전도 여행 말씀을 볼 때마다 전도 여행을 가고 싶다는 딸의 요청에 코로나로 인한 규제가 지속되던 시기임에 "혹시라도 코로나가 없어지면 꼭 가자" 하고 기약 없는 약속을 하였습니다.

전도여행의 시작

하나님께 아버지의 뜻과 마음을 구하는 기도로 매일을 살아가던 어느 날,

"여호와께서 아브람에게 이르시되 너는 너의 본토 친척 아비 집을 떠나 내가 네게 지시할 땅으로 가라" 개역개정 (창세기 12:1).

갑자기 이 말씀을 주셨고 며칠 뒤에 동일한 말씀을 한 번 더 주셨습니다. '이것이 무슨 뜻일까?' 전도 여행 가기를 원하시나 싶어 다시 기도를 드리는데,

"보라, 내가 새 일을 행하리니 이제 나타낼 것이라. 너희가 그것을 알지 못하겠느냐? 정녕히 내가 광야에 길과 사막에 강을 내리니" 개역개정 (이사야 43:19).

라는 말씀을 주셨습니다.

'하나님 말씀이 저희에게 주신 것이라면 남편에게도 같은 마음을 주세요.' 그렇게 하나님의 뜻을 구하고 남편에게도 나눴는데 남편도 묵상 후에 '전도'라는 마음을 받았다고 하였습니다. 그럼에도 의심하는 나에게 '하나님 한 번만 더 증표를 보여주세요.'하며 기도하니 갑자기 요한복음 16장 31절을 찾아보라는 마음을 주셨습니다.

"예수께서 대답하시되 이제는 너희가 믿느냐?" 개역개정 (요한복음 16:31).

하나님께서 그 즉시 도마와 같은 저의 믿음에 아주 선명하게 강력한 말씀으로 바로 응답을 주셨습니다. 말씀을 강하게 주셨는데도 현실적인 상황을 생각하며 자꾸 하나님께 반복된 물음으로 기도하는데 이번에는,

"나의 사랑하는 자가 내게 말하여 이르기를 나의 사랑, 내 어여쁜 자야 일어나서 함께 가자. 겨울도 지나고 비도 그쳤고 지면에는 꽃이 피고 새가 노래할 때가 이르렀는데 비둘기의 소리가 우리 땅에 들리는구나! 무화과나무에는 푸른 열매가 익었고 포도나무는 꽃을 피워 향기를 토하는구나! 나의 사랑, 나의 어여쁜 자야 일어나서 함께 가자!" 개역개정 (아가 2:10~13).

솔로몬왕(예수님)의 임재 앞에만 머무르고 싶어 하는 술람미 여인(그리스도 신부)에게 함께 동역하기를 권면하시는 장면으로 사역을 강요하시지 않고 나긋하고 부드럽게 부르시는 말씀에 순종하게 되었습니다.

그리고 이후 '하나님 그러면 전도여행 중 무엇을 하기 원하십니까?' 하고 기도하니 '마태복음 4장 17절' 말씀 글자를 그대로 보여주셔서 성경을 찾아보니,

"이때부터 예수께서 비로소 전파하여 가라, 회개하라. 천국이 가까웠느니라!" 개역개정 (마태복음 4:17).

이 말씀을 받고 '아멘! 주님'을 외치며 전도여행을 상세하게 계획하게 되었고 이후 기도를 할 때마다 말씀을 주시는데

"내 이름으로 무엇이든지 내게 구하면 내가 시행하리라" 개역개정 (요한복음 14:14).

"오직 성령이 너희에게 임하시면 너희가 권능을 받고 예루살렘과 온 유대와 사마리아와 땅끝까지 이르러 내 증인이 되리라 하시니라" 개역개정 (사도행전 1:8).

주시는 모든 말씀마다 '아멘, 아멘!'하며 순종할 수밖에 없었습니다. 그리고 하나님께서 명하신 일을 할 수 있다는 것이 어떤 강요도 아니요, 오히려 우리에게 하늘에 상급을 쌓을 기회를 제공하셨음에 감사가 넘쳤습니다.

그렇게 시작된 이 전도여행은 전하는 자에게도 하나님의 선물이라는 감동에 기쁜 마음으로 감당할 수 있었고 한 달간 모든 것이 주님의 은혜임을 고백한 귀한 경험이었습니다.

② 요한 형제

"나의 사랑하는 자가 내게 말하여 이르기를 나의 사랑, 내 어여쁜 자야, 일어나서 함께 가자. 겨울도 지나고 비도 그쳤고 지면에는 꽃이 피고 새가 노래할 때가 이르렀는데 비둘기의 소리가 우리 땅에 들리는구나. 무화과나무에는 푸른 열매가 익었고 포도나무는 꽃을 피워 향기를 토하는구나. 나의 사랑, 나의 어여쁜 자야 일어나서 함께 가자." (아가 2:10~11).

네 서원을 지키라

퇴근길에 아내에게서 전화가 왔습니다.

"여호와께서 아브람에게 이르시되 너는 너의 본토 친척 아비 집을 떠나 내가 네게 지시할 땅으로 가라" 개역개정 (창세기 12:1).

"이 말씀을 들으면 어떤 마음이 들어?"
순간 머릿속에 많은 생각이 들었고 생각대로 즉시 답을 하였습니다. 그런데 무언가 기도를 해야 할 것만 같은 마음이 들어 하루만 더 기도해 보고 정리해서 답을 주겠다고 했습니다.
아내에게 답변을 주어야 하기에 약속을 이행하고자 하는 마음으로 말씀을 묵상하고 기도를 시작했습니다. 그리고 어떤 기억들이 떠오르기 시작했습니다.

25살 1월, 청년의 때에 처음 가본 해외 선교지에서 저는 인격적으로 예수님을 만났습니다. 성령님께서 제 안에 계심을 처음으로 확신한 것이 바로 그 시기였습니다. '네가 저들을 보고 왜 마음이 아프니?

왜냐하면, 그것이 바로 나의 마음이기 때문이란다.' 주님의 그 음성과 그 마음을 절대 잊을 수 없습니다. 저는 그 자리에서 예수님을 인격적으로 영접하고 주님께 고백하였습니다. 선교 사역을 마치고 돌아와서 주님을 위해 살겠습니다. 그리고 그때 저에게 주셨던 말씀이 바로 이 말씀이었습니다.

"여호와께서 아브람에게 이르시되 너는 너의 본토 친척 아비 집을 떠나 내가 네게 지시할 땅으로 가라" 개역개정 (창세기 12:1).

그리고 이어서 기도하는 과정에서 아내와의 결혼을 앞둔 당시에 주님께 기도드렸던 10가지의 기도 제목 중 하나를 기억나게 해주셨습니다. '주님, 지금은 저희가 여러 사정으로 선교 사명에 순종하지 못하고 있지만, 어느 날 갑자기 아내의 입에서 먼저 그 사명을 감당하자는 권면이 오는 날에 그것이 주님의 음성인 줄 알고 모든 것을 다 내려놓고 순종하겠습니다.'

그렇게 기도의 응답을 받고 아내에게 '전도'하라고 하시는 것 같다고 답을 했더니 아내는 아이들과 함께 한 달 동안 전도 여행을 다녀오자고 하였습니다. 현실적인 고민 앞에 잠시 머뭇거렸습니다. '직장에서 한 달간 휴가를 받을 수 있을까? 혹 안 된다고 하면 그만둬야 하겠지? 그러면 재정은 어떻게 하지?

하지만 주님께 서원했던 것을 다시금 기억하며 믿음으로 결단하여 그만둘 마음으로 회사에 한 달간의 휴가를 요청했고 기대치 못한 한 달간 휴가를 받고 국내 전도여행을 은혜로 다녀올 수 있었습니다.

공동체로 모이기까지

전도여행을 기점으로 저희 가정은 날마다 충만함을 느끼며 살고 있었습니다. 그럼에도 저희에게 공동체를 갈망하는 마음은 해소되지 않았습니다. 주님께 묻고 기도하며 여러 방면으로 신앙관이 맞는 공동체를 찾고 있었지만 쉽지 않았습니다.

1. 지금이 마지막 때임을 인지하고 정확하게 바라보고 있으며
2. WCC에 가입되어 있지 않은 교단이며
3. 백신을 반대하고
4. 휴거 신앙을 바르게 갖고 있으며
5. 비성경적인 절기를 지키지 않는 공동체

어느 날 아내가 개인 예배와 기도 중에 강력한 주님의 임재를 느끼며 주님의 이끄심 앞에 엎드려 깊은 기도 가운데 갑자기 '가정교회'라는 단어를 분명하게 보여주셨다고 했습니다. 그래서 주님 '가정교회'가 무엇인가요? 라고 질문을 드렸더니 '웹사이트 검색을 해야겠다.'라는 마음을 주셔서 기도 후 검색창에 저희 거주 지역명 + 가정교회를 검색하니 두 개의 교회를 소개하는 블로그의 글을 보았다고 했습니다. 그동안 교회를 찾기 위해 수없이 검색해 알아보고 수많은 유튜브 설교를 듣고 찾아봐도 나오지 않던 교회가 WCC 반대, 백신 반대, 휴거 신앙이 있는 교회라고 소개하는 글을 보게 하신 주님의 인도하심에 '사람의 열심보다 기도가 먼저였구나.'를 다시 한번 깨달았습니다.

이후 저희는 한 달간의 기도 끝에 '저희의 생각과 판단으로 결정하는 것이 아니라 정말 하나님께서 허락하신 공동체를 만나게 해주시며, 주님 상담에 동행하는 저희 첫째 딸아이의 입술을 통해서 이 확증을

갖게 해주옵소서.'라고 기도하고 두 곳 모두 방문하기로 했습니다.

첫 번째 교회에 방문하여 저희 가정의 그동안의 삶과 신앙관을 말씀
드리니 많은 부분을 동의해 주셨지만, 백신과 관련해서는 다른 입장이
었습니다. 그렇지만 많은 부분이 일치하기에 첫째 딸에게 어떤 답이
나오는지 기대하는 마음으로 물어봤는데 큰 감동이 없어 보였습니다.

아쉬운 마음을 뒤로하고 조금 더 기도로 마음을 잡고 다음 날 두
번째 교회에 방문하게 되었습니다. 약속한 장소가 교회인 줄 알고
갔는데 십자가도 없고 교회 이름도 없는 공간이었습니다. 따뜻한 카페
분위기가 나는 공간이었는데 공동체가 이곳에서 함께 예배를 드린다
고 했습니다.

상담은 제법 오래 진행되었습니다. 그렇게 시간이 간 줄 몰랐지만
한 시간 반이 훌쩍 흘렀고 제법 긴 시간 동안 목사님과 사모님의 삶과
이 공동체가 어떻게 모이게 되었는지를 들으면서 그동안 저희를 이곳
까지 인도하신 과정이 우리뿐만이 아니라는 사실이 저희 부부에게
큰 위로가 되었습니다. 그뿐만 아니라 기도했던 다섯 가지가 전부
일치하면서도 상담 중 첫째 딸아이가 이곳이 너무 좋다는 말을 여러
번 하는 것에 '이건 주님의 응답이다.'라는 확증을 갖게 되었습니다.

저희 가정은 사랑하는 이 공동체와 벌써 1년 4개월 동안 함께 하면서
많은 것을 나누고 또 많은 것을 배우며 살아가고 있습니다. 각자의 자리
에서 지금이 '마지막 때'임을 깨닫게 하시고 섬세하게 우리 공동체를
다루시고 일하시는 주님의 사랑을 더 고백하고 싶지만, 이 글이 끝나지
않을 것 같아 접어두겠습니다. 모든 것은 주님이 하셨고 앞으로도 주님
께서 이루실 것입니다.

주님만이 영광 받기 합당하신 분이십니다.

참고도서

- 〈횃불주석〉(요한계시록상,하)- J. 알렌, 전도출판사
- 〈횃불주석〉(마태복음)- 존 헤딩, 전도출판사
- 〈횃불주석〉(누가복음)- N 크로포드, 전도출판사
- 〈횃불주석〉(스가랴)- 존 스텁스, 전도출판사
- 〈횃불주석〉(사사기,룻기)- C.T.레이시/ J.M.플레니건, 전도출판사
- 〈횃불주석〉(갈라디아서)- 잭 헌터, 전도출판사
- 〈횃불주석〉(골로새서)- 토마스 벤틀리, 전도출판사
- 〈횃불주석〉(다니엘의 칠십 이레 예언 연구서)- 로버트 앤더슨, 전도출판사
- 〈베이커주석〉(마태복음)- 데이비드 터너, 부흥과개혁사
- 〈BKC 강해주석〉(이사야)- 존 마틴, 두란노
- 〈BKC강해주석〉(에스겔)- 찰스디어, 두란노
- 〈피터 럭크만의 주석서〉(에스겔)- 말씀보존학회
- 〈피터 럭크만의 주석서〉(다니엘)- 말씀보존학회
- 〈하나님의 도성〉- 성 아우구스티누스, CH북스
- 〈요한계시록 바로 알기〉- 김재욱, 하온
- 〈구원이란 무엇인가?〉- 김세윤, 두란노
- 〈쉽게 읽는 에녹서〉- Dr. JAY WINTER, 쥬빌리
- 〈성경과 함께 읽는 에녹1서〉- 육에녹, 진리의 집

- 〈주님은 나의 최고봉〉- 오스왈드 챔버스, 토기장이
- 〈플랜데믹〉- 미키 윌리스 공저, 에디터
- 〈마법은 없었다〉- 알렉상드라 앙리옹 코드, 에디터
- 〈코로나 3년의 진실〉- 조지프 머콜라/ 로니 커민스, 에디터
- 〈코로나 미스터리〉(부제: 팩트와 수치로 분석한 코로나19 오해와 진실)-
  김상수 원장(소아랑한의원 원장), 에디터
- 〈타작기1〉- 이형조목사, 세계제자훈련원
- 〈타작기2〉- 이형조목사, 세계제자훈련원
- 〈타작기3〉- 이형조목사, 세계제자훈련원
- 〈시오니즘과 제3차 세계대전〉- 이형조목사, 세계제자훈련원
- 〈시온 의정서〉- 이지훈 편저, 상상나무
- 〈위대한 리셋〉- 클라우드 슈밥, 메가스터디 BOOKS
- 〈미국은 점령당했다〉- 유스터스 멀린즈, 동서문화사
- 〈The Real Anthony Fauci, 앤서니 파우치에 대해〉- 스카이홀스

참고 사이트

- 〈코로나19 걸리면 진짜 안 돼?〉-
  서지현 명지병원 교수 인터뷰 뉴스 (2021.06.06. 고양신문)
- 〈록펠러 재단 락다운 문서〉-
  2010.05. Rockfeller Foundation 프랑스 다큐 'HOLD UP'
- 〈피 묻은 매트리스와 유모차 발견〉 기사 - (2024.01.13. 전자신문)
- 〈앤서니 파우치 이메일 폭로〉 기사 - (2021.06.03. EN투데이)
- 〈코로나 백신 및 관련 정보〉- '밝혀진 진실' / '베어큰' 카페
  종양 유전자 SV40을 포함하고 있다는 mRNA백신 기사 - (2023.
  07.19. NATURAL NEWS)
- 〈COVID백신, 면역체계에 변화로 인해 희귀 터보암 증가〉-
  라이언 콜 박사 인터뷰 (2022.02.03. 에포크타임스)
- 〈암이 폭증하는 진짜 이유〉- '암 찾는 의사 이원경 유튜브'

마지막 부르심 1

발행일 : 2024년 5월 30일 1판 1쇄 발행

글쓴이 : 헤리티지 공동체

발행소 : 해리스 출판사

이메일 : faithheritage@naver.com

※ 가격은 표지 뒷면에 있습니다.

※ 파본은 교환해 드립니다.